汽车专业技能型教育创新教材

汽车自动变速器原理与
维修图解教程
第 2 版

主　编　谭本忠
参　编　胡　波　谭红平　谭秋平　张远军
　　　　张国林　李阳阳　李志杰　李　明
　　　　曾放生　宋祥贵　吴林勇　向建华

机 械 工 业 出 版 社

本书以图解的形式系统地介绍了汽车自动变速器的构造、工作原理、最新进展以及故障诊断和拆装维修技术，包括平行轴式自动变速器、行星齿轮式自动变速器、液压控制系统和电子控制系统以及自动变速器的综合维修等，还对无级变速器的结构、原理等相关内容进行了讲解。

本书是汽车专业技能型教育创新教材，内容全面、概念清楚、图文并茂、可操作性强，在编写时注意了全书理论的系统性和各部分相对的独立性。理论阐述由浅入深，适合于大、中专院校汽车修理相关专业及行业培训班的师生使用，也可供汽车维修技术人员、驾驶人以及汽车爱好者参考。

为方便教学，本套教材专门配备了 PowerPoint（PPT）形式的配套教学课件，可供广大教师选用。在 http://www.cmpedu.com 网站上，注册后即可下载教材课件；或与机械工业出版社联系，编辑热线：010-88379771。

图书在版编目（CIP）数据

汽车自动变速器原理与维修图解教程/谭本忠主编. —2 版. —北京：机械工业出版社，2016.11（2025.1 重印）

汽车专业技能型教育创新教材

ISBN 978-7-111-55155-3

Ⅰ.①汽… Ⅱ.①谭… Ⅲ.①汽车—自动变速装置—理论—教材②汽车—自动变速装置—车辆修理—教材 Ⅳ.①U463.212②U472.41

中国版本图书馆 CIP 数据核字（2016）第 248049 号

机械工业出版社（北京市百万庄大街 22 号 邮政编码 100037）
策划编辑：连景岩 孟 阳 责任编辑：连景岩 孟 阳 武 晋
责任校对：张玉琴 封面设计：鞠 杨
责任印制：郜 敏
中煤（北京）印务有限公司印刷
2025 年 1 月第 2 版第 11 次印刷
184mm×260mm · 10.5 印张 · 253 千字
标准书号：ISBN 978-7-111-55155-3
定价：29.00 元

电话服务 网络服务
客服电话：010-88361066 机 工 官 网：www.cmpbook.com
　　　　　010-88379833 机 工 官 博：weibo.com/cmp1952
　　　　　010-68326294 金 书 网：www.golden-book.com
封底无防伪标均为盗版 机工教育服务网：www.cmpedu.com

丛 书 序

当今正值国家大力推广职业教育之际，各地教育机构紧抓机遇，大胆革新，积极推行新的职业教育方法与思路。

本套创新教材根据职业需求和岗位要求而设置教学项目，同时将知识系统和技能系统化整为零，使学员能做到学一样精一样，而且在细化深入的前提下掌握解决问题的途径和思路。

本套教材强化职业实践的实用性教学，对理论教学的要求是将抽象深奥的知识简单化、形象化和感性化，使学员能够轻松掌握，并联系实际，融入实践，同时在实践教学中结合理论认识能将实践认知与经验总结为理论。这样，在学中做，在做中学，巩固知识，强化技能。

综合上述特点和要求，创新教材应该具有系统分块，知识点与技能点结合，理论描述简明，实践叙述符合职业规范，能直接感知并参照操作的特点。

很多汽车相关职业院校与职教中心在进行教学改革的同时也在进行教材更新，但大多数是在传统教学教材的基础上改编而来的，无法摆脱原有的形式和限制，编写出来的教材往往难以普及并发挥实效。

我们综合汽车运用与维修、汽车检测与维修技术等专业课程设置的要求，同时考虑到职业需求和岗位的设置，将本套创新教材分为汽车机修技术、汽车电子技术、汽车故障诊断技术、汽车车身修复技术、汽车美容与装饰技术、汽车保养与维护技术六大块，同时为保证专业课程有理论和技术基础，设置了汽车机械基础、汽车电学基础、汽车维修专业英语以及汽车文化四门基础课。各个专业分类下是核心与主干课程，如机修之下包括汽车发动机与汽车底盘，电子之下包括汽车电器、汽车空调、汽车发动机电控系统、汽车自动变速器、汽车安全舒适系统等。

本书为机械工业出版社组织编写的"汽车专业技能型教育创新教材"。

这套教材作为学生课本，主要突出实图、原理、检测、维修与案例相结合。配套开发的还有教学课件，我们力图通过这种方式使此套创新教材成为一种立体化的、学员易学、教师易教、效果独到的专门化教材。

编　者

目 录 *Contents*

第一章

自动变速器概述

第一节　自动变速器的发展与特点

变速器在汽车传动系统中主要起改变转速和转矩的作用。传统的手动变速器(机械变速器,指不带液力变矩器的齿轮传动变速器)具有传动效率高、工作可靠、结构简单和价格低廉等优点,但它也存在以下缺点:

① 不能充分利用发动机功率。

② 换档操作复杂,增加了行车不安全因素。

③ 换档操作产生动载荷,影响发动机和传动系统的寿命。

④ 不易把握换档的最佳时机,影响汽车的行驶性能并增加了油耗。

⑤ 换档操作使行车不平稳,影响乘坐舒适性。

自动变速器与手动变速器变速杆的比较如图 1-1 所示。

为满足人们对安全、舒适、节油和排放的要求,自动变速器应运而生。

1939 年,美国通用汽车公司首先在其生产的奥兹莫比尔(Oldsmobile)轿车上装用了液力变矩器——行星齿轮组成的液力变速器。20世纪 40 年代末 50 年代初,出现了根据车速和节气门开度自动控制换档的液力控制换档自动变速器。到 1975 年,自动变速器在重型汽车及公共汽车上的应用已经相当普及。

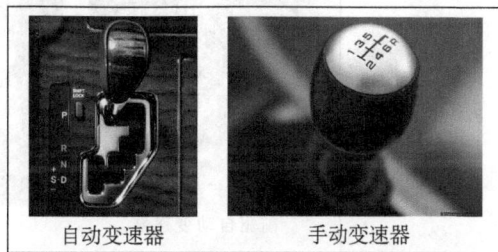

自动变速器　　　　手动变速器

图 1-1　自动变速器与手动变速器变速杆的比较

20 世纪 70 年代中后期,电子控制技术开始应用于汽车变速器,日本丰田汽车公司研制成功了世界上第一台电子控制变速装置,并在 1976 年实现了批量生产。目前美国大部分的汽车装用了自动变速器,日本和西欧国家汽车自动变速器普及率也达到了 80%左右。

国产轿车中采用自动变速器最早的车型当属中国第一汽车集团公司生产的红旗 CA770型三排座高级轿车,所装用的自动变速器在结构上与美国克莱斯勒汽车公司生产的 Power Filte 自动变速器相似。一汽-大众汽车有限公司 1998 年年底在国内首家推出批量生产的装用电控自动变速器的轿车捷达 AT,该车采用德国大众(VW)原厂生产的第三代 95 型 01M 电控4 档自动变速器。神龙汽车有限公司亦于 1999 年初展示了其装备自动变速器的富康 988 轿车,这种电控 4 档自动变速器由法国的雪铁龙公司和雷诺公司共同研制,在意大利生产,

1998 年 6 月才开始应用。图 1-2 所示为自动变速器在国产轿车上的应用。

a）红旗CA770　　　　b）大众捷达AT　　　　c）神龙富康988

图 1-2　自动变速器在国产轿车上的应用

第二节　自动变速器的分类

一、按汽车驱动方式分类

自动变速器按照汽车驱动方式的不同，可分为后驱自动变速器和前驱自动变速器，如图 1-3 所示。

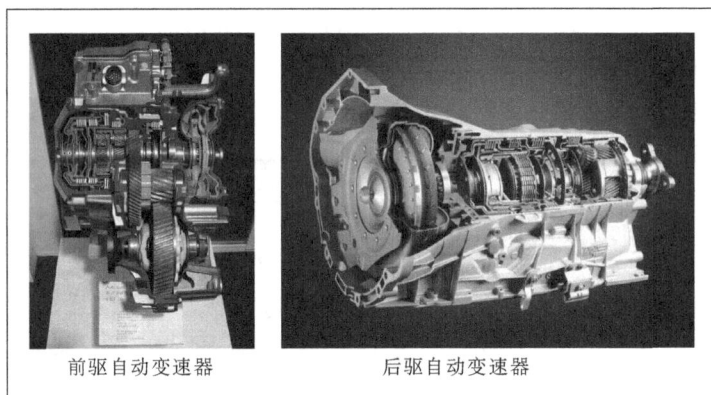

前驱自动变速器　　　　后驱自动变速器

图 1-3　前、后驱自动变速器实物图

前驱自动变速器（又叫自动变速驱动桥）除了具有与后驱自动变速器相同的组成外，在自动变速器的壳体内还装有差速器和主减速器。

二、按自动变速器前进档位分类

自动变速器按前进档的档数的不同，可分为 2、3、4 档三种。早期的自动变速器通常有两个或三个前进档，没有超速档，其最高档为直接档。新型轿车装用的自动变速器基本上都是四个前进档，即设有超速档。

三、按变矩器的类型分类

根据液力变矩器类型的不同，自动变速器大致可分为普通液力变矩器式、综合式液力变

矩器式和带锁止离合器的液力变矩器式三种。普通液力变矩器是指由泵轮、涡轮和导轮三个元件组成的液力变矩器。综合式液力变矩器是指在导轮与固定导轮的套管之间装有单向离合器的液力变矩器。新型轿车的自动变速器普遍采用带锁止离合器的液力变矩器。液力变矩器如图 1-4 所示。

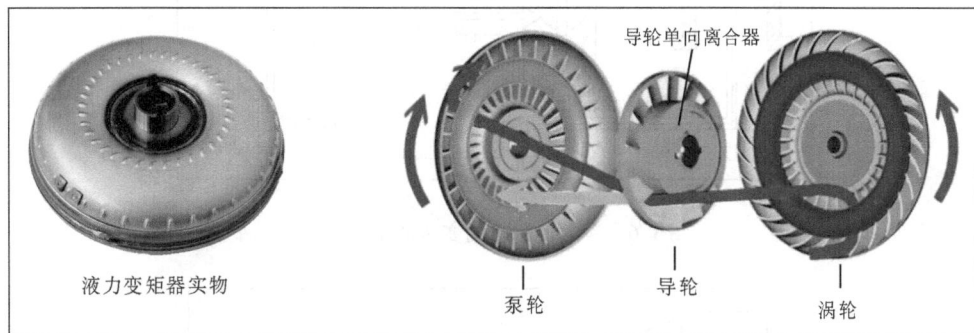

导轮单向离合器

液力变矩器实物　　　泵轮　　导轮　　涡轮

图 1-4　液力变矩器

四、按传动机构的类型分类

自动变速器按其传动机构的类型不同可分为平行轴式、行星齿轮式和无级变速式三种，如图 1-5 所示。普通齿轮式（平行轴式）自动变速器体积大，最大传动比小，只有少数几种车型使用。行星齿轮式自动变速器结构紧凑，能获得较大的传动比，为绝大多数轿车采用。行星齿轮式自动变速器按结构又可分为辛普森式和拉威娜式。钢带式无级变速器能降低油耗。

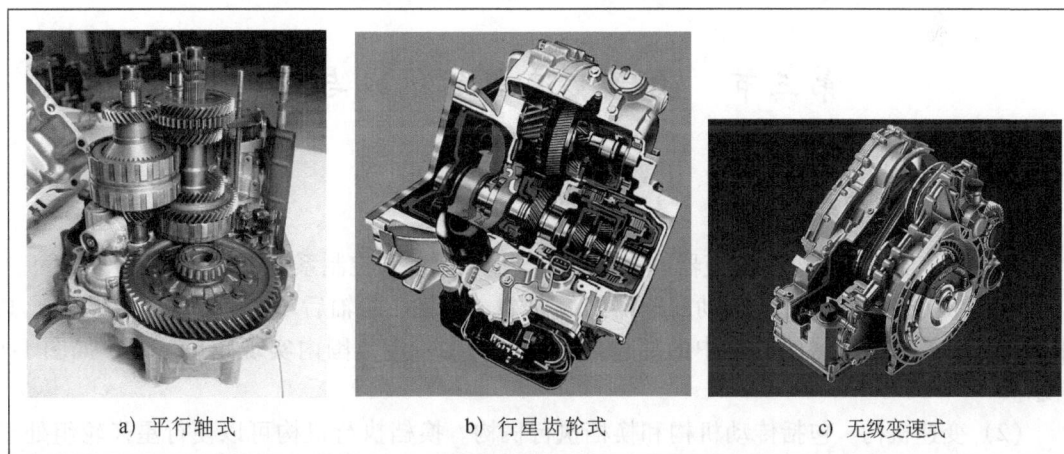

a）平行轴式　　　b）行星齿轮式　　　c）无级变速式

图 1-5　不同传动机构的自动变速器

五、按控制方式分类

自动变速器按控制方式不同，可分为液力控制自动变速器和电控液力控制自动变速器两种，如图 1-6 和图 1-7 所示。

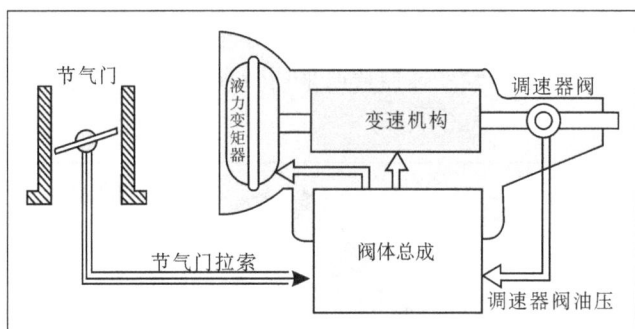

图1-6 液力控制自动变速器系统简图

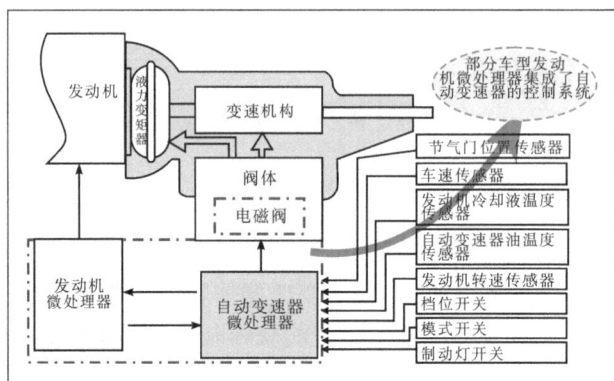

图1-7 电控液力控制自动变速器系统简图

第三节 自动变速器的组成与原理

一、自动变速器的组成

自动变速器主要由液力变矩器、变速机构、输油系统和控制系统等几个部分组成。

（1）液力变矩器 位于自动变速器的最前端，安装在曲轴后端，上面有起动齿圈，其作用与采用手动变速器的汽车中的离合器相似，可在一定范围内实现减速增矩，如图1-8所示。

（2）变速机构 包括传动机构和换档执行机构。换档执行机构可以使行星齿轮组处于不同的啮合状态，以实现不同的传动比。图1-9所示为两种变速机构形式。

（3）输油系统 由油泵、输油管路和自动变速器油散热器组成。油泵通常安装在液力变矩器之后，由飞轮通过液力变矩器壳直接驱动，为液力变矩器、控制系统及换档执行机构的工作提供一定压力的自动变速器油。

在自动变速器的外部安装自动变速器油散热器，用于散发自动变速器油在工作过程中产生的热量。

图 1-8 液力变矩器

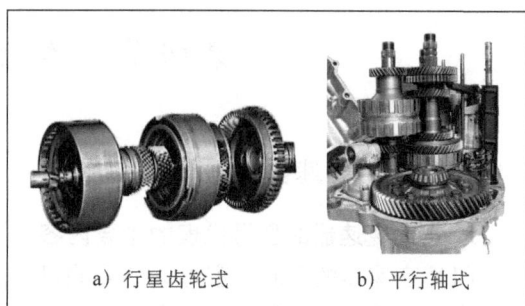

a）行星齿轮式　　　　b）平行轴式

图 1-9 变速机构形式

（4）控制系统　新型汽车自动变速器的控制系统有液压式和电液式两种。液压式控制系统包括由许多控制阀组成的阀体总成（图 1-10）以及液压管路。电液式控制系统除了阀体及液压管路之外，还包括微处理器、传感器、执行器及控制电路等。

二、自动变速器基本原理

在液力控制自动变速器中，液压控制装置根据节气门开度和变速器输出轴上输送来的信号控制升降档。根据节气门开度变化，液压控制装置中的调节阀产生与加速踏板踏下量成正比的液压，该液压作为节气门开度信号加到液压控制装置；另外由装配在输出轴上的速控液压阀产生与转速（车速）成正比的液压，作为车速信号加到液压控制装置。因此就有节气门开度信号和车速信号，液压控制装置根据这两个信号自动调节变速器油量，从而控制换档时机。

图 1-10 自动变速器的阀体总成

也就是说在汽车行驶中，驾驶人踏下加速踏板，控制节气门开度和汽车的行驶速度（变速器输出轴转速），就能自动控制变速器内的液压控制装置，液压控制装置会利用液力去控制传动系统的离合器和制动器，以改变行星齿轮的传动状态。自动变速器的核心控制装置是液压控制装置，液压控制装置由油泵、阀体、离合器、制动器以及连接所有这些部件的液体通路所组成。关键部件是阀体，它是自动变速器的控制中心。阀体的作用是根据发动机和底盘传动系统的负载状况（节气门开度和输出轴转速），对油泵输出到各执行机构的油压加以控制，以控制液力变矩器，控制离合器和制动器的结合与分离，实现自动换档。

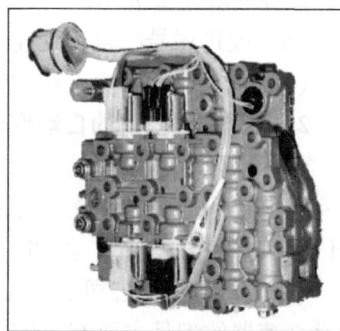

以上是液力控制自动变速器的基本控制形式，如果是电控液力自动变速器，就要在上述基础上增加电磁阀，ECU（电控单元）借助电磁阀控制自动变速器的工作过程。ECU 输入电路接受传感器和其他装置输入的信号，对信号进行过滤处理和放大，然后转换成电信号驱动被控制的电磁阀工作。因此，电控液力自动变速器中增加节气门位置传感器、车速传感器、发动机冷却液温度传感器、自动变速器油温度传感器、发动机转速传感器、档位开关以及制动灯开关等数字信号汇入 ECU，从而使得 ECU 精确控制电磁阀，使换档和锁止时间准确，进而使汽车运行更加平稳和节省燃油。

第四节　自动变速器的使用

一、自动变速器型号识别

1. 自动变速器的型号代表的主要内容

（1）变速器的性质　字母 A 表示自动变速器，字母 M 表示手动变速器。

（2）自动变速器的生产厂家　例如，德国 ZF 公司生产的自动变速器，其型号前面大多为 ZF 字样。

（3）驱动方式　一般用字母 F 表示前驱动，用字母 R 表示后驱动。

（4）前进变速档位数　表示自动变速器前进档位个数，用数字表示。

（5）控制类型　主要说明变速器是电控、液控，还是电液控制。电控一般用字母 E 表示，液控一般用 L 表示，电液控制用 EH 表示。

（6）改进序号　自动变速器在原变速器基础上改进的顺序号。

（7）额定驱动转矩　在通用、宝马等汽车公司的自动变速器型号中有此参数。

2. 几个主要公司的自动变速器具体型号含义举例说明

（1）宝马汽车公司的自动变速器型号 ZF4HP22EH　德国 ZF 公司生产，前进档位个数为 4。控制类型 H 代表液压控制，齿轮类型 P 代表行星齿轮，额定转矩为 22N·m。末尾的 EH 表示电液控制类型，如图 1-11 所示。

（2）通用汽车公司的自动变速器型号　该公司自动变速器的型号主要有 4T60E、4L60E 等。第一位阿拉伯数字表示前进档位的个数，即"4"表示有 4 个前进档位。第二位字母表示驱动方式，T 表示自动变速器横置（Transverse）；L 表示后置后驱动。第三、四位数字表示自动变速器的额定驱动转矩，为 60N·m。第五位字母表示控制类型，E 表示电控。

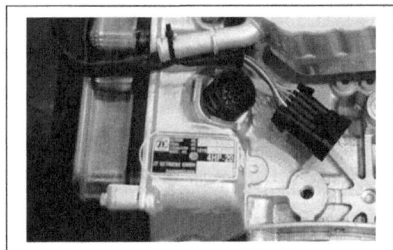

图 1-11　ZF4HP22EH 自动变速器型号标记

（3）丰田汽车公司的自动变速器型号　丰田汽车公司的自动变速器型号分为两大类：一类为型号中除字母外有两位阿拉伯数字，另一类为型号中除字母外有 3 位阿拉伯数字。

型号中有两位阿拉伯数字的自动变速器，如 A40、A41、A55、A55F、A40D、A42DL、A43DL、A44DL、A45DL、A45DF 及 A43D 等。字母 A 表示自动变速器。若左起第一位阿拉伯数字分别为 1、2 和 5，则表示该自动变速器为前驱动车辆用，即自动变速器内含主减速器与差速器。若左起第一位阿拉伯数字分别为 3 和 4，则表示该自动变速器为后驱动车辆用。左起第二位阿拉伯数字表示生产序号。数字后附字母的含义：H 或 F 表示该自动变速器用于四轮驱动车辆；D 表示该自动变速器有超速档；L 表示该自动变速器有锁止离合器；E 表示该自动变速器为电控式，同时带有锁止离合器；若无 E 则表示为全液压控制自动变速器。

型号中有 3 位阿拉伯数字的自动变速器，如 A130L、A131（L）、A132（L）、A140L、

A240L、A241L、A243L、A440L、A440F、A442F、A340E、A340H、A340F、A341F、A140E、A141E、A240E、A241E、A540E及A540H等。左起第一个字母A表示自动变速器，左起第一位阿拉伯数字以及后附字母的解释同型号中有两位阿拉伯数字的自动变速器。左起第二位阿拉伯数字表示该自动变速器前进档位的个数。左起第三位阿拉伯数字代表生产序号。

还需说明的是，上述各类型自动变速器中，A340H、A340F及A540H型自动变速器，其后面均省略了E，即实际均为带锁止离合器的电控自动变速器；A440F及A45DF型自动变速器，其后省略了L，都有锁止离合器。

二、自动变速器各档位标识与控制开关

1. 各档位标识

自动变速器档位有六个位置和七个位置两种。六个位置的档位标识一般是P、R、N、D、2、1位，有的厂家把2位标成S位，把1位标成L位。六个位置的自动变速器一般另设一个超速档选择开关O/D。图1-12a所示为一种典型的六个位置的自动变速器变速杆。七个位置的档位标识一般是P、R、N、D、3、2、1位，也有的标为P、R、N、D_4、D_3、2、1。变速杆所处的位置由档位指示器的指针指示或由仪表显示，如图1-12b所示。

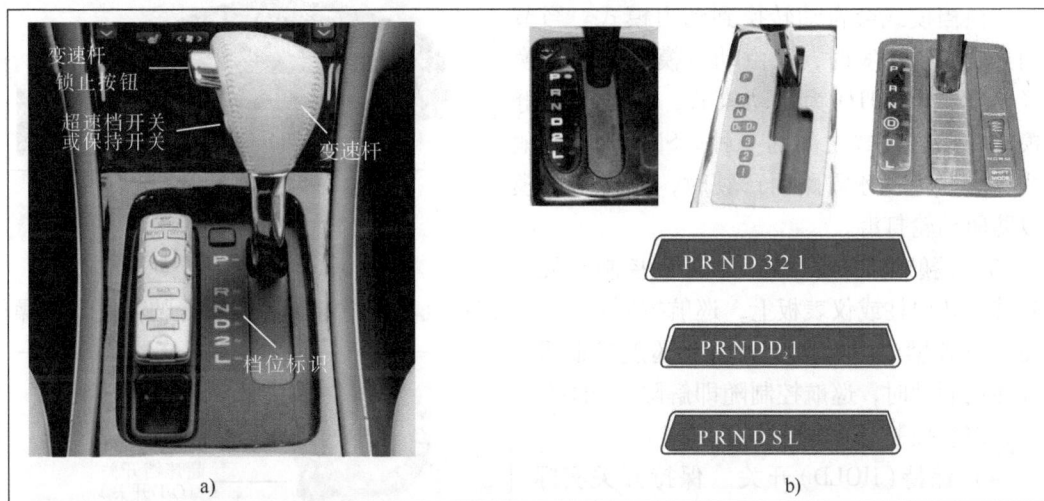

图1-12　自动变速器变速杆和档位指示器

① P位——驻车档位：当变速杆置于该位置时，自动变速器中的驻车锁止机构将变速器输出轴锁止，驱动轮不能转动，以防止汽车移动，同时换档执行机构使自动变速器处于空档状态。当变速杆离开驻车档位置时，驻车锁止机构即被释放。

② R位——倒档位：当变速杆置于该位置时，汽车可以倒退行驶。

③ N位——空档位：当变速杆置于该位置时，换档执行机构使自动变速器处于空档状态。此时，发动机的动力虽经输入轴传入自动变速器，但只能使齿轮空转，输出轴无动力输出。

④ D位——前进档位：目前，自动变速器一般设置四个前进档，其中3档为直接档，4档为超速档。

⑤ 2 位或 S 位、1 位或 L 位：均为强制前进低档。变速杆置于 S 位时，只能在 1~3 档之间自动变速；变速杆置于 L 位时，自动变速器固定在 1 档或只能在 1~2 档之间自动换档。

在变换变速杆位置时，必须先按下变速杆上方的锁止按钮，否则无法移动变速杆。

2. 控制开关

（1）超速档选择开关 O/D 打开 O/D 开关后，最高可升至 4 档，即超速档。关闭 O/D 开关时，仪表板上的 "O/D OFF" 指示灯随之亮起，最高只能升到 3 档(相当于七个位置的 3 位)。

（2）换档模式选择开关

① 经济模式（ECONOMY）。当车辆在城市道路上行驶时，接通经济模式，其换档规律应能使发动机转速经常处于经济转速范围，从而提高燃油经济性。

② 动力模式（POWER）。当车辆上坡、在山路上行驶或希望发动机在高转速下工作时，可选择动力模式，此时车辆加速能力很强。

③ 标准模式（NORMAL）。有些车辆设定的模式分别是 MANUAL、ECONOMY、POWER 或 POWER、COMFORT、AUTO 及 SNOW 等。其中 MANUAL 为手动换档模式，在雨雪、泥泞路面或湿滑路面起步，并要求换档固定的情况下使用该模式。COMFORT 为舒适换档模式，该模式相当于经济模式。当节气门迅速打开时，换档模式会自动转换到动力模式。当节气门开度小于 1/8 时，又由动力模式自动转换为经济模式。AUTO 为自动模式，它是介于舒适模式和动力模式之间的一种。SNOW 为雪地模式，当车辆在冰雪路面行驶时，选择雪地模式以防驱动轮打滑。

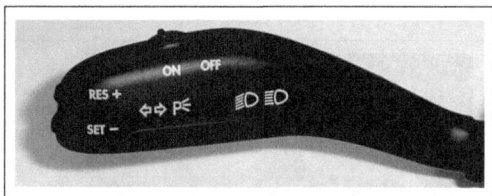

图 1-13 巡航控制(CC)开关

（3）巡航控制(CC)开关 巡航控制开关一般安装在转向柱或仪表板上，巡航控制系统自动控制汽车以稳定车速持续行驶，使驾驶操作简便、节省燃油。当驾驶人关闭巡航控制开关或使用制动时，巡航控制随即解除。图1-13所示为巡航控制(CC)开关。

（4）保持(HOLD)开关 保持开关实际上是一个定档行驶控制开关。当保持开关断开时，各档位自动变速；接通保持开关时，行星齿轮机构的档位完全由变速杆的位置决定。

（5）S4 控制开关 在许多运动型跑车上都设有 S 位，打开 S4 档控制开关，自动变速器就能自动换到 4 档。S4 控制开关只在 S 位起作用，当采用 S4 控制时，相当于其他车型的动力换档模式。

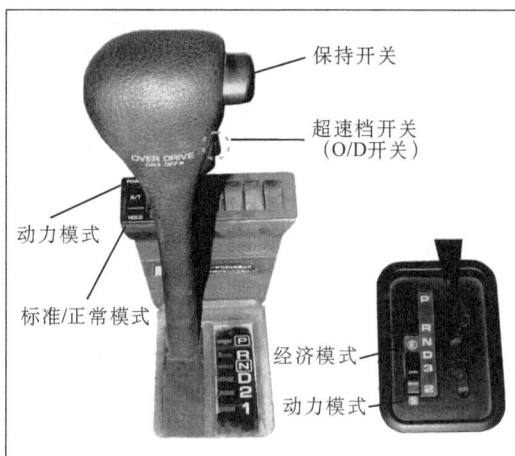

各控制开关如图 1-14 所示。

图 1-14 各控制开关

三、驾驶操控

（1）起动 起动发动机时，应拉紧驻车制动或踩住制动踏板，将自动变速器的变速杆置于 P 位或 N 位。

汽车在行驶途中熄火时，必须先将变速杆移到 P 位或 N 位，才能起动发动机。起动时也应踩住制动踏板或拉紧驻车制动，以防汽车在起动时爬行。

（2）起步

① 发动机起动后，应等待发动机运行一段时间后再挂档起步。

② 起步时应先踩住制动踏板再挂档，确认所挂档位正确后松开驻车制动，抬起制动踏板，缓慢踩下加速踏板起步。

③ D 位起步时制动时间不要过长，否则自动变速器油温会迅速上升，易损坏其中的橡胶件，使液压油变质。

（3）一般行驶 在一般道路上行驶时（图 1-15），应将变速杆置于 D 位，并打开超速档开关。为了节省燃油，应将模式开关置于经济模式或标准模式位置。

① 欲将自动变速器变速杆从高档向低档变换时，必须先使汽车减速至相应的车速才能进行。因此，在换入低档后，不要猛踩加速踏板。

② 用变速杆选档时，应先挂档后踩加速踏板，挂上档后也不要立即猛踩加速踏板。

③ 高速行驶时，不得将变速杆放入 N 位滑行。

（4）坡道行驶 在一般坡道上行驶时（图 1-16），可按一般道路行驶的方法，将变速杆置于 D 位，用加速踏板或制动踏板来控制上、下坡车速。

图 1-15 一般行驶

图 1-16 坡道行驶

汽车下坡时，如果加速踏板完全松开后车速仍然很高，可将变速杆置于 2 位。此时汽车驱动轮经传动轴、变速器和变矩器反拖发动机运转，用发动机的运转阻力使汽车减速，这种情况称为发动机制动。当车速较高时，应先用行车制动降低车速，再把变速杆从 D 位移至 2 位。

（5）雨雪天行驶 在雪地或泥泞路面上行驶时（图 1-17），若变速杆置于 D 位，当驱动轮打滑时，此时可将变速杆置 S 位或 L 位，强制自动变速器在低档行驶，限制自动变速器的最高档位。

图 1-17 雪地或泥泞路面行驶

设有雪地程序控制开关的车辆，应及时打开雪地程序控制开关，以发挥其特殊的控制功能。如果车辆自动变速器设有保持(HOLD)开关，在雪地或泥泞路面上行驶时可打开此开关，然后操纵变速杆，选择合适的行驶档位。

(6) 倒车行驶　在换入 R 位前，一定要先让汽车停稳，不允许在汽车还未停稳时就将变速杆在前进档与倒档间切换，否则会损坏自动变速器中的摩擦片和制动带。

倒车(图 1-18)时，还应注意使用制动踏板控制车速。

(7) 停车(图 1-19)　停车时间较短，可将变速杆保持在 D 位，只用行车制动停车；若停车时间稍长，也可以将变速杆保持在 D 位，但最好同时使用行车制动和驻车制动；若停车时间较长，最好把变速杆换到 N 位，并拉紧驻车制动，以免造成自动变速器油升温过高。

图 1-18　倒车

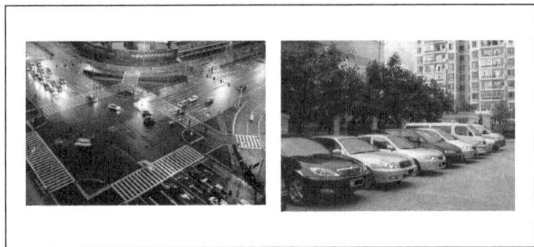

图 1-19　停车

驻留停车时，应先用行车制动将汽车停稳，再将变速杆移至驻车档(P 位)，然后拉紧驻车制动，关闭点火开关，使发动机熄火。

停车后，不要让发动机在 N 位状态下长时间怠速运转；发动机熄火前，变速杆在 D 位、2 位、L 位或 R 位的任一位置，都不要踩加速踏板使发动机转速升高。

(8) 拖车　如果自动变速器发生故障或严重泄漏而需将汽车拖至修理厂时，应该把驱动轮抬起或者把该车的传动轴拆下后拖回。在自动变速器无故障而需拖车时，则只需将变速杆置于 N 位即可拖车，但牵引的速度不要超过 30km/h，牵引的距离不要超过 30km。如果牵引的距离超过 30km，则也需要抬起驱动轮或拆下传动轴后才能实施牵引。

装有液力控制自动变速器的汽车，不可进行拖车起动。

一般车速为 60km/h 以上即可锁止离合器，只有变速杆在 D 位时，锁止离合器才能起作用。

第二章

变矩器与油泵

第一节 液力变矩器的结构与原理

变矩器安装在发动机的起动盘上，利用工作油液将发动机的转矩传递给自动变速器中的齿轮变速机构，具有降低转速、增加转矩和自动变速的功能。新型汽车自动变速器中所用的综合式液力变矩器，综合了液力偶合器和液力变矩器的优点。

一、液力偶合器

液力变矩器是由液力偶合器(图 2-1)发展而来的，叶轮与外壳刚性连接且与曲轴一起旋转，为偶合器的主动元件，称为泵轮。与从动轴相连的叶轮，为偶合器的从动元件，称为涡轮。泵轮与涡轮统称为工作轮。泵轮与涡轮装合后，通过轴线的纵断面呈环形，称为循环圆，在环状壳体中储有工作油液。

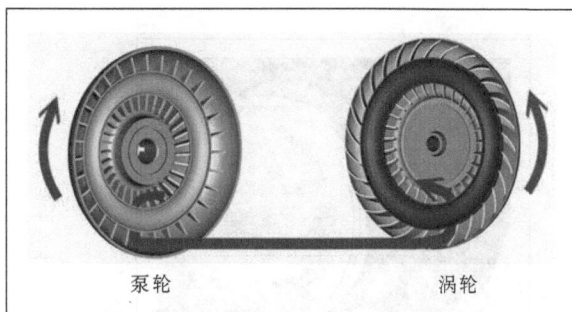

图 2-1 液力偶合器

传动原理：发动机的动能通过泵轮传给工作油液，工作油液在循环流动的过程中又将动能传给涡轮输出。工作油液在循环流动的过程中，除了与泵轮和涡轮之间的作用力之外，没有受到其他任何附加的外力。根据作用力与反作用力相等的原理，工作油液作用在涡轮上的转矩应等于泵轮作用在工作油液上的转矩，即发动机传给泵轮的转矩与涡轮上输出的转矩相等。

涡轮与泵轮的转速差越大，传动比越小，传动效率就越低；反之，传动效率就越高。

二、液力变矩器

液力变矩器(图 2-2)有三个工作轮，即泵轮、涡轮和导轮。导轮位于泵轮和涡轮之间，并与泵轮和涡轮保持一定的

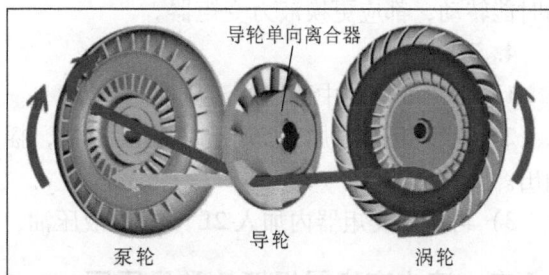

图 2-2 液力变矩器

轴向间隙，通过导轮固定套固定于变速器壳体上。

导轮的作用是改变涡轮上的输出转矩。

第二节 液力变矩器的检修

一、液力变矩器的检查

1. 目视法（外观检查）

检查液力变矩器外部有无损坏和裂纹，轴套外径有无磨损，驱动油泵的轴套缺口有无损伤。如有异常，应更换液力变矩器。

2. 径向圆跳动检查

将液力变矩器安装在发动机飞轮上，按图2-3所示方法检查变矩器轴套的径向圆跳动。转动飞轮一周，千分表的指针偏摆应小于0.03mm，否则，需转换一个角度重新安装，然后再进行测量。如果径向圆跳动在允许的范围之内，应做一记号，以保证安装正确。如果径向圆跳动始终不能调整到允许的范围以内，则应更换液力变矩器。

3. 检查导轮单向离合器

用专用工具插入变矩器。转动单向离合器内座圈，检查单向离合器是否良好，如图2-4所示。

图2-3 径向圆跳动检查

图2-4 检查导轮单向离合器

单向离合器应能顺时针自由转动，逆时针锁止。如果顺时针转动时有卡滞，或逆时针转动时能转动，都应更换液力变矩器。

4. 清洗

1）倒出变矩器中残留的液压油。

2）向变矩器内加入2L干净的液压油，摇动变矩器，以清洗其内部，然后将液压油倒出。

3）再次向变矩器内加入2L干净的液压油，清洗后倒出。

二、液力变矩器损坏的常见原因

液力变矩器损坏的常见原因有三个：一是检查油面不及时，液力变矩器因ATF（自动变

速器油)泄漏、蒸发而长时间缺油运转，以致因"热负荷"加大，油质变坏而损坏；二是更换 ATF 不及时，液力变矩器因油质变坏(磨料微粒污染和 ATF 高温氧化、结胶)而损坏；三是液力变矩器因使用了非规定牌号的 ATF 或劣质 ATF 而损坏。

应该说明：多数 ATF 的更换周期为 4 万 ~ 5 万 km，换油时常有 1/4 ~ 1/3 的 ATF 残存于液力变矩器中(个别车例外)，而这些残存 ATF 中的杂质和磨料微粒往往是液力变矩器损坏的主要原因。

三、液力变矩器的常见故障

液力变矩器为不可拆式总成，它一旦产生故障，能用于判断故障的参数只有发动机转速(泵轮转速)、涡轮转速(变速器输入轴转速)和 ATF 温度，因此只能通过对数据流进行机理分析和换件试验的方法排除故障。为了能正确地判断故障，对多个具有不同故障的液力变矩器进行了解剖、检查和分析，总结出三种常见的机械故障现象及故障判断方法(表 2-1)，供参考。

表 2-1　三种常见的机械故障现象及故障判断方法

机械故障现象	故 障 原 因	故 障 判 断 方 法
汽车起步时液力变矩器增大转矩的能力变差，甚至在起步加速时发动机熄火	单向离合器打滑，导轮因不能锁止而反向旋转	将变速杆依次置于 D 位和 R 位进行失速试验，如失速转速远低于标准值(>600r/min)或发动机熄火，则单向离合器打滑
汽车加、减速时液力变矩器中的异响增大，严重时出现"挂档熄火"(将变速杆从 N 位挂入 D 位或 R 位时发动机熄火)现象	(1) 泵轮、涡轮和导轮间的轴承损坏(滚针飞脱)，使各轮间的轴向冲击增大，产生异响；严重时，滚针将涡轮卡在液力变矩器壳内，使两件变为刚性连接(无相对滑转)，以致汽车一起步发动机就熄火 (2) 锁止离合器内减振弹簧的弹力降低引发异响，减振弹簧在断裂后可能将涡轮卡在液力变矩器壳内，以致发生"挂档熄火"现象	(1) 如在汽车停驶状态下将变速杆依次挂入 D 位和 R 位时发动机熄火或在汽车强行起步、加速时发动机的转速较高(多为 1500r/min 以上)，则泵轮、涡轮和导轮间的轴承损坏 (2) 在汽车停驶状态下不断改变发动机的转速，如液力变矩器中的异响增大(只能用听诊器检查)，则减振弹簧的弹力降低(还可在将液力变矩器拆下后通过不断晃动液力变矩器的方法来检查)
汽车高速行驶时，发动机相应的转速偏高，发动机冷却液温度和 ATF 温度也偏高	(1) 由于液力变矩器锁止阀泄漏，锁止离合器频繁接合与分离，使其摩擦片磨损量过大 (2) 锁止离合器锁止电磁阀卡滞，锁止离合器或油压调节阀有故障	(1) 在车速为 100km/h 条件下(锁止离合器应已接合)急促加速时，车速和发动机转速应同步上升，如车速上升的幅度不大，而发动机转速猛升，则锁止离合器摩擦片磨损量过大 (2) 根据解码器读得的数据流的下列参数进行判定：发动机转速、档位、输入轴转速、输出轴转速、锁止离合器的状态和 ATF 温度

第三节 综合式液力变矩器

在导轮与导轮固定套之间装有单向离合器的液力变矩器称为综合式液力变矩器。

综合式液力变矩器(图2-5)在其发展过程中曾有过许多很复杂的类型，这些类型可以用变矩器的元件数、级数和相数来表示。

1. 变矩器的元件数

变矩器的元件数是指变矩器中泵轮、涡轮和导轮的总个数，如三元件、四元件和五元件等。例如一种四元件的液力变矩器，它有一个泵轮、一个涡轮、两个带单向超越离合器的导轮。

2. 变矩器的级数

变矩器的级数是指涡轮的列数。只有一列涡轮的称为单级变矩器，有两列以上涡轮的称为多级变矩器。图2-6所示为多级变矩器的示意图，它有三列涡轮。

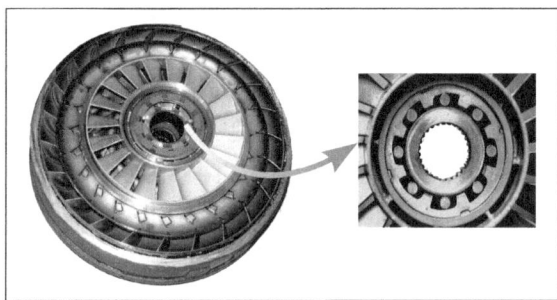

图2-5 综合式液力变矩器

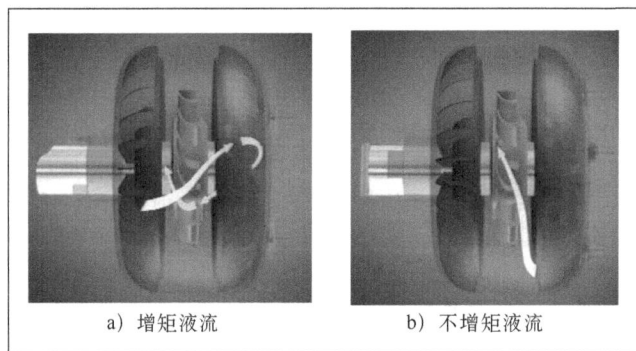

a) 增矩液流　　　b) 不增矩液流

图2-6 变矩器工作液流流向图

3. 变矩器的相数

由于变矩器中离合器或制动器的作用，使变矩器在不同的工作范围内具有不同的工作特性。这种不同工作特性的个数就称为变矩器的相数。

当涡轮转速较低时，从涡轮流出的液压油从正面冲击导轮叶片(图2-6a)，对导轮施加一个朝逆时针方向旋转的力矩，但由于单向超越离合器在逆时针方向具有锁止作用，将导轮锁止在导轮固定套上固定不动，因此这时该变矩器的工作特性和液力变矩器相同，即具有一定的增矩作用(变矩系数 $K>1$)。当涡轮转速增大到某一数值时，液压油对导轮的冲击方向与导轮叶片之间的夹角为0°，此时变矩系数 $K=1$。若涡轮转速继续增大，液压油将从反面冲击导轮(图2-6b)，对导轮产生一个顺时针方向的力矩。由于单向超越离合器在顺时针方向没有锁止作用，可以像轴承一样滑转，所以导轮在液压油的冲击作用下开始朝顺时针方向

旋转。由于自由转动的导轮对液压油没有反作用力矩，液压油只受到泵轮和涡轮的反作用力矩的作用，因此这时该变矩器不能起增矩作用，其工作特性和液力偶合器相同。这时涡轮转速较高，该变矩器亦处于高效率的工作范围。

导轮开始空转的工作点称为耦合点。由上述分析可知，综合式液力变矩器在涡轮转速由0至耦合点的工作范围内按液力变矩器的特性工作，在涡轮转速超过耦合点转速之后按液力偶合器的特性工作。因此，这种变矩器既利用了液力变矩器在涡轮转速较低时所具有的增矩特性，又利用了液力偶合器在涡轮转速较高时所具有的高传动效率的特性。

第四节　锁止离合器

锁止离合器由主动部分、从动部分和控制部分组成。主动部分为液力变矩器壳，从动部分为一个可做轴向移动的压盘（通过花键套与输出轴连接）。锁止控制阀通过油路与压盘的左右油腔相接，故通过改变压盘两侧的油压可使锁止离合器处于分离或接合状态。

当车速较低时，锁止离合器处于分离状态。

当车速等因素满足锁止离合器的锁止条件时，锁止离合器处于接合状态，这时输入液力变矩器的动力通过锁止离合器的机械连接，由压盘直接传至输出轴输出，传动效率为100%。

带锁止离合器的综合式液力变矩器实物如图2-7所示。

锁止离合器原理

1. 液压锁止控制

液压锁止控制由锁止信号阀和锁止中继阀来完成。

图2-7　带锁止离合器的综合式液力变矩器

（1）解除锁止状态　锁止中继阀在弹簧作用下落到最低位置，从主油路主调压阀来的油经锁止中继阀上部通道，由锁止离合器左侧进入液力变矩器，液力变矩器内的油液则经锁止中继阀下部通道去散热器，如图2-8所示。

此时，锁止离合器左右两侧油压相等，锁止离合器解除锁止。

（2）进入锁止状态　当车速逐渐升高，来自速控阀的油压进入锁止信号阀的上方，并克服锁止信号阀的弹簧弹力，锁止信号阀柱塞下移，打开锁止信号阀中部的油路通道，将来自3-4换档阀的油压送到锁止中继阀的底部，使得锁止中继阀柱塞上移，上移后，来自主油路主调压阀的油改道从右侧进入液力变矩器，此时液力变矩器的油不再送往散热器去降温。另外，柱塞上移后还将液力变矩器左侧的油道泄压，使得锁止离合器右侧的压力大于左侧，锁止离合器被压紧，进入锁止状态，如图2-9所示。

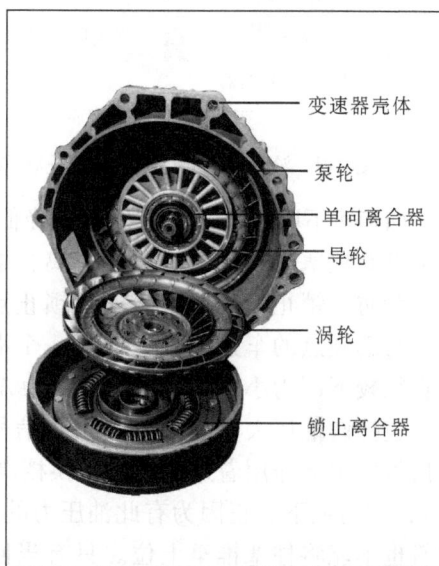

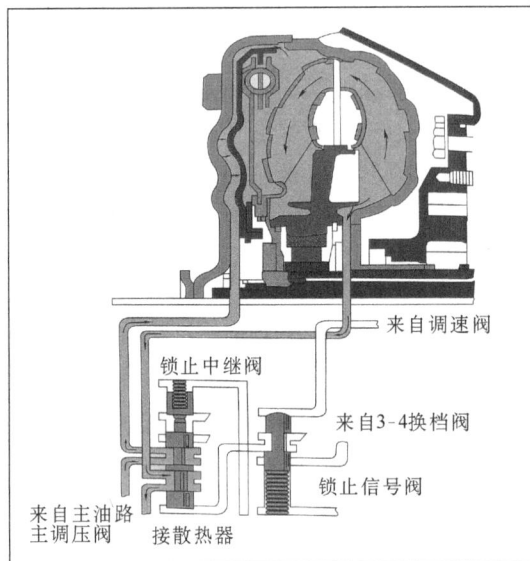

图 2-8　液压锁止控制（解除锁止状态）

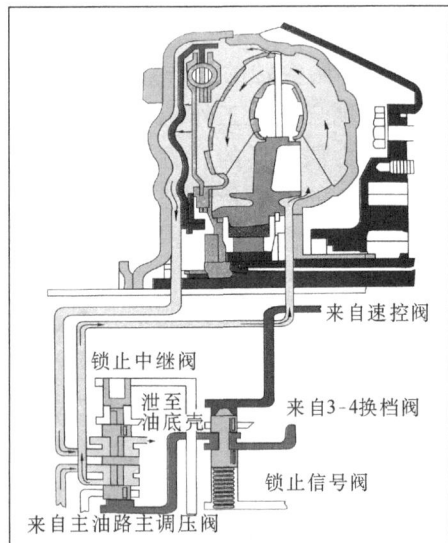

图 2-9　液压锁止控制（进入锁止状态）

　　如车速下降，离心速控阀油压降低，锁止信号阀在其回位弹簧的作用下回到上位，锁止中继阀柱塞也回至下位，锁止离合器左侧油腔压力升高，离合器解锁，即又处分离状态。为防止锁止离合器因车速在锁止点附近变化而出现反复锁止、解锁工作，必须使锁止点与解锁点的车速不同，即有一个滞后。滞后是这样实现的：锁止信号阀柱塞中段上部直径较下部为小，设上部的面积为 A，下部的面积为 B，则 $B>A$，作用在锁止信号阀上端的速控阀油压大于弹簧力，锁止信号阀柱塞下移，锁止离合器进入锁止状态。此时锁止信号阀中部作用着来自超速档换档阀的油压，作用力大小等于 $(B-A)p_c$（p_c 为超速档油压），方向朝上。正因为有此油压力的作用，即使车速较锁止点略低，锁止信号阀的回位弹簧也不能将柱塞推至上位。只有当回位弹簧能克服其柱塞中部超速档油压力和上端的速控阀油压力时，锁止信号才会向上移，此时的车速较锁止点就低得多了，从而避免了锁止离合器频繁地锁止和解锁。

　　2. 电子-液压锁止控制

　　（1）解除锁止状态　当锁止电磁阀关闭时，主油压加在锁止阀的右侧，锁止阀柱塞左移，变矩器油压经锁止阀右中部油路进入液力变矩器 A 室，然后再进入 B 室，此时锁止活塞两侧压力相等，锁止离合器处于解锁分离状态。从变矩器 B 室出来的油又经过锁止阀左中部油路去散热器冷却，如图 2-10 所示。

　　（2）进入锁止状态　当锁止电磁阀打开时，锁止阀右侧油压经电磁阀泄压后，锁止阀柱塞右移，液力变矩器 A 室油压经柱塞中部油路泄压，主油压经柱塞左中部油路进入液力变矩器 B 室，锁止活塞被压向左侧，锁止离合器进入锁止接合状态，如图 2-11 所示。

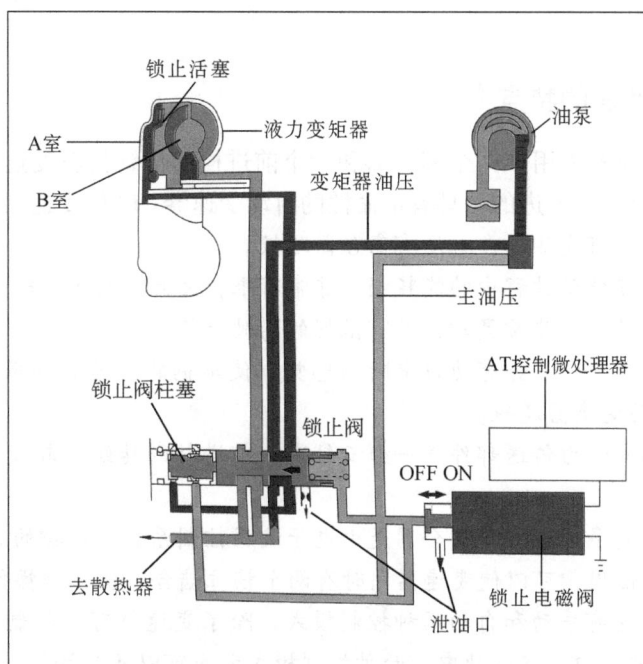

图 2-10 电子-液压锁止控制(解除锁止状态)

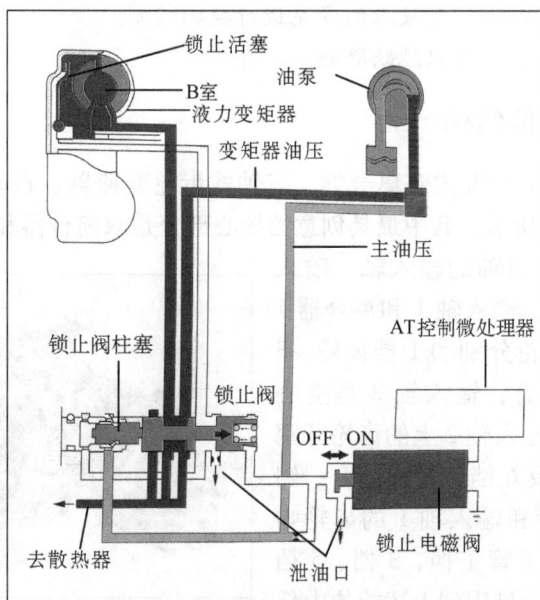

图 2-11 电子-液压锁止控制(进入锁止状态)

第五节 电控离合器

一、DSG 变速器的特点

新一代 DSG 变速器采用了两个离合器和六个前进档的传统齿轮变速器作为动力的传送部件，这是目前世界上最先进的、具有革命性的自动变速器。DSG 变速器的特点如下：

① DSG 变速器没有变矩器，也没有离合器踏板。

② DSG 变速器在传动过程中的能耗损失非常有限，大大提高了车辆的燃油经济性。

③ DSG 变速器的反应非常灵敏，具有很好的驾驶乐趣。

④ 车辆在加速过程中不会有动力中断的感觉，使车辆的加速更加强劲、圆滑。百公里加速时间比传统手动变速器还短。

⑤ DSG 变速器的动力传送部件是一台三轴式六前进档的传统齿轮变速器，增加了传动比的分配。

⑥ DSG 变速器的多片湿式双离合器是由电子液压控制系统来操控的。

⑦ 双离合器的使用，可以使变速器同时有两个档位啮合，使换档操作更加快捷。

⑧ DSG 变速器也有手动和自动两种控制模式。除了变速杆可以控制外，转向盘上还配备有手动控制的换档按钮，在行驶中，两种控制模式之间可以随时切换。

⑨ 选用手动模式时，如果不做升档操作，即使将加速踏板踩到底，DSG 变速器也不会升档。

⑩ 换档逻辑控制可以根据驾驶人的意愿进行换档控制。

⑪ 在手动控制模式下，可以跳跃降档。

二、DSG 变速器的结构

DSG 变速器主要由多片湿式双离合器、三轴式齿轮变速器、自动换档机构以及电液控制系统组成，如图 2-12 所示。其中最具创意的核心部分是双离合器和三轴式齿轮变速器。

DSG 变速器有两根同轴的输入轴，输入轴 1 装在输入轴 2 里面。输入轴 1 和离合器 1 相连，输入轴 1 上的齿轮分别和 1 档齿轮、3 档齿轮、5 档齿轮相啮合；输入轴 2 是空心的，和离合器 2 相连，输入轴 2 上的齿轮分别和 2 档齿轮、4 档齿轮及 6 档齿轮相啮合；倒档齿轮通过中间轴齿轮和输入轴 1 的齿轮啮合。通俗地讲，离合器 1 管 1 档、3 档、5 档和倒档，在汽车行驶中一旦用到上述档位中任何一档，离合器 1 是接合的；离合器 2 管 2 档、4 档和 6 档，当使用 2、4 及 6 档中的任一档时，离合器 2 接合。

图 2-12 DSG 变速器的结构

　　DSG 变速器的多片湿式双离合器的结构和液压式自动变速器中的离合器相似，但是尺寸要大很多。工作原理利用液压缸内的油压和活塞压紧离合器，油压的建立由 ECU 指令电磁阀来控制，两个离合器的工作状态是相反的，因此不会发生两个离合器同时接合的情形。

　　DSG 变速器的档位转换是由档位选择器来操作的。档位选择器实际上是一个液压马达，推动拨叉就可以进入相应的档位，由液压控制系统来控制它们的工作。在液压控制系统中有六个油压调节电磁阀，用来调节两个离合器和四个档位选择器中的油压压力；此外还有五个开关电磁阀，分别控制档位选择器和离合器的工作。

三、DSG 变速器的工作过程

　　DSG 变速器的工作过程比较特别，在 1 档起步行驶时，动力传递路线如图 2-13 中实线和箭头所示，离合器 1 接合，通过输入轴 1 到 1 档齿轮，再输出到差速器。同时，图中虚线和箭头所示的路线是 2 档时的动力传输路线，由于离合器 2 是分离的，这条路线实际上还没有动力在传输，是预先选好档位，为接下来的升档做准备的。变速器进入 2 档后，退出 1 档，同时 3 档预先接合。所以在 DSG 变速器的工作过程中总是有两个档位是接合的，一个正在工作，另一个则为下一步做好准备。

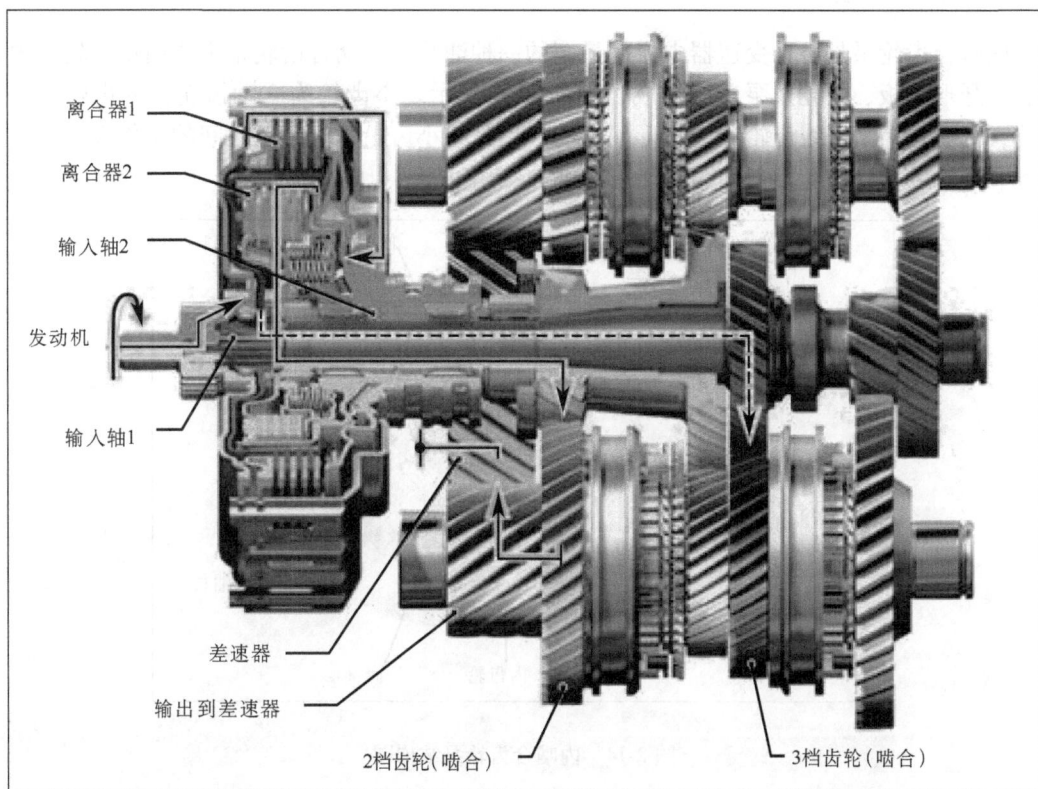

图 2-13　DSG 变速器的工作过程

　　DSG 变速器在降档时，同样有两个档位是接合的，如果 4 档正在工作，则 3 档作为预选档位而接合。DSG 变速器的升档或降档是由 ECU 进行判断的，踩加速踏板时，ECU 判定为

升档过程，做好升档准备；踩制动踏板时，ECU 判定为降档过程，做好降档准备。

一般变速器升档总是一档一档地进行的，而降档经常会跳跃地降档，DSG 变速器在手动控制模式下也可以进行跳跃降档。例如，从 6 档降到 3 档，连续按三下降档按钮，变速器就会从 6 档直接降到 3 档，但是如果从 6 档降到 2 档时，变速器会先降到 5 档，再从 5 档直接降到 2 档。在跳跃降档时，如果起始档位和最终档位属于同一个离合器控制的，则会通过另一个离合器控制的档位转换一下；如果起始档位和最终档位不属于同一个离合器控制，则可以直接跳跃降至所定档位。

第六节　油　　泵

油泵通常安装在变矩器的后方，由变矩器壳后端的轴套驱动。在发动机运转时，不论汽车是否行驶，油泵都在运转，为自动变速器中的变矩器、换档执行机构以及液压控制阀等部分提供所需的一定压力的液压油，以保证其正常工作。常见的自动变速器油泵有三种类型：内啮合齿轮泵、摆线转子泵及叶片泵（含可变排量叶片泵），下面分别加以介绍。

一、内啮合齿轮泵

内啮合齿轮泵是自动变速器中应用最多的一种油泵。内啮合齿轮泵主要由小齿轮、内齿轮、月牙形隔板、泵壳及泵盖等组成，如图 2-14 所示。小齿轮为主动齿轮，内齿轮为从动齿轮，两者均为渐开线齿轮；月牙形隔板的作用是将小齿轮和内齿轮之间的工作腔分隔为吸油腔和压油腔，使彼此不通；泵壳上有进油口和出油口。

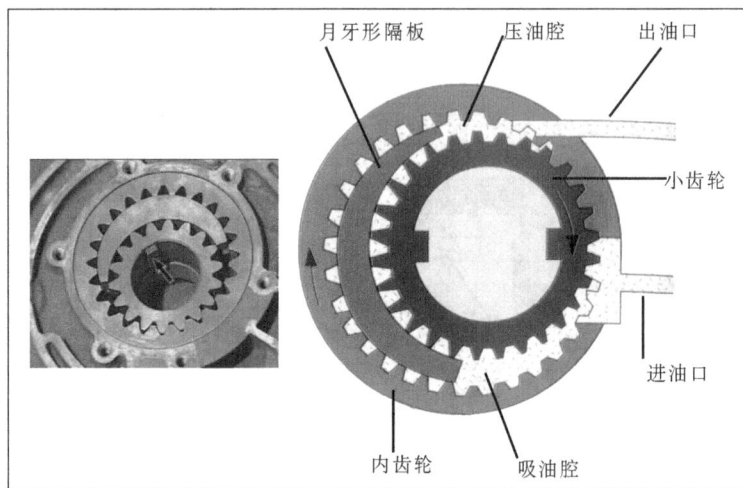

图 2-14　内啮合齿轮泵结构图

原理：发动机运转时，变矩器壳体后端的轴套带动小齿轮和内齿轮一起朝图中所示顺时针方向旋转。此时，在吸油腔，由于小齿轮和内齿轮不断退出啮合，容积不断增加，形成局部真空，将液压油从进油口吸入，且随着齿轮的旋转，齿间的液压油被带到压油腔；在压油腔，由于小齿轮和内齿轮不断进入啮合，容积不断减小，将液压油从出油口排出。这就是内啮合齿轮泵的泵油过程。

二、摆线转子泵

摆线转子泵是一种特殊齿形的内啮合齿轮泵，它由一对内啮合的转子及泵壳、泵盖等组成，如图 2-15 所示。内转子为外齿轮，其齿廓曲线是外摆线；外转子为内齿轮，齿廓曲线是圆弧曲线。一般内转子的齿数可以为 4、6、8 和 10 等，而外转子比内转子多一个齿。通常自动变速器上所用的摆线转子泵的内转子都是 10 个齿。

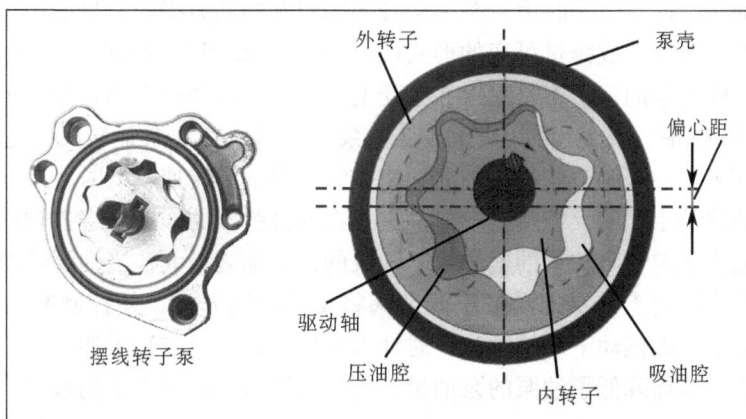

图 2-15　摆线转子泵结构图

原理：发动机运转时，带动油泵内、外转子朝相同的方向旋转。内转子为主动齿轮，外转子比内转子每圈少转一个齿。内转子的齿廓和外转子的齿廓是一对共轭曲线，它能保证在油泵运转时，不论内、外转子转到什么位置，各齿均处于啮合状态，即内转子每个齿的齿廓曲线上总有一点和外转子的齿廓曲线相接触，从而在内、外转子之间形成与内转子齿数相同个数的工作腔。这些工作腔的容积随着转子的旋转而不断变化，当转子朝顺时针方向旋转时，内、外转子中心线的右侧的各个工作腔的容积由小变大，以致形成局部真空，将液压油从进油口吸入；在内、外转子中心线的左侧的各个工作腔的容积由大变小，将液压油从出油口排出。这就是摆线转子泵的泵油过程。

三、叶片泵

叶片泵由定子、转子、叶片及壳体、泵盖等组成，如图 2-16 所示。转子由变矩器壳体后端的轴套带动，绕其中心旋转；定子是固定不动的，转子与定子不同心，二者之间有一定的偏心距。

图 2-16　叶片泵结构图

原理：当转子旋转时，叶片在离心力或叶片底部的液压油压力的作用下向外张开，紧靠在定子内表面上，并随着转子的转动，在转子叶片槽内做往复运动。这样在每两个相邻叶片之间便形成密封的工作腔。如果转子朝顺时针方

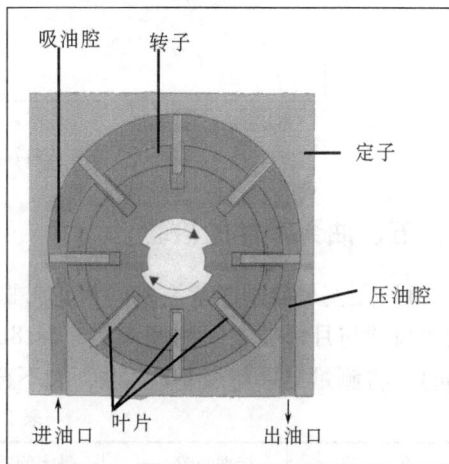

向旋转，在转子与定子中心连线的右半部的工作腔容积逐渐增大，以致产生一定的真空，将液压油从进油口吸入；在中心连线左半部的工作腔容积逐渐减小，将液压油从出油口压出。这就是叶片泵的泵油过程。

四、可变排量叶片泵

上述三种油泵的排量都是固定不变的，称为定量泵。

为了减少油泵在高速运转时由于泵油量过多而引起的动力损失，目前用于汽车自动变速器的叶片泵大部分都设计成排量可变的形式（称为变量泵或可变排量叶片泵）。

原理：这种叶片泵的定子不是固定在泵壳上，而是可以绕一个销轴做一定的摆动，以改变定子与转子的偏心距（图2-17），从而改变油泵的排量。在油泵运转时，定子的位置由定子侧面控制腔内来自油压调节阀的反馈油压来控制。当油泵转速较低时，泵油量较小，油压调节阀将反馈油路关小，使反馈压力下降，定子在回位弹簧的作用下绕销轴向顺时针方向摆动一个角度，加大了定子与转子的偏心距，油泵的排量随之增大；当油泵转速增高时，泵油量增大，出油压力随之上升，推动油压调节阀将反馈油路开大，使控制腔内的反馈油压上升，定子在反馈油压的推动下绕销轴朝逆时针方向摆动，定子与转子的偏心距减小，油泵的排量也随之减小，从而降低了油泵的泵油量，直到出油压力降至原来的数值。

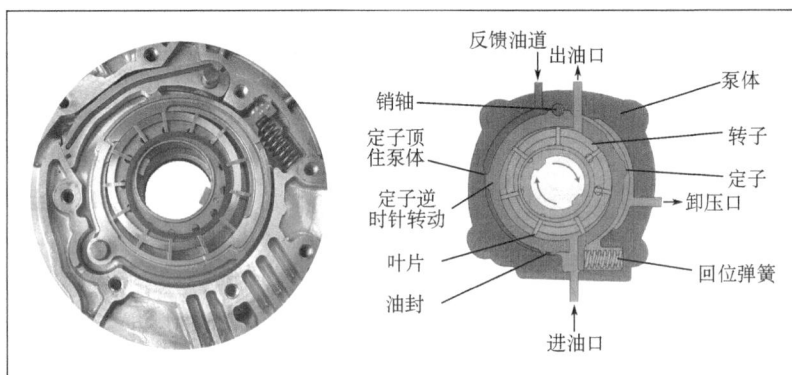

图2-17　可变排量叶片泵结构

五、油泵零件的检验

1）用塞尺分别测量油泵内齿轮外圆与油泵壳体之间的间隙（图2-18a）、小齿轮及内齿轮的齿顶与月牙板之间的间隙（图2-18b）、小齿轮及内齿轮端面与泵壳平面的端隙（图2-18c）。将测量结果与表2-2对照，如不符合标准，应更换齿轮、泵壳或油泵总成。

表2-2　油泵测量标准

项　目	标准间隙/mm	最大间隙/mm	项　目	标准间隙/mm	最大间隙/mm
内齿轮与壳体间隙	0.07~0.15	0.3	齿轮端隙	0.02~0.05	0.1
齿顶与月牙板间隙	0.11~0.14	0.3			

2）检查油泵小齿轮、内齿轮及泵壳端面有无肉眼可见的磨损痕迹，如有，应更换新件。

a）外围间隙测量　　　　　　b）内围间隙测量　　　　　　c）齿壳平面端隙测量

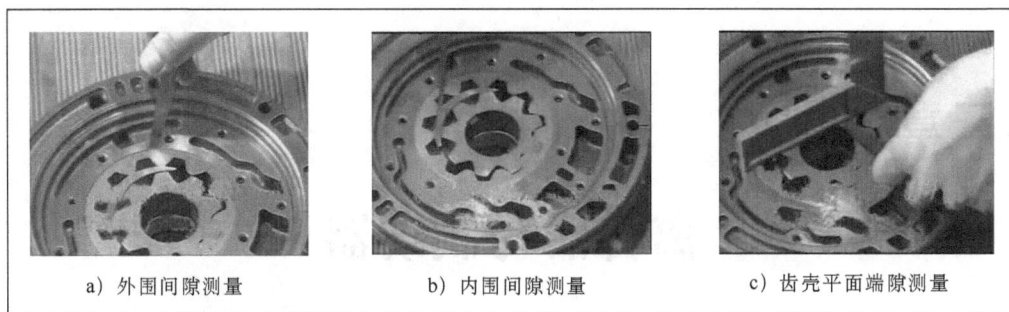

图 2-18　油泵零件的检验

第三章

离合器与制动器

第一节　离　合　器

离合器的基本作用是连接。

一、离合器

作用：连接，即将行星齿轮机构的输入轴和行星排的某个元件连接，或将行星排的某两个基本元件连接在一起，使之成为一个整体，以实现直接传动。

组成：离合器(图3-1)是一种多片湿式离合器，它通常由活塞、回位弹簧、弹簧座、一组钢片、一组摩擦片、调整垫片、离合器鼓及几个密封圈等组成。

原理：多片离合器既可用作驱动元件，也可用作锁止元件。

图3-1　离合器

离合器处于分离状态时，离合器片之间有一定的轴向间隙，以保证钢片和摩擦片之间无轴向压力，这一间隙称为离合器的自由间隙。一般离合器自由间隙的标准值为0.5～2.0mm，其规定值取决于离合器片的片数、离合器在变速器中的位置。

二、离合器的检修(片式制动器与之相似)

1) 检查离合器或制动器的摩擦片，如有烧焦、表面粉末冶金层脱落或翘曲变形，应更换。许多自动变速器的摩擦片表面上印有字符(图3-2a)，若这些字符已被磨去，说明摩擦片已磨损至极限，应更换。也可以测量摩擦片的厚度，若小于极限厚度，则应更换。

2) 检查制动带内表面，如有烧焦、表面粉末冶金层脱落或表面字符已被磨去，应更换，如图3-2b所示。

3) 检查钢片，如有磨损或翘曲变形，应更换，如图3-3所示。

4) 检查挡圈的摩擦面，如有磨损，应更换。

5) 检查离合器和制动器的活塞，其表面应无损伤或拉

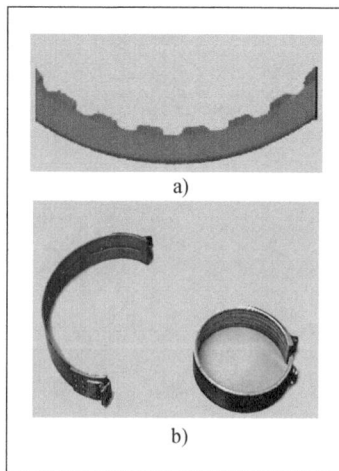

a)

b)

图3-2　检查摩擦片和制动带

毛，否则应更换新件。

6）检查离合器活塞上的单向阀，其阀球应能在阀座内活动自如。用压缩空气或煤油检查单向阀的密封性（从液压缸一侧往单向阀内吹气），密封应良好。如有异常，应更换活塞。

7）检查离合器和制动器鼓，其液压缸内表面应无损伤或拉毛，与钢片配合的花键槽应无磨损。如有异常，应更换新件。

8）测量活塞回位弹簧的自由长度（图 3-4），并与表 3-1 比较。若弹簧自由长度过小或有变形，应更换新弹簧。

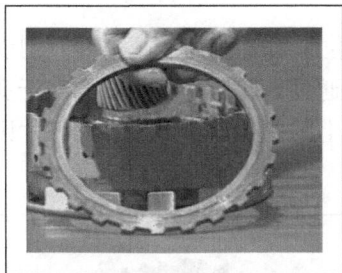

钢片厚度			（单位：mm)		
号码	16	17	18	19	20	21
厚度	36	35	34	33	32	31

图 3-3　检查钢片

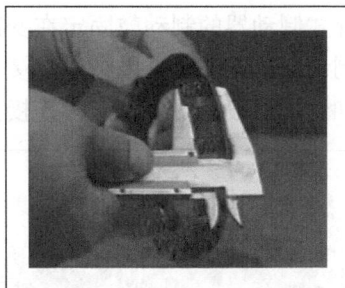

图 3-4　测量活塞回位弹簧的自由长度

表 3-1　A341E 和 A342E 自动变速器的离合器和制动器检修标准

离合器或制动器的名称	代　　号	弹簧自由长度标准/mm	自由间隙/mm
直接离合器	C_0	15.8	1.45~1.70
超速制动器	B_0	17.23	1.75~2.05
倒档及高速档离合器	C_1	24.35	1.37~1.60
前进离合器	C_2	—	0.70~1.00
2 档制动器	B_1	19.64	0.63~1.98
低速档及倒档制动器	B_2	12.9	0.70~1.22
2 档强制制动带	B_3	—	2.0~3.0

9）更换所有离合器、制动器及制动带液压缸活塞上的 O 形密封圈及轴颈上的密封环。新的密封圈或密封环应涂上少许液压油或凡士林后装入。

第二节　制　动　器

制动器的作用是将行星排中的太阳轮、齿圈和行星架这三个基本元件之一加以固定，使之不能旋转。在自动变速器中作为换档执行机构的制动器的结构型式较多，目前最常见的是带式制动器和片式制动器两种。

一、带式制动器

带式制动器（图 3-5）又称制动带，它由制动鼓、制动带、液压缸及活塞等组成。

制动带的一端支承在变速器壳体上的制动带支架或制动带调整螺钉上，另一端与液压缸活塞上的推杆连接。制动带内表面为一层摩擦因数较高的摩擦衬片。液压缸被活塞分隔为施压腔和释放腔两部分，分别通过各自的控制油道与控制阀相通。

制动器调整原理：当带式制动器不工作或处于释放状态时，制动带与制动鼓之间应有适当的间隙。间隙太大或太小都会影响制动器的正常工作。这一间隙的大小可用制动带调整螺钉来调整。在装复时，一般将螺钉向内拧紧至一定力矩，然后再退回规定的圈数(通常为2~3圈)。

二、片式制动器

片式制动器(图3-6)由制动器鼓、制动器活塞、回位弹簧、钢片、摩擦片及制动器毂等组成。片式制动器的制动鼓固定在变速器壳体上，钢片通过外花键齿安装在固定于变速器壳体上的制动鼓内花键齿圈中，或直接安装在变速器壳体上的内花键齿圈中，摩擦片则通过内花键齿和制动器毂上的外花键齿连接。

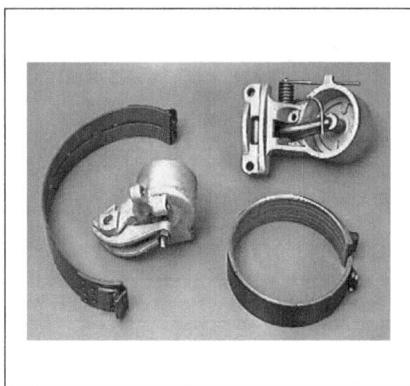

图 3-5 带式制动器

图 3-6 片式制动器

原理：当制动器不工作时，钢片和摩擦片之间没有压力，制动器毂可以自由旋转。当制动器工作时，来自控制阀的液压油进入制动器鼓内的液压缸中，油压作用在制动器活塞上，推动活塞将制动器摩擦片和钢片紧压在一起，与行星排某一基本元件连接的制动器毂就被固定住而不能旋转。

第三节　单向超越离合器

单向超越离合器又称单向啮合器或自由轮离合器。

单向超越离合器无须控制机构，其工作完全由与之相连接的元件的受力方向来控制。它能随着行星齿轮变速器档位的变换，在与之相连接的基本元件受力方向发生变化的瞬间即产生接合或脱离，可保证换档平顺无冲击，同时还能大大简化液压控制系统。

最常见的单向超越离合器有滚柱斜槽式和楔块式两种。

一、滚柱斜槽式单向超越离合器

滚柱斜槽式单向超越离合器由外环、内环、滚柱以及滚柱回位弹簧等组成。

原理：当外环相对于内环朝顺时针方向转动时，在刚刚开始转动的瞬间，滚柱便在摩擦力和弹簧力的作用下被卡死在楔形槽较窄的一端，于是内外环互相连接为一个整体，不能相对转动，此时单向超越离合器处于锁止状态，与外环连接的基本元件便被固定住或者和与内环相连接的元件连成一个整体。当外环相对于内环朝逆时针方向转动时，滚柱在摩擦力的作用下克服弹簧的弹力，滚向楔形槽较宽的一端，出现打滑现象，外环相对于内环可以自由滑转，此时单向超越离合器脱离锁止而处于自由状态。

滚柱斜槽式单向超越离合器如图 3-7 所示。

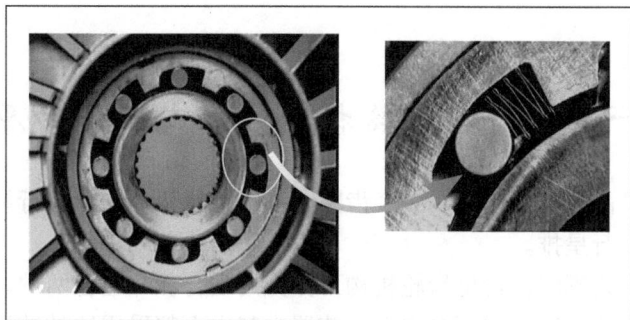

图 3-7　滚柱斜槽式单向超越离合器

二、楔块式单向超越离合器

楔块式单向超越离合器的构造和滚柱斜槽式单向超越离合器相似，也有外环、内环以及滚子(或楔块)等，如图 3-8 所示。

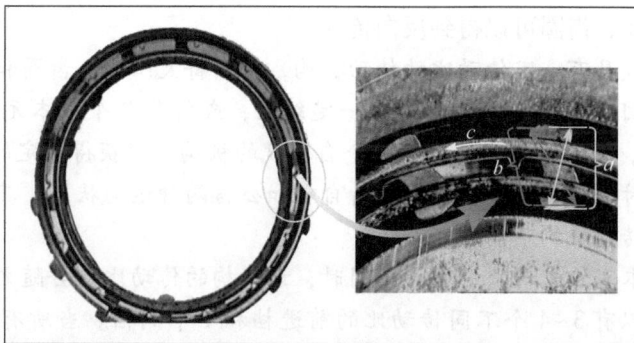

图 3-8　楔块式单向离合器

不同之处在于，它的外环或内环上都没有楔形槽，其滚子不是圆柱形的，而是特殊形状的楔块。外环之间的距离为 b，而当处于 c 方向移动时，外环之间的尺寸则略小于原始尺寸 b。

原理：当外环相对于内环朝顺时针方向旋转时，楔块在摩擦力的作用下立起，因自锁作用而被卡死在内、外环之间，使内环和外环无法相对滑转，此时单向超越离合器处于锁止状态；当外环相对于内环朝逆时针方向旋转时，楔块在摩擦力的作用下倾斜，脱离自锁状态，内、外环可以相对滑转，此时单向超越离合器处于自由状态。

第四章

行星齿轮式自动变速器

第一节　行星齿轮机构的组成与传动原理

行星齿轮机构是由一个太阳轮、一个齿圈、一个行星架和支承在行星架上的几个行星齿轮组成的，称为一个行星排。

按齿轮的啮合方式不同，行星齿轮机构可分为内啮合和外啮合两种。内啮合式行星齿轮机构结构紧凑，传动效率高，因而在自动变速器中基本上都采用这种结构。

按齿轮的排数不同，行星齿轮机构可分为单排和多排两种。多排行星齿轮机构是由几个单排行星齿轮机构组成的。在汽车自动变速器中通常采用由两个或三个单排行星齿轮机构组成的多排行星齿轮机构。

按太阳轮和齿圈之间的行星齿轮组数的不同，行星齿轮机构可分为单行星齿轮式和双行星齿轮式两种。双行星齿轮机构在太阳轮和齿圈之间有两组互相啮合的行星齿轮，其中外面一组行星齿轮和齿圈啮合，里面一组行星齿轮和太阳轮啮合。它与单行星齿轮机构在其他条件相同的情况下相比，齿圈可以得到反向传动。

原理：为了组成具有一定传动比的传动机构，必须将太阳轮、齿圈和行星架这三个基本元件中的一个加以固定，或使其运动受到一定约束，或将某两个基本元件互相连接在一起（即两者转速相同），使行星排变为只有一个自由度的机构，以获得确定的传动比。

行星排在运转时，由于行星齿轮存在着自转和公转两种运动状态，其传动比的计算方法和普通的定轴齿轮传动机构不同。

当被约束的基本元件或约束的方式不同时，该机构的传动比也会随之改变，从而组成不同的档位。通常可以有3~4个不同传动比的前进档和1个倒档。当所有的基本元件都没有被固定时，即可得到空档。上述单排行星齿轮机构的变速原理和传动比的计算方法同样适用于多排行星齿轮机构。只要该机构经约束后的自由度为1，其传动比都可以通过解由各个单排行星齿轮机构的运动特性方程组成的联立方程组来得到。

第二节　行星齿轮机构的变速原理

一、行星齿轮的传动方式

这里，我们来研究一下行星齿轮的传动方式与档位的关系。行星齿轮机构按不同的组合

形式可有八种传动方式，具体分析如下：

1. 锁定内齿圈

锁定内齿圈后，可以有两种传动方式：一是以太阳轮为主动、行星架为从动；二是以行星架为主动、太阳轮为从动。显然这两种方式的传动比互为倒数。

锁定内齿圈时，行星齿轮既绕太阳轮公转，同时也自转，并且公转与自转方向相反。

1）当太阳轮按顺时针方向旋转时，行星齿轮则按逆时针方向旋转，并试图使内齿圈也按逆时针方向旋转，但因内齿圈正被锁定，故使得行星架按顺时针方向旋转，如图 4-1a 所示。

a)太阳轮主动　　　　b)行星架主动

图 4-1　内齿圈锁定时的传动方式

2）当行星架按顺时针方向旋转时，行星齿轮试图带动内齿圈和太阳轮一起做顺时针转动，但由于内齿圈已锁定，所以行星齿轮开始逆时针旋转，结果使得太阳轮按顺时针方向旋转，如图 4-1b 所示。

2. 锁定太阳轮

锁定太阳轮后，也可以有两种传动方式：一是以内齿圈为主动、行星架为从动；二是以行星架为主动、内齿圈为从动。锁定太阳轮后，行星齿轮既绕太阳轮公转同时也自转，并且公转与自转方向相同。

1）当内齿圈按顺时针方向旋转时，

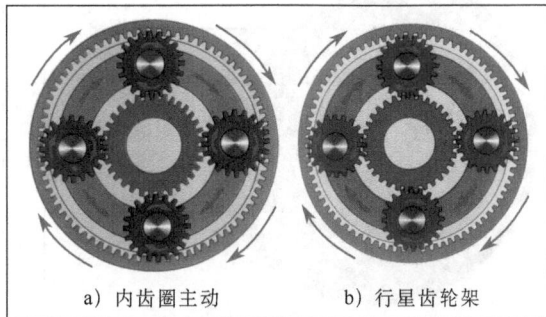

a) 内齿圈主动　　　　b) 行星齿轮架

图 4-2　太阳轮锁定时的传动方式

行星齿轮也按顺时针方向转动，并试图使太阳轮按逆时针方向转动，但因太阳轮已被锁定，故使得行星架按顺时针方向旋转，如图 4-2a 所示。

2）当行星架按顺时针方向旋转时，行星齿轮试图带动内齿圈和太阳轮一起做顺时针转动，但由于太阳轮已锁定，所以行星齿轮顺时针旋转，结果使内齿圈也按顺时针方向旋转，如图 4-2b 所示。

3. 锁定行星架

锁定行星架后，同样可以有两种传动方式：一是以太阳轮为主动、内齿圈为从动；二是以内齿圈为主动、太阳轮为从动。这两种方式传动比不仅互为倒数，而且旋转方向相反。锁定行星架时，行星齿轮只有自转没有公转。

1）当太阳轮按顺时针方向转动时，因行星架被锁定，行星齿轮逆时针旋转，进而带动内齿圈也逆时针转动，如图 4-3a 所示。

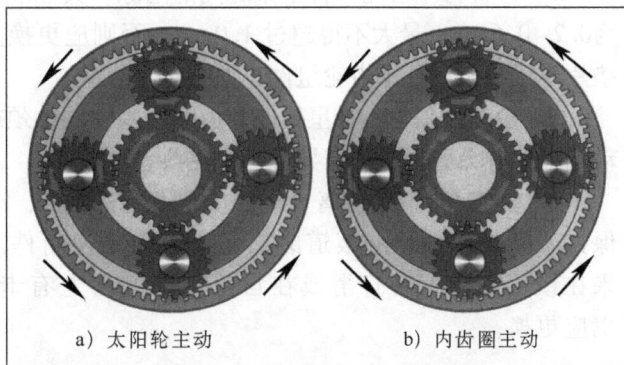

a)太阳轮主动　　　　b)内齿圈主动

图 4-3　行星架锁定时的传动方式

2）当内齿圈按顺时针方向旋转时，因行星架锁定，行星齿轮按顺时针方向转动，并带动太阳轮逆时针方向旋转，如图 4-3b 所示。

4. 将任意两元件连接在一起

连接任意两元件，就会使得行星齿轮不再有自转，此时三元件合为一体，三元件之间的传动比均为 1，即为直接档传动。

例：将太阳轮与内齿圈连接在一起成为一体，并作为主动件，按顺时针方向转动，此时因行星齿轮上下两边受到相同方向的力，所以不能转动。因而就带动行星架一起按顺时针方向转动，如图 4-4 所示。传动比 $i=1$，且同方向。

5. 不锁定任何元件

不锁定任何元件时，三元件可以随意转动，此时为空档，如图 4-5 所示。

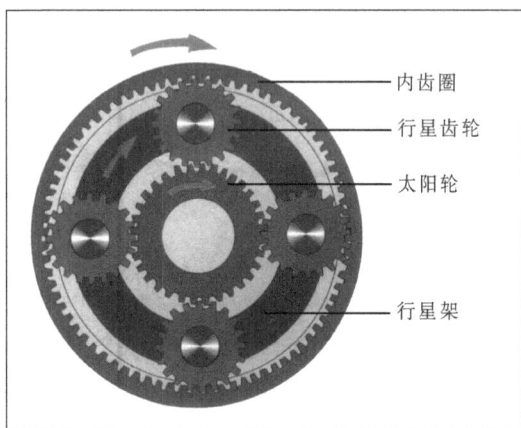

图 4-4 任意两元件连接在一起的传动方式

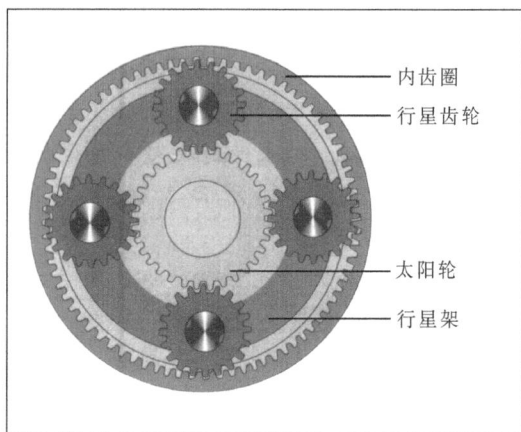

图 4-5 空档时的传动方式

二、行星排、单向超越离合器的检验

1）检查太阳轮、行星齿轮以及齿圈的齿面，如有磨损或疲劳剥落，应更换整个行星排。

2）检查行星齿轮与行星架之间的间隙，其标准间隙为 0.2~0.6mm，最大不得超过 1.0mm，否则应更换止推垫片或行星架和行星齿轮组件，如图 4-6 所示。

3）检查太阳轮、行星架以及齿圈等零件的轴颈或滑动轴承处有无磨损，如有异常，应更换新件。

4）检查单向超越离合器，如果滚柱破裂、滚柱保持架断裂或内外圈滚道磨损起槽，应更换新件。如果在锁止方向上有打滑或在自由转动方向上有卡滞，也应更换。

图 4-6 行星齿轮与行星架间隙的检测

第三节 辛普森式行星齿轮变速器

辛普森式行星齿轮机构是一种双排行星齿轮机构，其结构特点如下：前后两个行星排的太阳轮连接为一个整体，称为前后太阳轮组件；前一个行星排的行星架和后一个行星排的齿轮连接为另一个整体，称为前行星架和后齿圈组件；输出轴通常与前行星架和后齿圈组件连接。经过上述的组合后，该机构成为一种具有四个独立元件的行星齿轮机构。这四个独立元件是：前齿圈、前后太阳轮组件、后行星架、前行星架和后齿圈组件。根据前进档的档数不同，可将辛普森式行星齿轮变速器分为辛普森式 3 档和 4 档行星齿轮变速器两种，且多应用于后驱式汽车。

一、辛普森式 3 档行星齿轮变速器结构与工作原理

在辛普森式行星齿轮机构中设置五个换档执行元件（两个离合器、两个制动器和一个单向超越离合器），即可使之成为一个具有三个前进档和一个倒档的行星齿轮变速器。这五个换档执行元件的布置如图 4-7 所示。离合器 C_1 用于连接输入轴和前后太阳轮组件，离合器 C_2 用于连接输入轴和前齿圈，制动器 B_1 用于固定前后太阳轮组件，制动器 B_2 和单向超越离合器 F_1 都是用于固定后行星架。制动器 B_1 和 B_2 可以采用带式制动器，也可以采用片式制动器。

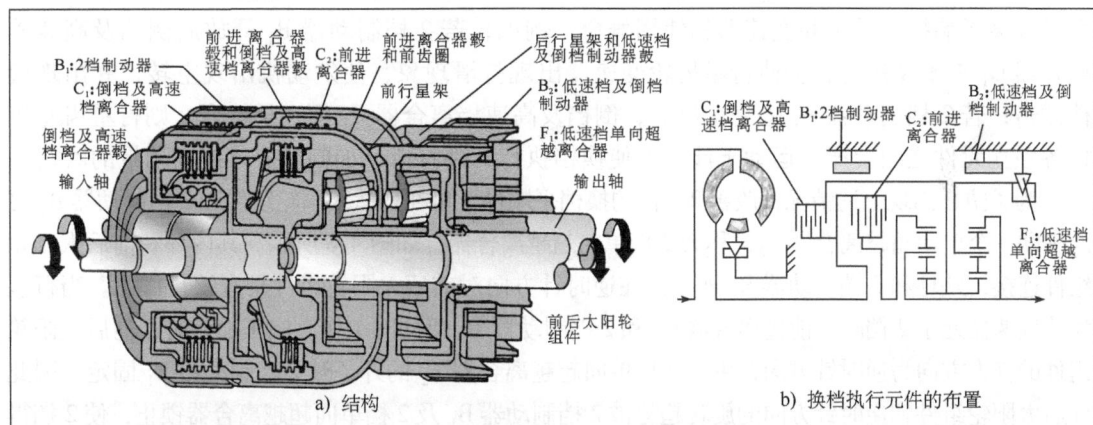

a) 结构   b) 换档执行元件的布置

图 4-7　辛普森式 3 档行星齿轮变速器

这五个换档执行元件在各档位的工作情况见表 4-1。由表中可知，当行星齿轮变速器处于停车档和空档之外的任何一个档位时，五个换档执行元件中都有两个处于工作状态（接合、制动或锁止状态），其余三个不工作（分离、释放或自由状态）。处于工作状态的两个换档执行元件中至少有一个是离合器 C_1 或 C_2，以便使输入轴与行星排连接。当变速器处于任一前进档时，离合器 C_2 都处于接合状态，此时输入轴与行星齿轮机构的前齿圈接合，使前齿圈成为主动件，因此，离合器 C_2 也称为前进离合器。倒档时，离合器 C_1 接合，C_2 分离，此时输入轴与行星齿轮机构的前后太阳轮组件接合，使前后太阳轮组件成为主动件；另外，离合器 C_1 在 3 档（直接档）时也接合。因此，离合器 C_1 也称为倒档及高速档离合器，制动器

B_1 仅在 2 档才工作，称为 2 档制动器。制动器 B_2 在 1 档和倒档时都有工作，因此称为低速档及倒档制动器。由此可知，换档执行元件的不同工作组合决定了行星齿轮变速器的传动方向和传动比，从而决定了行星齿轮变速器所处的档位。

表 4-1　辛普森式 3 档行星齿轮变速器换档执行元件工作规律

变速杆位置	档　位	换档执行元件				
		C_1	C_2	B_1	B_2	F_1
D	1 档		○			○
	2 档		○	○		
	3 档	○	○			
R	倒档	○			○	
S、L 或 2、1	1 档		○		○	
	2 档		○	○		

注：○——接合、制动或锁止。

二、改进后的辛普森式 3 档行星齿轮变速器结构与工作原理

辛普森式 3 档行星齿轮变速器由 2 档换至 3 档时，一方面 2 档制动器 B_1 要释放，另一方面倒档及高速档离合器 C_1 要接合。这两个换档执行元件的工作交替应及时准确，太快或太慢都会影响换档质量和变速器的使用寿命。例如，若 2 档制动器 B_1 释放后倒档及高速档离合器 C_1 来不及接合，会使行星齿轮变速器出现打滑现象，使发动机出现空转，并出现换档冲击；若 2 档制动器 B_1 未完全释放，倒档及高速档离合器 C_1 便过早接合，则行星齿轮机构各独立元件之间会产生运动干涉，迫使换档执行元件打滑，加剧摩擦片或制动带的磨损。

为了防止出现上述情况，改善 2-3 档的换档平顺性，可在前后太阳轮组件和 2 档制动器 B_1 之间串联一个单向超越离合器 F_2，称为 2 档单向超越离合器，如图 4-8 所示。其内环和前后太阳轮组件连接，外环和 2 档制动器 B_1 连接，在逆时针方向对前后太阳轮组件具有锁止作用。当行星齿轮变速器处于 2 档时，前进离合器 C_2 和 2 档制动器 B_1 仍同时工作。汽车加速时，前后太阳轮组件的受力方向为逆时针方向，由于 2 档单向超越离合器 F_2 的外环被 2 档制动器 B_1 固定，因此前后太阳轮组件朝逆时针方向的旋转趋势被 2 档制动器 B_1 及 2 档单向超越离合器锁止，使 2 档得以实现。当行星齿轮变速器由 2 档换至 3 档时，即使倒档及直接档离合器 C_1 在 2 档制动器 B_1 释放之前就已接合，但由于倒档及直接档离合器 C_1 接合之后，前后太阳轮组件的受力方向改变为顺时针方向，而在顺时针方向上 2 档单向超越离合器 F_2 对前后太阳轮组件没有锁止作用，前后太阳轮组件仍可以向顺时针方向旋转，因此使换档得以顺利进行。

增加了 2 档单向超越离合器之后，若汽车在行星齿轮变速器处于 2 档时松开加速踏板减速或下坡，则在汽车惯性的作用下，驱动轮将通过变速器输出轴反向带动行星齿轮机构的前行星架和后齿圈组件以较高的转速旋转。由于此时发动机处于怠速运转状态，和输入轴连接的前齿圈转速较低，前行星轮在前行星架的带动下朝顺时针方向做公转的同时，对前后太阳轮组件产生一个顺时针方向的力矩，而在顺时针方向上 2 档单向超越离合器 F_2 对前后太阳轮组件没有锁止作用，因此即使 2 档制动器 B_1 仍处于制动状态，前后太阳轮组件还是可以

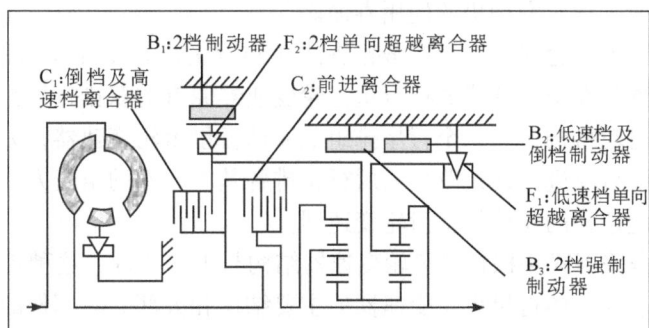

图4-8　2档单向超越离合器的布置

朝顺时针方向自由旋转。这样，在辛普森行星齿轮机构的四个独立元件中有两个处于自由状态，从而使该行星齿轮机构失去传递动力的能力，驱动轮和发动机脱离连接关系，不能产生发动机制动作用。为了在需要时使2档也能产生发动机制动作用，必须在前后太阳轮组件和变速器壳体之间另外再设置一个制动器 B_3（图4-8），即2档强制制动器。制动器 B_3 在2档是否工作是由变速杆的位置决定的，当变速杆位于前进档位置（D 位）时，制动器 B_3 不工作；当变速杆位于前进低档位置（2 位、1 位或 S 位、L 位）而行星齿轮变速器处于2档时，制动器 B_3 工作。这样不论汽车加速或减速，前后太阳轮组件都被该制动器固定，此时的2档在汽车松开加速踏板减速或下坡时能产生发动机制动作用。改进后的辛普森式行星齿轮变速器各换档执行元件的工作情况见表4-2。

有些车型自动变速器的辛普森式行星齿轮机构的前后行星排排列顺序，即输入轴通过前进离合器 C_2 和后齿圈连接，输出轴与前齿圈和后行星架组件连接，但工作原理是一样的。

表4-2　改进后的辛普森式3档行星齿轮变速器换档执行元件工作规律

变速杆位置	档位	换档执行元件						
		C_1	C_2	B_1	B_2	B_3	F_1	F_2
D	1档		○				○	
	2档		○	○				○
	3档	○	○					
R	倒档	○			○			
S、L或2、1	1档		○		○			
	2档					○		

注：○——接合、制动或锁止。

三、辛普森式4档行星齿轮变速器结构与工作原理

早期的轿车自动变速器多采用3档行星齿轮变速器，其最高档3档是传动比为1的直接档。进入20世纪80年代后，随着发达国家对汽车燃油经济性的要求日趋严格，越来越多的轿车自动变速器采用了4档行星齿轮变速器。其最高档4档是传动比小于1的超速档。这种自动变速器的优点除了能降低汽车燃油消耗外，还可以使发动机经常处于较低转速的运转工

况，以减小运转噪声，延长发动机的使用寿命。

辛普森式 4 档行星齿轮变速器是在辛普森式 3 档行星齿轮变速器的基础上发展起来的，它有两种类型：一种是在辛普森式 3 档行星齿轮变速器原有的双排行星齿轮机构的基础上再增加一个单排行星齿轮机构，用三个行星排组成 4 档行星齿轮变速器；另一种是对辛普森式双排行星齿轮机构进行改进，通过改变前后行星排各基本元件的组合方式和增加换档执行元件，使之成为带有超速档的 4 档行星齿轮变速器。

（1）3 行星排辛普森式 4 档行星齿轮变速器结构与工作原理　这种 4 档行星齿轮变速器是在不改变原辛普森式 3 档行星齿轮变速器的主要结构和大部分零部件的情况下，另外再增加一个单排行星齿轮机构和相应的换档执行元件来产生超速档的。这个单排行星齿轮机构称为超速行星排，它安装在行星齿轮变速器的前端（图 4-9）。其行星架是主动件，与变速器输入轴连接；齿圈则作为被动件，与后面的双排行星齿轮机构连接。超速行星排的工作由直接离合器 C_0 和超速制动器 B_0 来控制，直接离合器 C_0 用于将超速行星排的太阳轮和行星架连接，超速制动器 B_0 用于固定超速行星排的太阳轮。根据行星齿轮变速器的变速原理，当超速制动器 B_0 放松、直接离合器 C_0 接合时，超速行星排处于直接传动状态，其传动比为 1；当超速制动器 B_0 制动，直接离合器 C_0 放松时，超速行星排处于增速传动状态，其传动比小于 1。

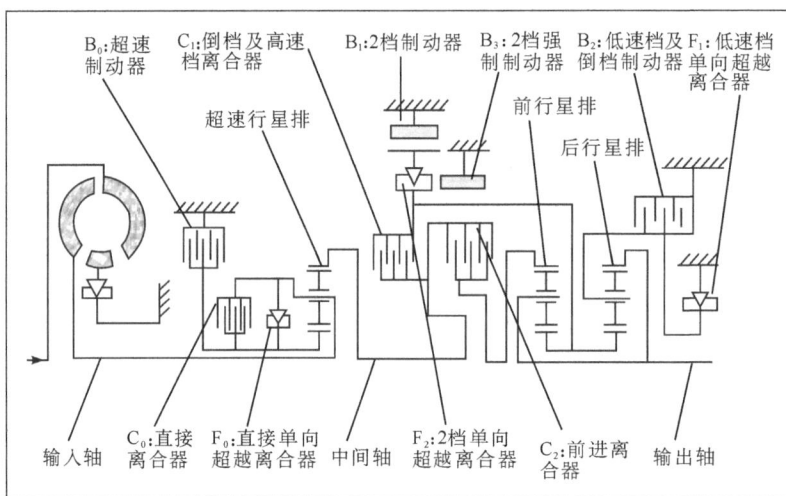

图 4-9　3 行星排辛普森式 4 档行星齿轮变速器

当行星齿轮变速器处于 1 档、2 档、3 档或倒档时，超速行星排中的超速制动器 B_0 放松，直接离合器 C_0 接合，使超速行星排处于传动比为 1 的直接传动状态，而后半部分的双排行星齿轮机构各换档执行元件的工作和原辛普森式 3 档行星齿轮变速器在 1 档、2 档、3 档及倒档的工作完全相同（表 4-3）。来自变矩器的发动机动力经超速行星排直接传给后半部的双排行星齿轮机构，此时行星齿轮变速器的传动比完全由后半部的双排行星齿轮机构及相应的换档执行元件来控制。当行星齿轮变速器处于超速档时，后半部的双排行星齿轮机构保持在 3 档的工作状态，其传动比为 1；而在超速行星排中，由于超速制动器 B_0 产生制动，直接离合器 C_0 放松，使超速行星排处于增速传动状态，其传动比小于 1（该传动比即为该行星齿轮变速器在超速档时的传动比）。

　　由于直接离合器 C_0 在自动变速器处于超速档之处的任一档位(包括停车档、空档和倒档)都处于接合状态,当发动机刚起动而油泵尚未建立起正常的油压时,直接离合器 C_0 就已处于半接合状态,这样容易使其摩擦片因打滑而加剧磨损。为了防止出现这种情况,在直接离合器 C_0 并列的位置上布置了一个直接单向超越离合器 F_0,使超速行星排的行星架能在逆时针方向上对太阳轮产生锁止作用。在发动机刚起动并带动自动变速器输入轴转动时,它就使超速行星排的太阳轮和行星架锁止为一个整体,防止直接离合器 C_0 的摩擦片在半接合状态下打滑。

　　直接单向超越离合器 F_0 的另一个作用是改善由 3 档升至超速档的换档平顺性。在 3 档升至超速档的换档过程中,为了防止超速制动器 B_0 和直接离合器 C_0 同时接合,造成超速行星排各基本元件之间的运动干涉,必须在直接离合器 C_0 完全释放后再让超速制动器 B_0 接合。这样,有可能因直接离合器 C_0 释放后超速制动器 B_0 来不及接合而使行星齿轮变速器出现打滑现象。直接单向超越离合器 F_0 可以在直接离合器 C_0 已释放而超速制动器尚未完全接合时代替直接离合器 C_0 的工作,将超速行星排的太阳轮和行星架锁止在一起,防止超速行星排出现打滑现象,并在超速制动器 B_0 接合后又能及时脱离锁止,使超速行星排顺利进入超速档工作状态。

　　由三个行星排组成的辛普森式 4 档行星齿轮变速器各换档执行元件在不同档位的工作情况见表 4-3。

表 4-3　改进后的辛普森式 4 档行星齿轮变速器换档执行元件工作规律

变速杆位置	档位	换档执行元件									
		C_1	C_2	B_1	B_2	B_3	F_1	F_2	C_0	B_0	F_0
D	1档		○				○		○		○
	2档		○	○				○	○		○
	3档	○	○	●					○		○
	超速档	○	○	●						○	
R	倒档	○			○				○		○
S、L或2、1	1档		○						○		○
	2档		○	●		○			○		○
	3档	○	○						○		○

注: ○——接合、制动或锁止; ●——接合或制动,但不传递动力。

　　这种型式的 4 档行星齿轮变速器可以使原辛普森式 3 档行星齿轮变速器的大部分零部件都得到利用,有利于减少生产投资,降低成本。目前大部分轿车都采用这种型式的 4 档自动变速器。有些车型的这种自动变速器将超速行星排设置在原辛普森式 3 档行星齿轮变速器的后端,其工作原理是相同的。

　　(2) 双行星排辛普森式 4 档行星齿轮变速器结构与工作原理　这种 4 档行星齿轮变速器是对原辛普森式 3 档行星齿轮变速器中的双排行星齿轮机构进行改进而成的。它增加了换档执行元件的个数,使前后行星排的各个基本元件之间有更多更复杂的组合,从而使前进档的个数增多,形成包括超速档在内的四个前进档。

　　改进后的辛普森式行星齿轮机构除了前齿圈和后行星架仍互相连接为一体之外,前行星

排和后行星排的其他基本元件全部各自独立，形成一种具有五个独立元件的辛普森式行星齿轮机构。在这五个独立元件中，后太阳轮始终和输入轴连接，输出轴则与前齿圈和后行星架组件连接。

在这种辛普森式行星齿轮机构中，只要设置四个离合器、两个制动器及两个单向超越离合器，就能使之成为具有四个前进档和一个倒档的四档行星齿轮变速器，并且在1档、2档、3档都有两种工作状态，即有发动机制动或无发动机制动。这八个换档执行元件的布置方式如图4-10所示。其中离合器C_1用于连接输入轴和前太阳轮；离合器C_2用于连接输入轴和前行星架；离合器C_3和单向超越离合器F_1串联布置，一同用于连接前行星架和后齿圈，单向超越离合器F_1在逆时针方向对后齿圈产生锁止作用；离合器C_1也用于连接前行星架的后齿圈，和离合器C_1、单向超越离合器F_1并联布置；制动器B_1用于固定前太阳轮；制动器B_2和单向超越离合器F_2并联布置，一同用于固定前行星架，单向超越离合器F_2在逆时针方向对前行星架产生锁止作用。

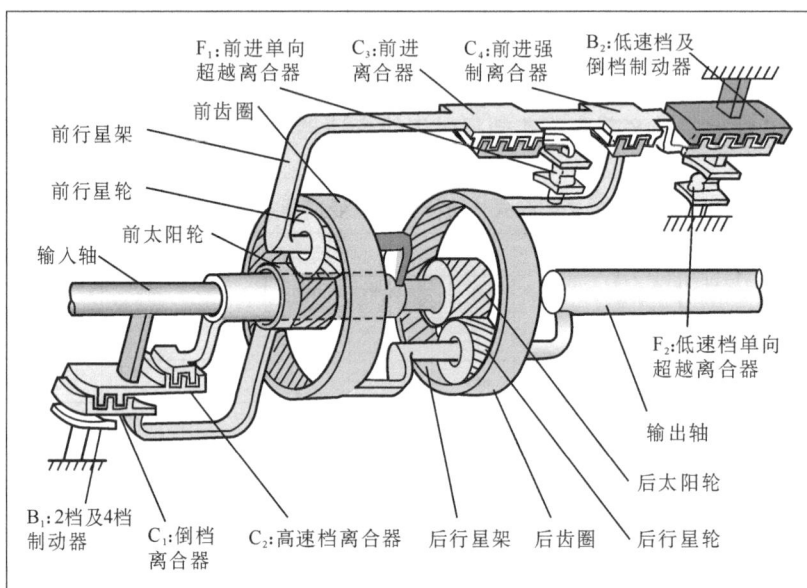

图4-10　双行星排辛普森式4档行星齿轮变速器

这八个换档执行元件在行星齿轮变速器各档位的工作情况见表4-4。由表中可知，在停车档和空档之外的任一档位中都只有两个或三个换档执行元件处于工作状态。其中，离合器C_3在变速杆位于前进档位置时始终都处于接合状态，故称为前进离合器；离合器C_4在变速杆位于前进低档位置时始终处于接合状态，其作用是使行星齿轮变速器的前进档具有发动机制动作用，故称为前进强制离合器；离合器C_2只在3档或超速档时才接合，故称为高速档离合器；离合器C_1只在倒档时才接合，故称为倒档离合器；制动器B_1在2档或4档（超速档）时工作，故称为2档及4档制动器；制动器B_2在1档（变速杆位于前进低速档位置）及倒档时工作，故称为低档及倒速档制动器；单向超越离合器F_1在1档、2档、3档（变速杆位于D位）时工作，故称为前进单向超越离合器；单向超越离合器F_2只在变速杆位于前进低速档时的1档才工作，故称为低速档单向超越离合器。

表 4-4　双行星排辛普森式 4 档行星齿轮变速器换档执行元件工作规律

变速杆位置	档位	换档执行元件							
		C_1	C_2	C_3	C_4	B_1	B_2	F_1	F_2
D	1 档			○				○	○
	2 档			○		○		○	
	3 档	○		○				○	
	超速档	○		●		○			
R	倒档	○			○		○		
S、L 或 2、1	1 档			●	○				
	2 档			●	○	○			
	3 档	○		●					

注：○——接合、制动或锁止；●——接合或制动，但不传递动力。

第四节　拉威娜式行星齿轮变速器

拉威娜式行星齿轮变速器采用的是一种复合式行星齿轮机构。它由一个单行星轮式行星排和一个双行星轮式行星排组合而成：后太阳轮和长行星轮、行星架以及齿圈共同组成一个单行星轮式行星排；前太阳轮、短行星轮、长行星轮、行星架和齿圈共同组成一个双行星轮式行星排，两个行星排共用一个齿圈和一个行星架。因此它只有四个独立元件，即前太阳轮、后太阳轮、行星架和齿圈。这种行星齿轮机构具有结构简单、尺寸小、传动比变化范围大以及灵活多变等特点，可以组成有三个前进档或四个前进档的行星齿轮变速器。自 20 世纪 70 年代开始，拉威娜式行星齿轮变速机构应用于许多轿车自动变速器，特别是前轮驱动式轿车的自动变速器，如奥迪、大众、福特及马自达等车型的自动变速器。

一、拉威娜式 3 档行星齿轮变速器结构与工作原理

在拉威娜式行星齿轮机构中设置五个换档执行元件（两个离合器、两个制动器和一个单向超越离合器），即可使之成为一个具有三个前进档和一个倒档的 3 档行星齿轮变速器。采用这种变速器的有福特汽车公司生产的 FORD FMX 自动变速器等。

图 4-11 所示为拉威娜式 3 档行星齿轮变速器的结构。图中，前太阳轮、长行星轮、行星架和齿圈组成一个单行星轮式行星排，也称为前行星排；后太阳轮、短行星轮、长行星轮、行星架和齿圈组成一个双行星轮式行星排，也称为后行星排。在五个换档执行元件中，离合器 C_1 用于连接输入轴和后太阳轮，它在所有前进档中都处于接合状态，故称为前进离合器。离合器 C_2 用于连接输入轴和前太阳轮，它在倒档和 3 档（直接档）时接合，故称为倒档及直接档离合器。制动器 B_1 用于固定前太阳轮，它在 2 档时工作，故称为 2 档制动器。制动器 B_2 用于固定行星架，它在倒档或自动变速器变速杆位于前进低档时工作，故称为低速档及倒档制动器。单向超越离合器 F_1 在逆时针方向对行星架有锁止作用，它只在 1 档时工作，故称为 1 档单向超越离合器。各换档执行元件在不同档位的工作情况见表 4-5。

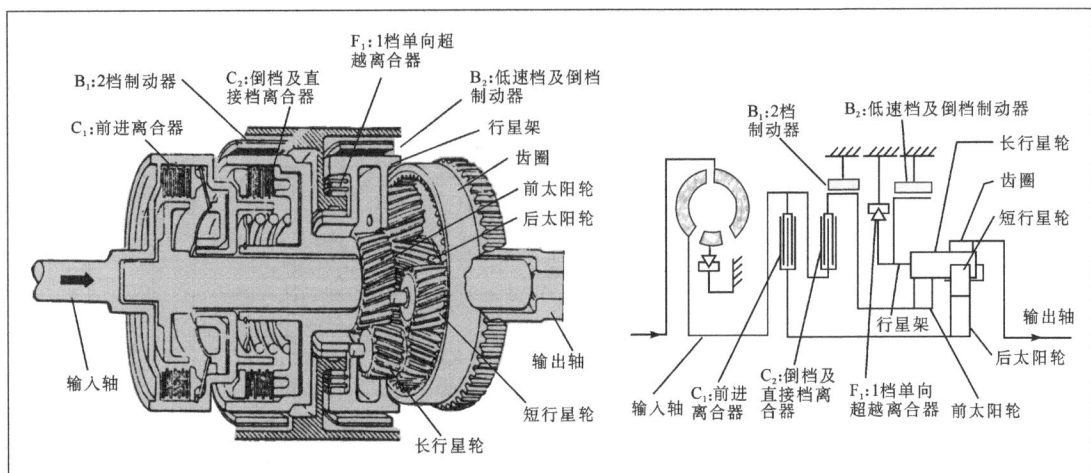

图 4-11 拉威娜式 3 档行星齿轮变速器结构

表 4-5 拉威娜式 3 档行星齿轮变速器换档执行元件工作规律

变速杆位置	档　　位	换档执行元件				
		C_1	C_2	B_1	B_2	F_1
D	1 档	○				○
	2 档	○		○		
	3 档	○	○			
R	倒档		○		○	
S、L 或 2、1	1 档	○			○	
	2 档	○		○		

注：○——接合、制动或锁止。

二、改进后的拉威娜式 3 档行星齿轮变速器结构与工作原理

改进后的拉威娜式 3 档行星齿轮变速器，在输入轴和后太阳轮之间增加了一个离合器和一个单向超越离合器，使 2 档和 3 档也有两种状态，即通过变速杆的位置可以选择无发动机制动或有发动机制动。图 4-12 所示为改进后的拉威挪式 3 档行星齿轮变速器结构。由图中可知，在前进离合器 C_1 和后太阳轮之间串联了一个前进单向超越离合器 F_2。由于前进单向超越离合器 F_2 的单向传递动力的作用，输入轴上的发动机动力可以通过它传给后太阳轮，而后太阳轮上的反向驱动力则不能经过它传给输入轴。在输入轴和后太阳轮之间另外又设置了一个前进强制离合器 C_3。改进后的拉威挪式 3 档行星齿轮变速器的工作特点有以下几点：

1) 当变速杆位于前进档（D 位）时，前进离合器 C_1 接合，前进强制离合器 C_3 分离。这样，在汽车加速时，输入轴上的发动机动力经过前进离合器 C_1 和前进单向超越离合器 F_2 传给后太阳轮。此时行星齿轮变速器在各前进档的工作情况及传动比和上述 1 档、2 档和 3 档时完全相同。但是，在汽车滑行时，由于前进单向超越离合器 F_2 脱离锁止状态，使后太阳轮可以自由转动，行星齿轮变速器失去反向传递动力的能力，不能产生发动机制动作用。

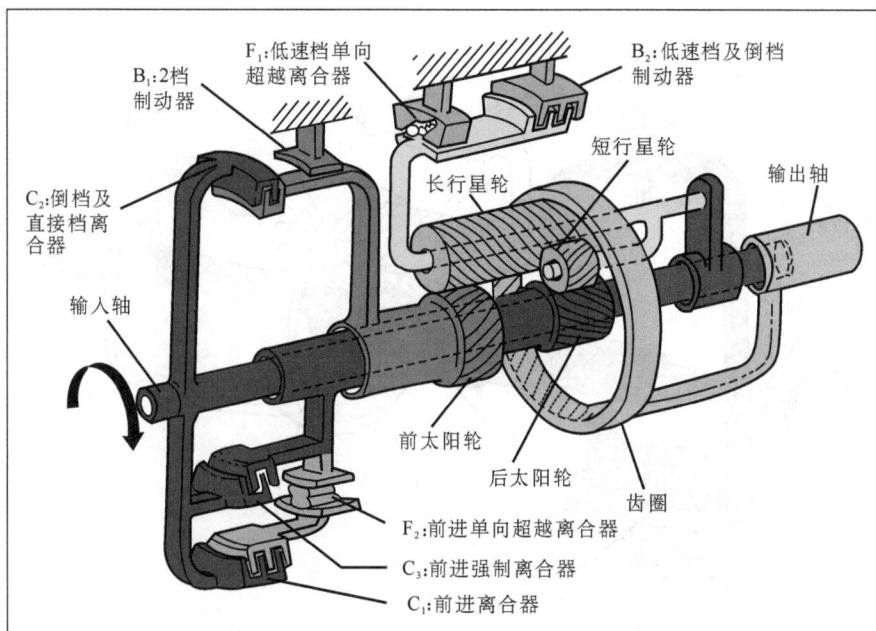

图 4-12　改进后的拉威娜式 3 档行星齿轮变速器

2）当变速杆位于前进低档(S、L 位或 2、1 位)时，前进强制离合器 C_3 接合，输入轴通过它直接和后太阳轮连接。此时该行星齿轮变速器各前进档在汽车加速时的工作情况和上述 1档、2 档和 3 档时相同，而且汽车滑行时，在 2 档、3 档也能实现发动机制动。

改进后的拉威娜式 3 档行星齿轮变速器各换档执行元件在不同档位的工作情况见表 4-6。

表 4-6　改进后的拉威娜式 3 档行星齿轮变速器换档执行元件工作规律

变速杆位置	档位	换档执行元件						
		C_1	C_2	C_3	B_1	B_2	F_1	F_2
D	1 档	○					○	○
	2 档	○			○			○
	3 档	○	○					○
R	倒档		○			○		
S、L 或 2、1	1 档			○		○		
	2 档			○	○			

注：○——接合、制动或锁止。

三、拉威娜式 4 档行星齿轮变速器结构与工作原理

在拉威娜式 3 档行星齿轮变速器的输入轴和行星架之间增加一个离合器，就可以使之成为具有超速档的 4 档行星齿轮变速器。图 4-13 所示为拉威娜式 4 档行星齿轮变速器结构。与拉威娜式 3 档行星齿轮变速器相比，它仅仅在输入轴和行星架之间增加了一个高速档离合器 C_4。这种行星齿轮变速器在不同档位下各换档执行元件的工作情况见表 4-7。

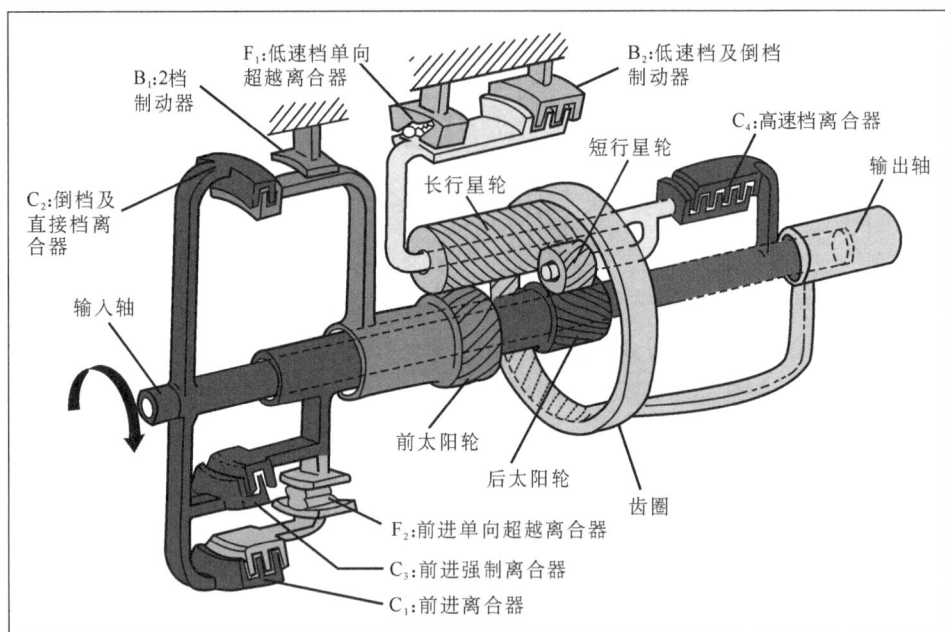

图 4-13　拉威娜式 4 档行星齿轮变速器

表 4-7　拉威娜式 4 档行星齿轮变速器换档执行元件工作规律

变速杆位置	档位	换档执行元件							
		C_1	C_2	C_3	C_4	B_1	B_2	F_1	F_2
D	1档	○						○	○
	2档	○				○			○
	3档	○			○				○
	4档(超速档)	●			○	○			
R	倒档		○				○		
S、L或2、1	1档			○			○		
	2档			○		○			
	3档			○	○				

注：○——接合、制动或锁止；●——接合或制动，但不传递动力。

由表中可知，拉威娜式 4 档行星齿轮变速器的工作特点有以下几点：

1）在 1 档、2 档及倒档的工作情况和拉威娜式 3 档行星齿轮变速器完全相同。

2）在 3 档工作时，高速档离合器 C_4 和前进离合器 C_1 同时工作，使后行星排有两个基本元件互相连接，形成直接档。

3）4 档时，高速档离合器 C_4 和 2 档制动器 B_1 同时工作，使输入轴与行星架连接，同时前太阳轮被固定。发动机动力经高速档离合器 C_4 传至行星架，行星架带动长行星轮朝顺时针方向一边自转一边公转，并带动齿圈和输出轴朝顺时针方向转动。由于其值小于1，所以 4 档为超速档。

采用这种自动变速器的有福特、马自达和奥迪等轿车。

第五章

平行轴式自动变速器

第一节　概　　述

平行轴式自动变速器也称普通齿轮式自动变速器，是日本本田公司的专利技术，广泛应用于本田公司所生产的车型上，现以雅阁的 BCLA、MCLA 型自动变速器为例，浅释其原理与维修事项。

平行轴式自动变速器是三元件变矩器和三轴电子控制单元的组合，能提供五个前进档位和一个倒档位。整个装置与发动机串联。

1. 变矩器

变矩器（图 5-1）是由泵轮、涡轮和导轮总成组成的一个独立单元。变矩器壳体（泵轮）与发动机曲轴相连，随发动机一起转动。环绕变矩器外部的是一个齿圈。发动机起动时，齿圈与起动机行星齿轮啮合，将动力传送到变速器主轴的同时，整个变矩器总成起着飞轮的作用。变速器有三条平行轴：主轴、副轴和第二轴。主轴与发动机曲轴串联。主轴包括 4 档和 5 档离合器以及 5 档齿轮、4 档齿轮、倒档齿轮和惰轮，且主轴倒档齿轮和主轴 4 档齿轮集成在一起。副轴包括 1 档齿轮、2 档齿轮、3 档齿轮、4 档齿轮、5 档齿轮、倒档齿轮、驻车档齿轮和主减速器齿轮，且主减速器齿轮与副轴集成在一起。副轴 4 档齿轮和倒档齿轮可以锁定在副轴上，根据接合套的移动方向，

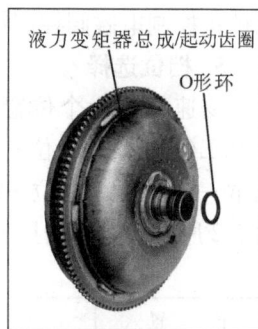

图 5-1　液力变矩器

提供 4 档或倒档。第二轴包括 1 档、2 档和 3 档离合器齿轮以及 1 档齿轮、2 档齿轮、3 档齿轮和惰轮。惰轮轴位于主轴和第二轴中间，在主轴和第二轴之间传递动力。主轴和第二轴上的齿轮与副轴上的齿轮恒定啮合。变速器中，通过齿轮的特定组合与离合器啮合，将动力从主轴传递到第二轴或副轴上，从而提供驱动力。

2. 液压控制

液压控制阀体包括主阀体、调节器阀体和伺服阀体，通过螺栓固定在变矩器壳体上。主阀体包括手动阀、换档阀 A、换档阀 B、换档阀 C 和换档阀 E、安全阀、锁止控制阀、冷却器单向阀、伺服控制阀和 ATF 泵齿轮。调节器阀体包括调节器阀、变矩器单向阀、锁止换档阀、1 档及 3 档蓄能器。伺服阀体包括：伺服阀，换档阀 D，2 档、4 档、5 档蓄能器，以及换档电磁阀 A、B、C、D 和 E。油液从调节器流出，经手动阀流向各控制阀。

1 档、3 档和 5 档离合器从它们各自的输油管获取油液，2 档和 4 档离合器从内部液压回路获取油液。

3. 换档控制机构

电子控制单元由动力系控制模块（PCM）、传感器和电磁阀组成。换档和锁止通过电子方式控制，在任何条件下驾驶都很舒适。PCM 在仪表板下，位于中央控制台后面的前下板的下面。

PCM 通过换档电磁阀 A、B、C、D 和 E 以及 A/T 离合器压力来实现控制。换档电磁阀 A、B 和 C 来控制换档，并接收来自整个车辆的各种传感器和开关的输入信号。换档电磁阀改变换档阀的位置，切换向离合器传递液压的端口。A/T 离合器压力控制电磁阀 A、B 和 C 调节各自的液压，使离合器与其相应的齿轮进行啮合。A/T 离合器压力控制电磁阀的压力也作用在换档阀上，以切换端口。

4. 锁止机构

锁止机构工作在 D 位（2 档、3 档、4 档和 5 档）及 D_3 位（2 档和 3 档）。压力油通过液压油通道，从变矩器的后部排出，从而使变矩器离合器活塞紧靠在变矩器盖上。此时，主轴与发动机曲轴以相同的速度旋转。PCM 与液压控制一起，优化锁止机构的正时和容积。当 PCM 使换档电磁阀 E 带电时，换档电磁阀 E 的压力将切换锁止换档阀的 ON 和 OFF。A/T 离合器压力控制电磁阀 A 和锁止控制电磁阀控制锁止条件的容积。

5. 档位选择

变速杆有七个位置：P 位—PARK（驻车）；R 位—RE-VERSE（倒档）；N 位—NEUTRAL（空档）；D 位—1~5 档；D_3 位—2~3 档；2 位—2 档；1 位—1 档。档位选择位置如图 5-2 所示，其说明见表 5-1。

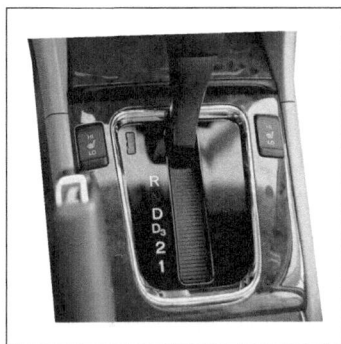

图 5-2　档位选择位置

表 5-1　档位选择位置说明

位　置	说　明
P 位	前轮锁定；驻车棘爪与副轴上的驻车档齿轮啮合。所有离合器分离
R 位	倒档接合套与副轴倒档齿轮啮合，4 档离合器啮合
N 位	所有离合器分离
D 位 （1~5 档）	一般驾驶档位；从 1 档起动，根据车速和节气门位置自动换档到 2 档、3 档、4 档和 5 档。减速时，经过 4 档、3 档、2 档和 1 档，减至车停。锁止机构作用于 2 档、3 档、4 档和 5 档齿轮
D_3 位 （2~3 档）	用于高速驾驶时迅速加速和一般驾驶；上山和下山驾驶；从 1 档起动，根据车速和节气门位置自动换档到 2 档，然后至 3 档。减速时，经过 2 档和 1 档，减至停车。锁止机构作用于 2 档和 3 档齿轮
2 位	用于发动机制动，或为了在松软或湿滑路面起动时，获得更好的牵引性能 保持在 2 档，不换至高速档或换至低速档
1 位	用于发动机制动；保持在 1 档，不换至高速档

由于滑动型空档安全开关的作用，车辆只能在 P 位和 N 位起动。

仪表板上的 A/T 档位指示器(图 5-3)能显示选中的位置，无须低头看变速杆。

6. 离合器和齿轮

5 速自动变速器中，液压驱动离合器啮合或分离，从而使变速器齿轮啮合或分离。液压作用在离合器鼓上，推动离合器活塞，将摩擦片和钢片压在一起，并锁定，使它们不能滑动。然后，动力从啮合的离合器组件传递到其轴套悬架的齿轮上。同样，当液压从离合器组件排放后，活塞离开，摩擦片和钢片分离，从而使它们相互自由滑动，使齿轮绕各自的轴独立旋转，不传递任何动力。

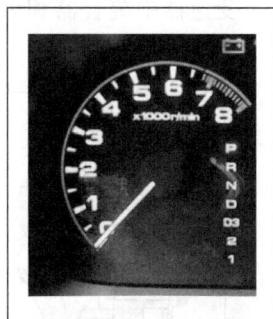

图 5-3 仪表板上的 A/T 档位指示器

（1）1 档离合器 1 档离合器啮合/分离 1 档齿轮，它位于第二轴的中间，与 3 档离合器背靠背连接。1 档离合器的液压由第二轴内的 ATF 输油管提供。

（2）2 档离合器 2 档离合器啮合/分离 2 档齿轮，它位于第二轴的轴端，端盖的对面。2 档离合器的液压由与内部液压回路相连通的回路提供。

（3）3 档离合器 3 档离合器啮合/分离 3 档齿轮，它位于第二轴的中间，与 1 档离合器背靠背连接。3 档离合器的液压由第二轴内的 ATF 输油管提供。

（4）4 档离合器 4 档离合器啮合/分离 4 档齿轮和倒档齿轮，它位于主轴的中间，与 5 档离合器背靠背连接。4 档离合器的液压由主轴内的 ATF 输油管提供。

（5）5 档离合器 5 档离合器啮合/分离 5 档齿轮，它位于主轴的中间，与 4 档离合器背靠背连接。5 档离合器的液压由主轴内的 ATF 输油管提供。

（6）齿轮的运转

1）主轴上的齿轮运转。

① 4 档齿轮通过 4 档离合器与主轴啮合/分离。

② 5 档齿轮通过 5 档离合器与主轴啮合/分离。

③ 倒档齿轮通过 4 档离合器与主轴啮合/分离。

④ 惰轮通过花键与主轴连接，与主轴一同旋转。

2）副轴上的齿轮运转。

① 主减速器齿轮与副轴集成在一起。

② 1 档齿轮、2 档齿轮、3 档齿轮、5 档齿轮和驻车档齿轮通过花键与副轴连接，与副轴一同旋转。

③ 4 档齿轮和倒档齿轮在副轴上自由旋转。倒档接合套使 4 档齿轮和倒档齿轮与倒档接合套轴套啮合。

倒档接合套轴套通过花键与副轴连接，从而使 4 档齿轮和倒档齿轮与副轴啮合。

3）第二轴上的齿轮运转。

① 1 档齿轮通过 1 档离合器与第二轴啮合/分离。

② 2 档齿轮通过 2 档离合器与第二轴啮合/分离。

③ 3 档齿轮通过 3 档离合器与第二轴啮合/分离。

④ 惰轮通过花键与第二轴连接，与第二轴一同旋转。

惰轮轴上的惰轮在主轴和第二轴之间转递动力。

倒档惰轮将动力从主轴倒档齿轮传递到副轴倒档齿轮，并使副轴反向旋转。

变速器中离合器和齿轮的布置如图5-4所示。

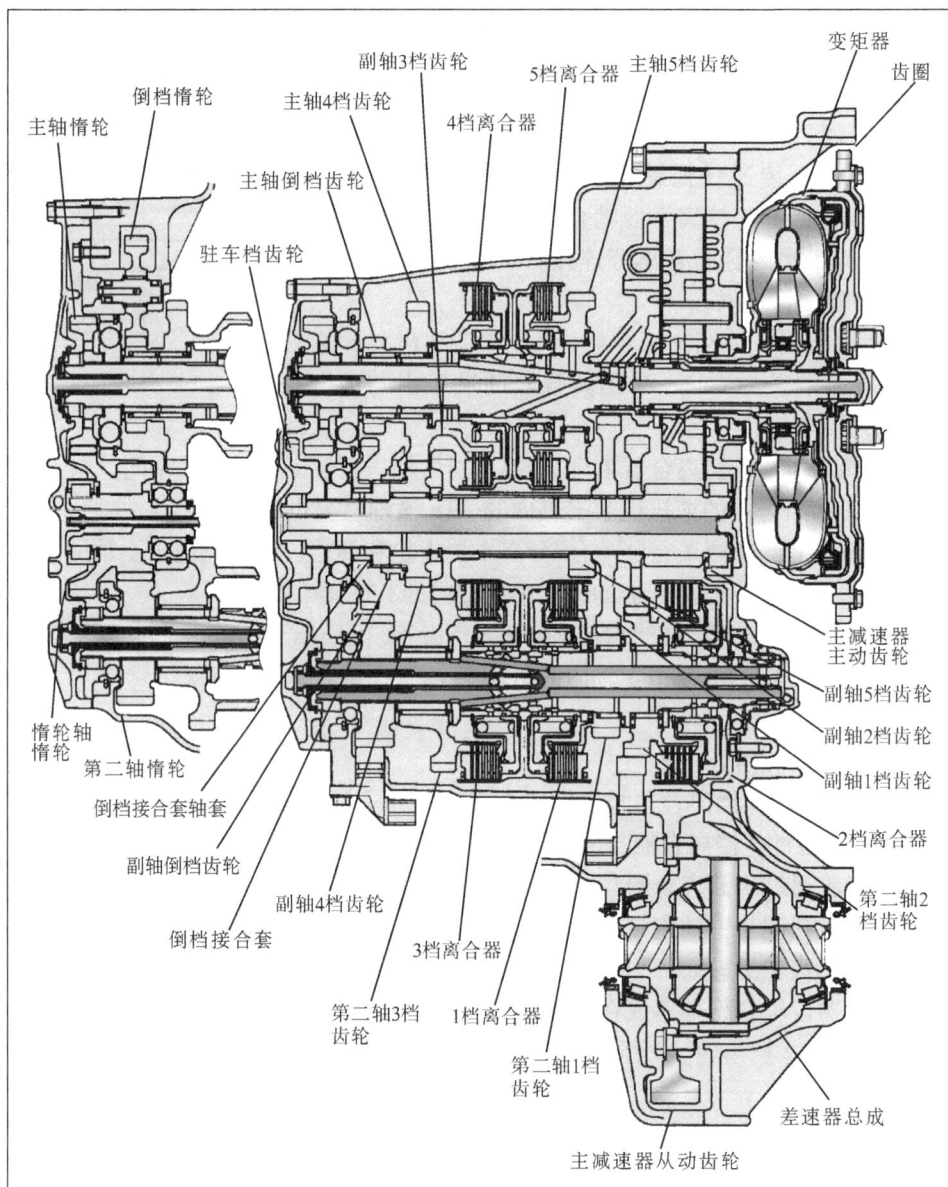

图 5-4　变速器中离合器和齿轮的布置

第二节 传 动 原 理

P位、N位时的动力流程示意图如图5-5所示。

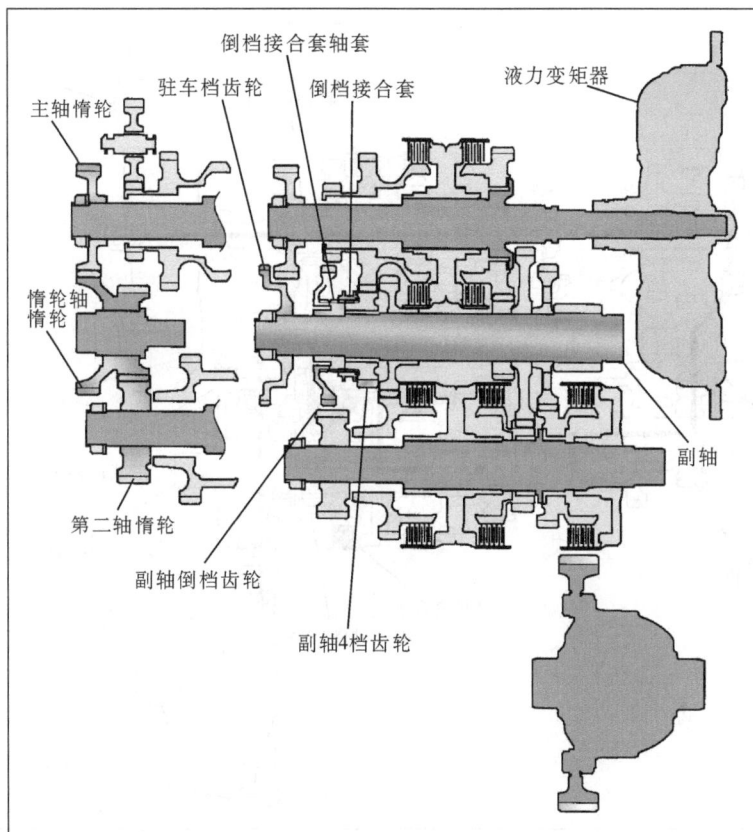

图 5-5 P位、N位时的动力流程示意图

1. P位

液压没有作用于离合器,动力没有传递到副轴。驻车棘爪连锁驻车档齿轮,使副轴锁定。

2. N位

变矩器传递的发动机动力驱动主轴惰轮、惰轮轴惰轮和第二轴惰轮,但液压并没有作用于离合器,动力未传递到副轴。在此位置,倒档接合套的位置会因变速杆是否从D位或R位换档而不同。

① 从D位换档时,倒档接合套与副轴4档齿轮和倒档接合套轴套啮合,使4档齿轮与副轴啮合。

② 从R位换档时,倒档接合套与副轴倒档齿轮和倒档接合套轴套啮合,使倒档齿轮与副轴啮合。

3. 1档

1档位置动力流程示意图如图5-6所示。

① 液压作用于 1 档离合器，然后 1 档离合器使第二轴 1 档齿轮与第二轴啮合。

② 主轴惰轮通过惰轮轴惰轮和第二轴惰轮，驱动第二轴。

③ 第二轴 1 档齿轮驱动副轴 1 档齿轮和副轴。

④ 动力被传递到主减速器主动齿轮，从而驱动主减速器从动齿轮。

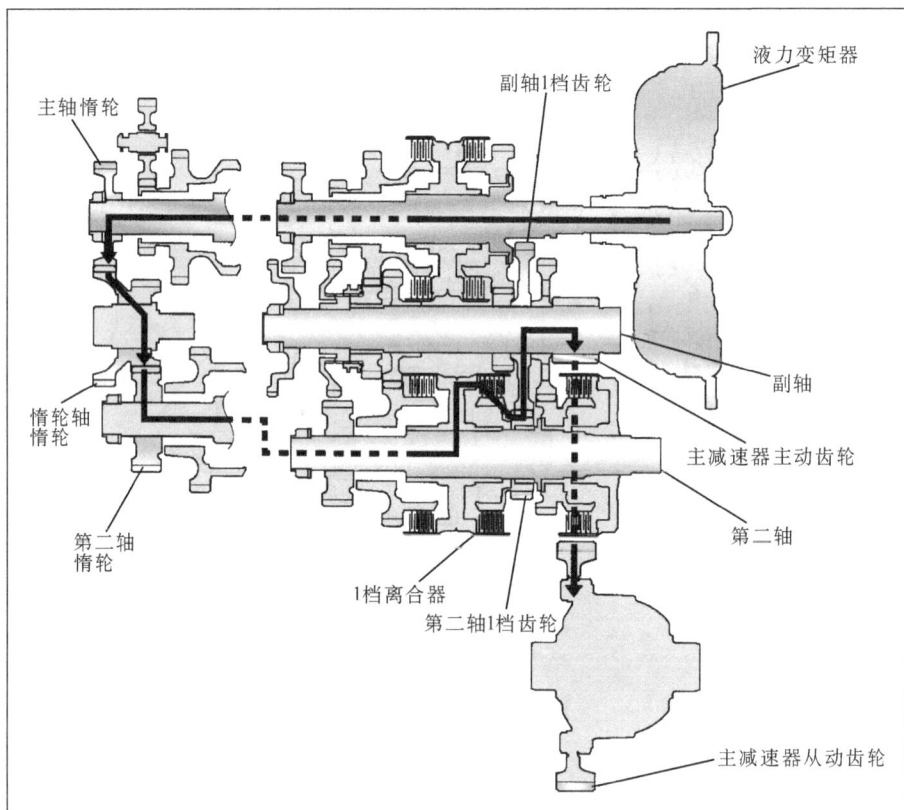

图 5-6　1 档位置动力流程示意图

4. 2 档

2 档位置动力流程示意图如图 5-7 所示。

① 液压作用于 2 档离合器，然后 2 档离合器使第二轴 2 档齿轮与第二轴啮合。

② 主轴惰轮通过惰轮轴惰轮和第二轴惰轮，驱动第二轴。

③ 第二轴 2 档齿轮驱动副轴 2 档齿轮和副轴。

④ 动力被传递到主减速器主动齿轮，从而驱动主减速器从动齿轮。

5. 3 档

3 档位置动力流程示意图如图 5-8 所示。

① 液压作用于 3 档离合器，然后 3 档离合器使第二轴 3 档齿轮与第二轴啮合。

② 主轴惰轮通过惰轮轴惰轮和第二轴惰轮，驱动第二轴。

③ 第二轴 3 档齿轮驱动副轴 3 档齿轮和副轴。

④ 动力被传递到主减速器主动齿轮，从而驱动主减速器从动齿轮。

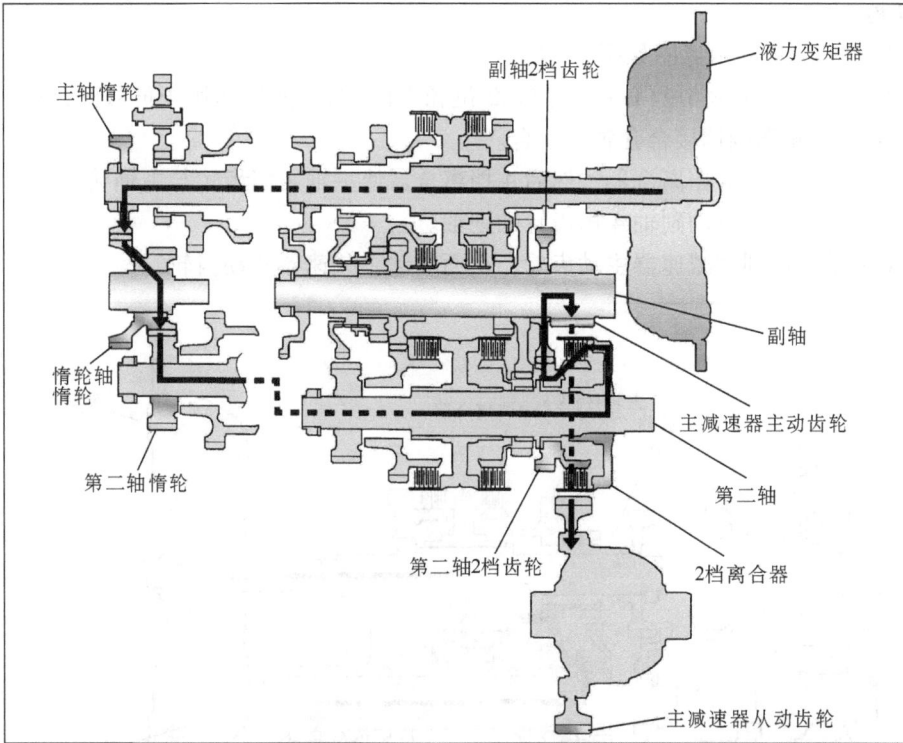

图 5-7 2 档位置动力流程示意图

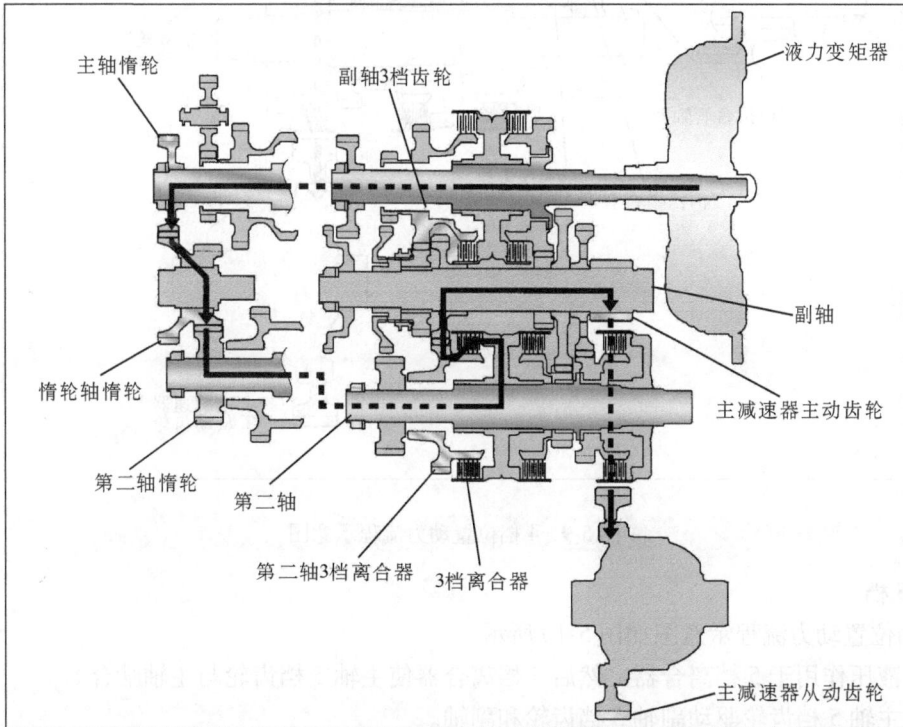

图 5-8 3 档位时的动力流程示意图

6. 4 档

4 档位置动力流程示意图如图 5-9 所示。

① 当变速杆为前进档位（D 位、D₃ 位、2 位和 1 位）时，液压作用于伺服阀，使倒档接合套与副轴 4 档齿轮和倒档接合套轴套啮合。

② 液压也作用于 4 档离合器，然后 4 档离合器使主轴 4 档齿轮与主轴啮合。

③ 主轴 4 档齿轮驱动副轴 4 档齿轮和副轴。

④ 动力被传递到主减速器主动齿轮，从而驱动主减速器从动齿轮。

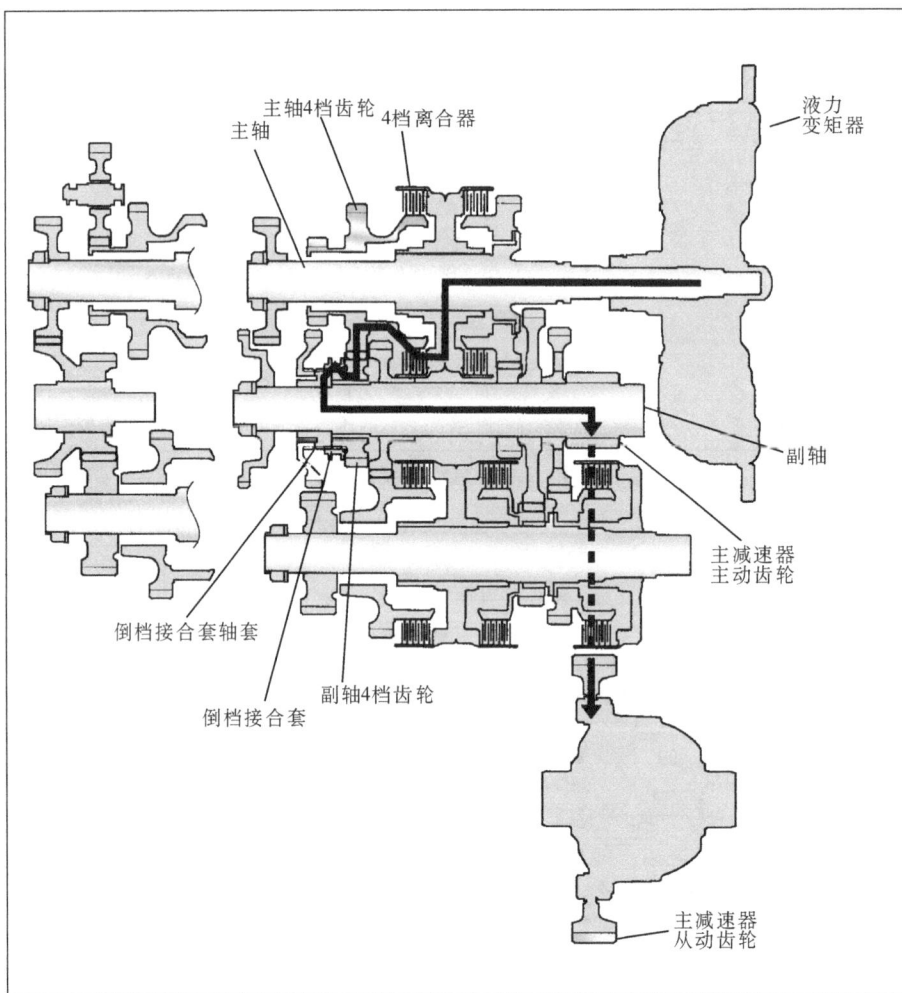

图 5-9　4 档位置动力流程示意图

7. 5 档

5 档位置动力流程示意图如图 5-10 所示。

① 液压作用于 5 档离合器，然后 5 档离合器使主轴 5 档齿轮与主轴啮合。

② 主轴 5 档齿轮驱动副轴 5 档齿轮和副轴。

③ 动力被传递到主减速器主动齿轮，从而驱动主减速器从动齿轮。

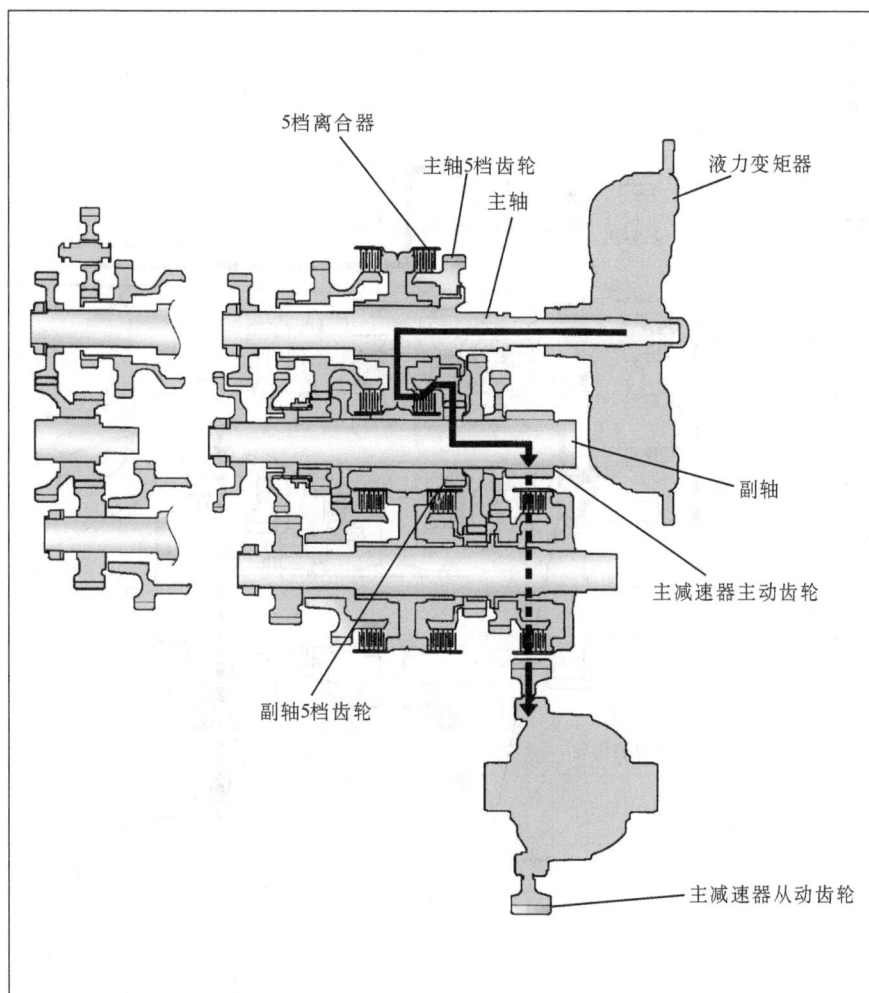

图 5-10　5 档位置动力流程示意图

8. R 位

R 位时动力流程示意图如图 5-11 所示。

① 变速杆位于 R 位(倒档)时，液压作用于伺服阀，使倒档接合套与副轴倒档齿轮和倒档接合套轴套啮合。

② 液压作用于 4 档离合器，然后 4 档离合器使主轴倒档齿轮与主轴啮合。

③ 主轴倒档齿轮通过倒档惰轮，驱动副轴倒档齿轮。

④ 倒档惰轮使副轴倒档齿轮反向旋转。

⑤ 副轴倒档齿轮通过驱动倒档接合套轴套的倒档接合套，驱动副轴。

⑥ 动力传递到主减速器主动齿轮，从而驱动主减速器从动齿轮。

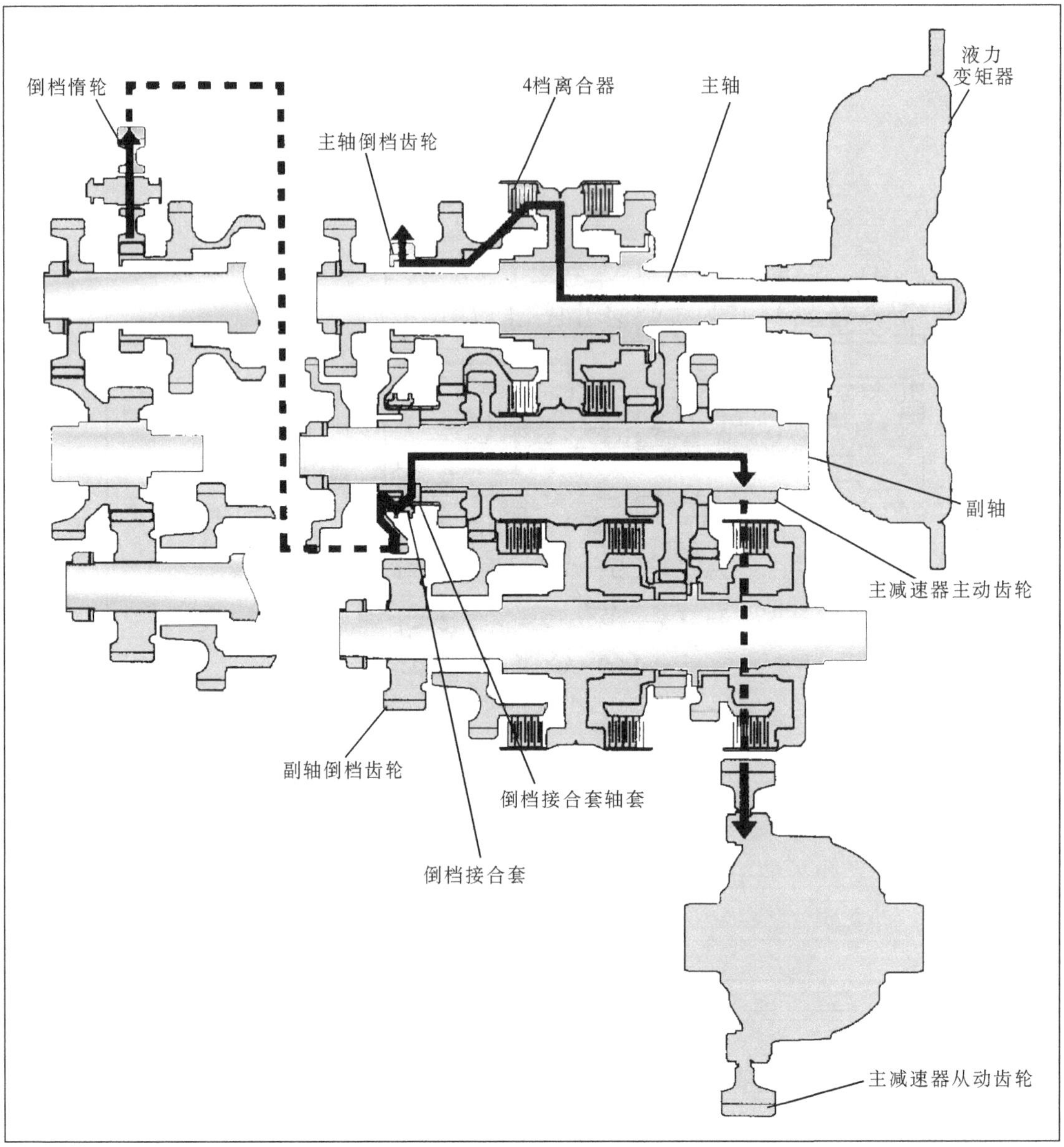

图 5-11　R 位(倒档)时动力流程示意图

第三节　拆装与检修

一、轴的拆装与检修

1. 主轴的分解、检修和重新组装

主轴的部件分解如图 5-12 所示。

1) 检查推力滚针轴承和滚针轴承是否擦伤或转动不稳定。

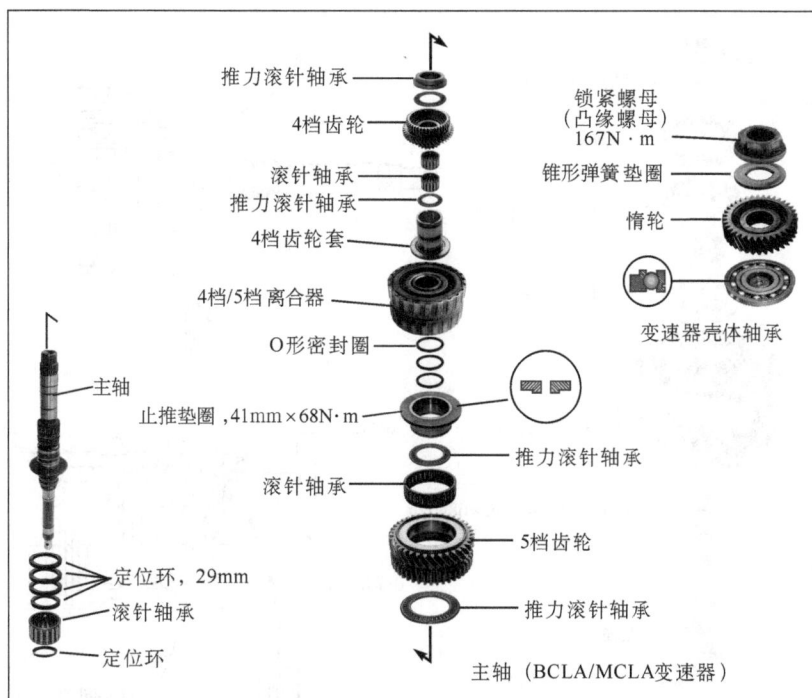

图 5-12　主轴的部件分解

2）检查花键是否过度磨损或损坏。

3）检查轴承表面是否灼伤和过度磨损。

4）安装 O 形密封圈前，用胶带包住花键，以免损坏 O 形密封圈。

5）组装过程中，使 ATF 润滑所有零件。

6）按图示方向，安装锥形弹簧垫圈和 41mm×68N·m 的止推垫圈。

7）组装变速器时，使用新的锁紧螺母和锥形弹簧垫圈。

2. 主轴 5 档齿轮间隙的检修

1）拆除主轴变速器壳体轴承(图 5-12)。

2）将 41mm×68N·m 的止推垫圈、4 档/5 档离合器、4 档齿轮套及变速器壳体轴承装配至主轴上，如图 5-13 所示。检查过程中，不要安装 O 形密封圈。

3）借助压力机，将惰轮安装在主轴上，然后安装锥形弹簧垫圈和锁紧螺母。

4）旋紧锁紧螺母至 29N·m。

5）使用塞尺测量主轴凸缘与 41mm×68N·m 的止推垫圈之间的间隙，至少应测量三个位置。取平均值作为实际间隙值。

标准值：0.03~0.11mm。

6）如果间隙不在标准范围内，则拆下 41mm×68N·m 的止推垫圈，测量其厚度，如图5-14所示。

7）选择并安装新的止推垫圈，然后重新检查。

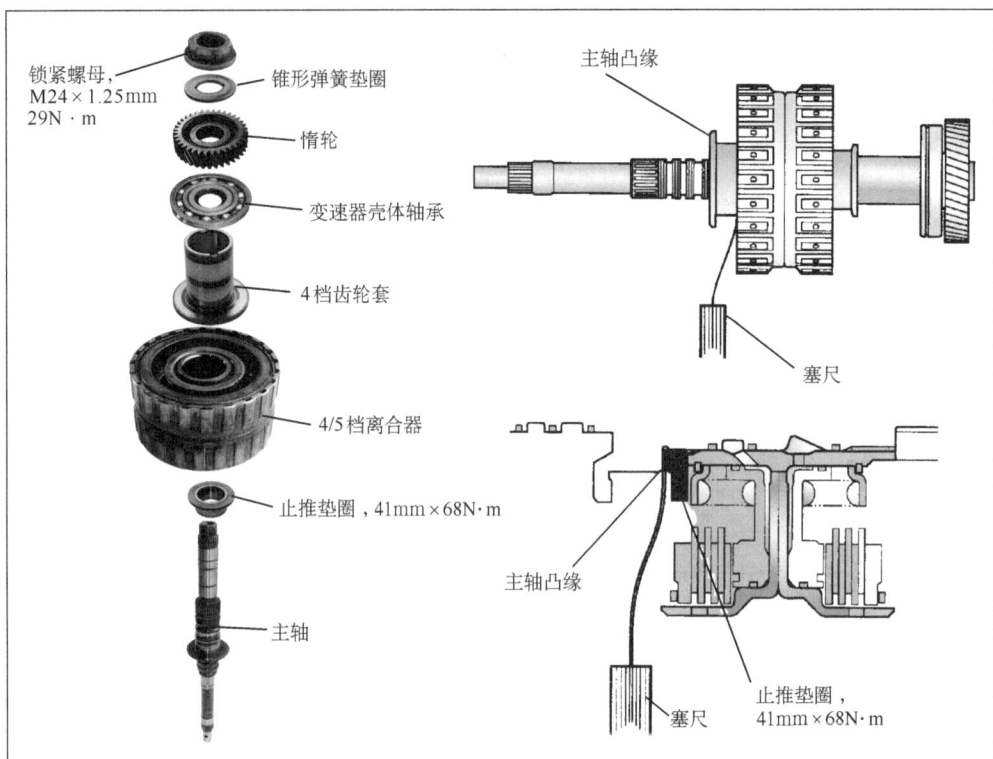

图 5-13 主轴 5 档齿轮的检修图

8）更换止推垫圈后，确认各零件间隙在标准范围内（表 5-2）。

9）分解轴和齿轮。

10）重新安装变速器壳体内的轴承。

表 5-2 零件号标准范围参数表

序号	零 件 号	厚度/mm	序号	零 件 号	厚度/mm
1	90414-PRP-000	6.35	4	90417-PRP-000	6.50
2	90415-PRP-000	6.40	5	90418-PRP-000	6.55
3	90416-PRP-000	6.45	6	90419-PRP-000	6.60

3. 副轴的分解、检修和重新组装

1）检查推力滚针轴承和滚针轴承是否擦伤或转动不稳定。

2）检查花键是否过度磨损或损坏。

3）检查轴承表面是否灼伤和过度磨损。

4）组装过程中，使用 ATF 润滑所有零件。

5）按照图 5-15 所示方向，安装锥形弹簧垫圈、倒档接合套、M35×47mm×7.8 的套管和所有的齿轮。

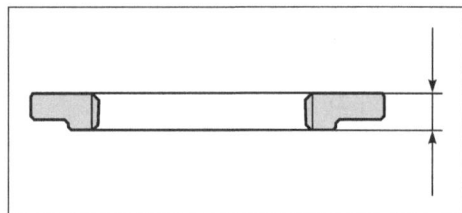

图 5-14 止推垫圈厚度测量

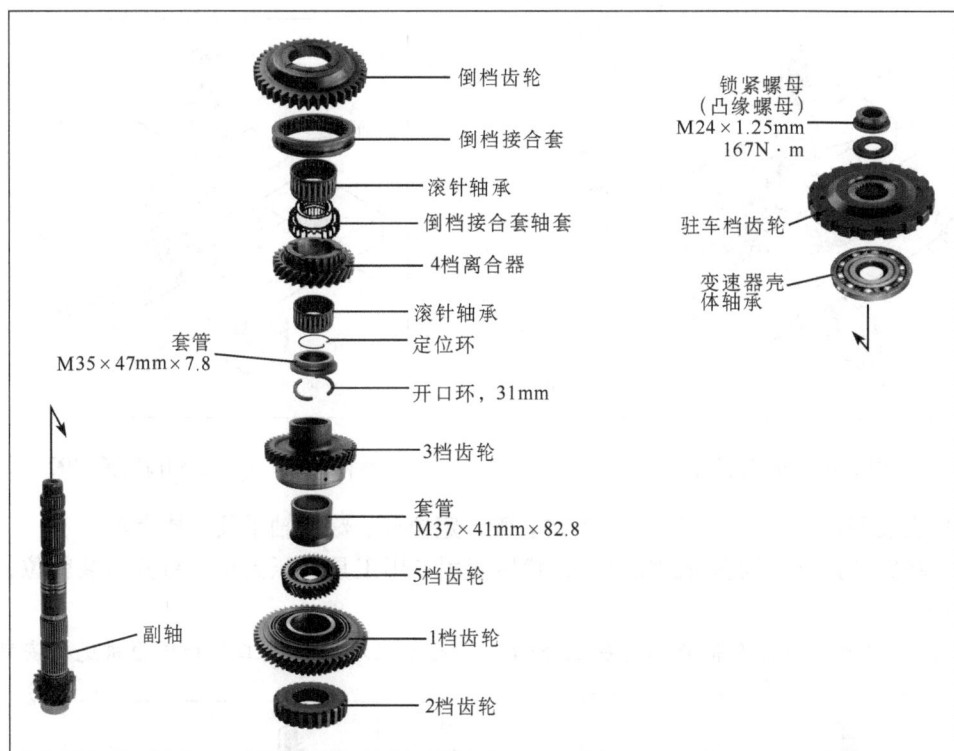

图 5-15　副轴(BCLA/MCLA 变速器)部件分解图

6) 组装变速器时，使用新的锁紧螺母和锥形弹簧垫圈。副轴锁紧螺母为左旋螺纹。

7) 某些倒档接合套轴套和 3 档齿轮是压配在副轴上的。因此，拆除和安装时，需要使用专用工具。

4. 倒档接合套轴套和 3 档齿轮的更换

所需专用工具：轴承分离器 07KAF-PS30200。

1) 在 4 档齿轮上安装专用工具。在副轴上安放压力机，并在压力机与副轴间放置隔板，然后拆除倒档接合套轴套，如图 5-16 所示。

注：某些倒档接合套轴套不是压配合的，因此可以不用专用工具和压力机来拆除。

2) 拆除滚针轴承、定位环、M35×47mm×7.8 的套管及开口环。

3) 在副轴上安放压力机，并在压力机与副轴间放置隔板，然后拆除 3 档齿轮，如图 5-17所示。

4) 拆除 M37×41mm×82.8 的套管、5 档齿轮、1 档齿轮及 2 档齿轮。

5. 倒档接合套轴套和 3 档齿轮的安装

所需专用工具：导柱 07746-0030100，内径为 40mm，如图 5-18 所示。

1) 在副轴上安装 2 档齿轮，1 档齿轮、5 档齿轮及 M37×41mm×82.8 的套管。

2) 将 3 档齿轮滑到副轴上，然后使用专用工具和压力机，将其压装就位，如图 5-18所示。

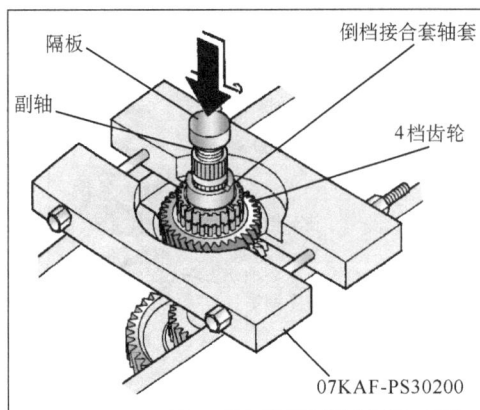

图 5-16　倒档齿轮拆卸图

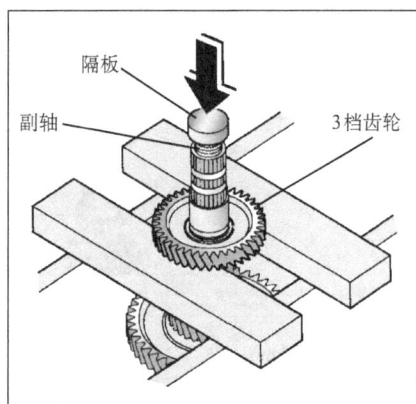

图 5-17　副轴 3 档齿轮拆卸图

3）安装开口环、M35×47mm×7.8 的套管、定位环、滚针轴承及 4 档齿轮。

4）将倒档接合套轴套滑到副轴上，然后使用专用工具和压力机，将其压装就位，如图 5-19 所示。

注：某些倒档接合套轴套不是压配合的，因此可以不用专用工具和压力机进行安装。

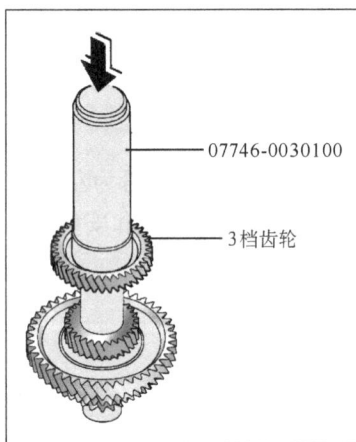

图 5-18　安装副轴 3 档齿轮

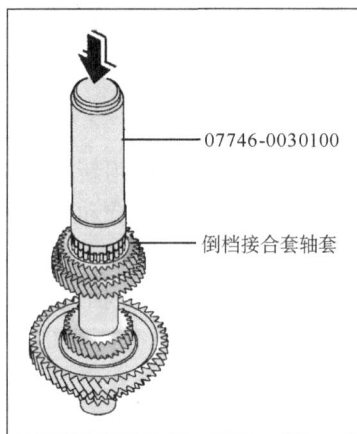

图 5-19　安装倒档接合套轴套

6. 第二轴的分解、检修和重新组装

1）检查推力滚针轴承和滚针轴承是否擦伤或转动不稳定。

2）检查花键是否过度磨损或损坏。

3）检查轴承表面是否灼伤和过度磨损。

4）安装 O 形密封圈前，用胶带包住花键，以免损坏 O 形密封圈。

5）组装过程中，使用 ATF 润滑所有零件。

6）按图 5-20 所示方向，安装锥形弹簧垫圈和惰轮。

7）组装变速器时，使用新的锁紧螺母和锥形弹簧垫圈。锁紧螺母为左旋螺纹。

8）检查 2 档齿轮间隙和 1 档齿轮间隙。

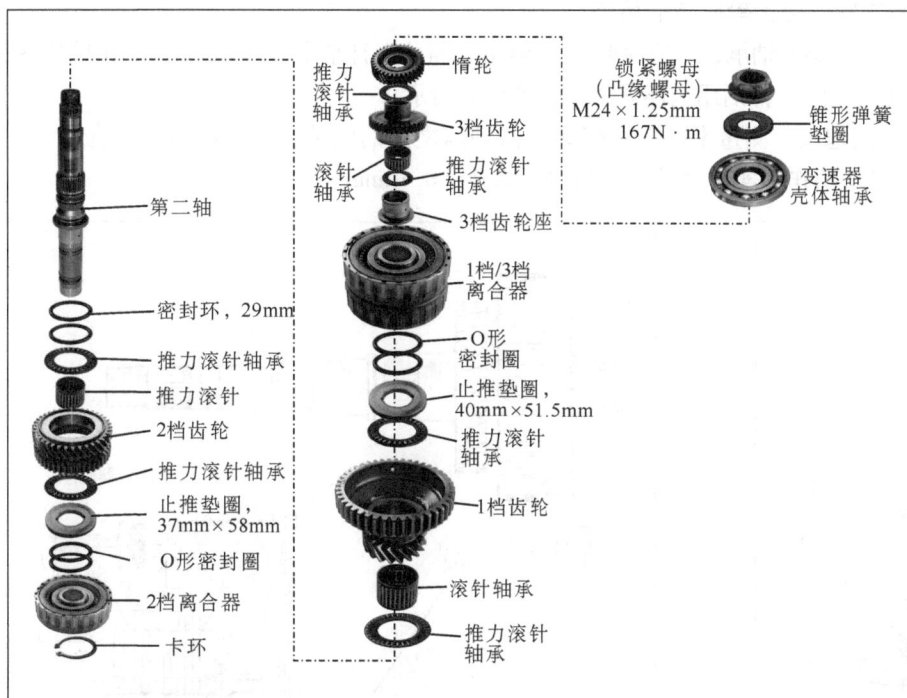

图 5-20　第二轴部件分解图

7. 第二轴球轴承、惰轮的拆卸与安装

所需专用工具：拆装器附件 07QAD-POA0100，内径为 42mm。

1）拆卸。在第二轴上放置轴保护装置，将拉拔器安放在惰轮下，然后拆除惰轮和球轴承，如图 5-21 所示。

2）安装。安装第二轴上的惰轮，然后使用专用工具和压力机，安装惰轮上的球轴承，如图 5-22 所示。

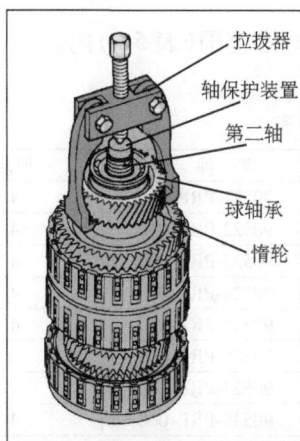

图 5-21　惰轮和球轴承的拆卸

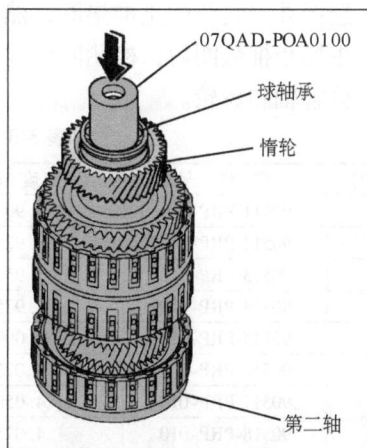

图 5-22　惰轮与球轴承的安装

8. 第二轴 2 档齿轮间隙的检修

1）将推力滚针轴承、滚针轴承、2 档齿轮、推力滚针轴承、37mm×58mm 止推垫圈及 2 档离合器安装在副轴上，然后用卡环紧固，如图 5-23 所示。

2）使用塞尺，测量卡环与 2 档离合器轴承之间的间隙，至少测量三个位置，如图 5-24 所示。取平均值作为实际间隙。标准值：0.04~0.12mm。

图 5-23　第二轴 2 档
齿轮装置图

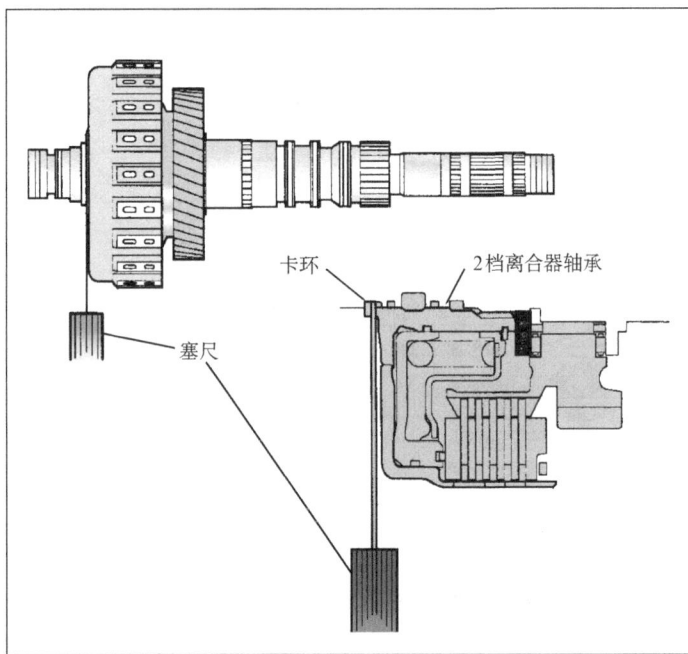

图 5-24　2 档齿轮间隙的检测

3）如果测量值不在标准范围内，则拆下 37mm×58mm 止推垫圈，测量厚度。

4）选择并安装新的止推垫圈，然后重新检查。

5）更换止推垫圈后，检测间隙并确认各零件间隙在标准范围（表 5-3）内。

6）分解轴和齿轮。

表 5-3　零件号标准范围参数表

序　　号	零件号	厚度/mm	序　　号	零件号	厚度/mm
1	90511-PRP-010	3.900	11	90521-PRP-010	4.150
2	90512-PRP-010	3.925	12	90522-PRP-010	4.175
3	90513-PRP-010	3.950	13	90523-PRP-000	4.200
4	90514-PRP-010	3.975	14	90524-PRP-000	4.225
5	90515-PRP-010	4.000	15	90525-PRP-000	4.250
6	90516-PRP-010	4.025	16	90526-PRP-000	4.275
7	90517-PRP-010	4.050	17	90527-PRP-000	4.300
8	90518-PRP-010	4.075	18	90528-PRP-000	4.325
9	90519-PRP-010	4.100	19	90529-PRP-000	4.350
10	90520-PRP-010	4.125	20	90530-PRP-000	4.375

9. 第二轴 1 档齿轮间隙的检修

第二轴 1 档齿轮间隙检修如图 5-25 所示。

专用工具：机器附件 07QAD-POA0100，内径为 42mm。

1）安装第二轴上的推力滚针轴承、滚针轴承、1 档齿轮、推力滚针轴承、40mm×51.5mm 止推垫圈、1 档/3 档离合器和 3 档齿轮座。

2）安装惰轮，然后使用专用工具和压力机，安装惰轮上的球轴承。

3）安装锥形弹簧垫圈和锁紧螺母，然后旋紧锁紧螺母至 29N·m。

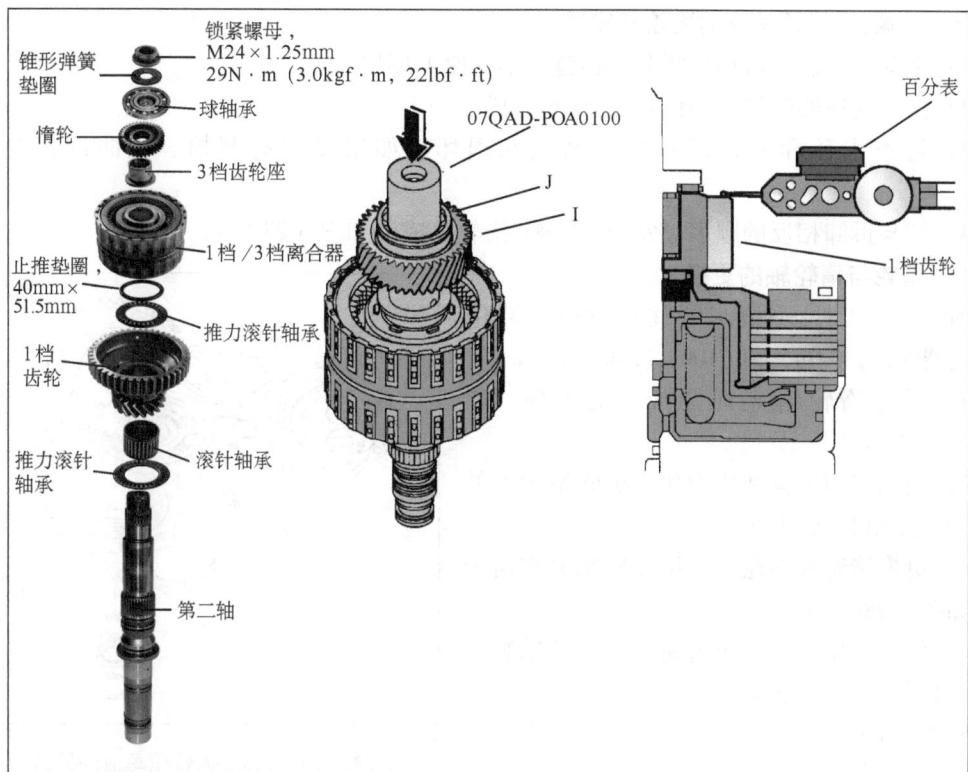

图 5-25　第二轴 1 档齿轮装配与检测图

4）将第二轴总成倒放，在 1 档齿轮上放置百分表。

5）固定第二轴，转动 1 档齿轮，测量 1 档齿轮的轴向间隙，至少应测量三个位置，如图 5-26 所示。取平均值作为实际间隙值。

标准值：0.04~0.12mm。

6）如果间隙不在标准范围内，则拆下 40mm×51.5mm 的止推垫圈，测量其厚度。

7）选择并安装新的止推垫圈，然后重新检查止推垫圈。

8）更换止推垫圈后，确认各零件间隙在标准范围内（表5-4）内。

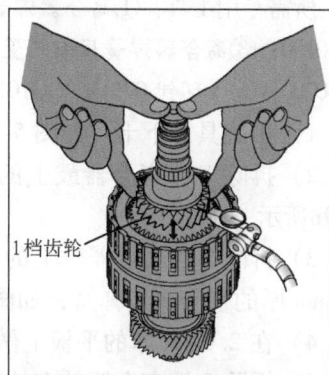

图 5-26　1 档齿轮轴向间隙检测

表 5-4 零件号标准范围参数表

序号	部 件 号	厚度/mm	序号	部 件 号	厚度/mm
1	90503-PRP-000	4.80	4	90506-PRP-000	4.95
2	90G04-PRP-000	4.85	5	90507-PRP-000	5.00
3	90G05-PRP-000	4.90	6	90508-PRP-000	5.05

10. 惰轮轴/惰轮总成的更换与安装

1）拆除卡环、开口环护圈和扁销键。不要使卡环扭曲。

2）拆除变速器壳体上的惰轮轴/惰轮总成。

3）检查卡环和开口环护圈的磨损和损坏。如果发现有磨损、扭曲或损坏，则更换。

4）按与拆卸相反的顺序，安装惰轮轴/惰轮总成，如图 5-27 所示。

11. 惰轮与惰轮轴的更换

所需专用工具：①拆装导柱 07749-0010000；②拆装器附件，07746-0010100，32mm×35mm。

1）拆除惰轮/惰轮轴总成上的卡环，如图 5-28a 所示。

2）使用专用工具和压力机，拆除惰轮上的惰轮轴，如图 5-28b 所示。

3）更换惰轮或惰轮轴，把惰轮轴放在惰轮上，如图 5-28c 所示。

4）使用专用工具和压力机，将惰轮轴装入惰轮，如图 5-28d 所示。

5）安装卡环。

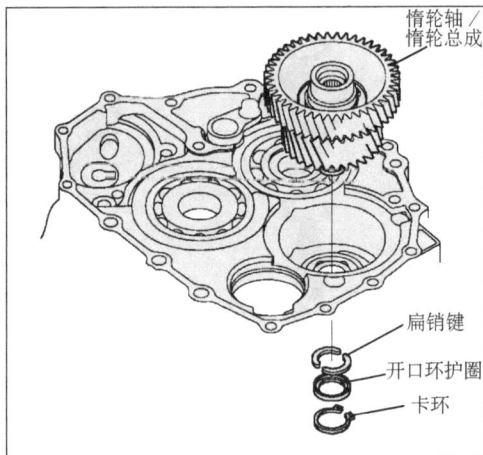

图 5-27 惰轮轴/惰轮总成的拆装

二、离合器的分解

所需专用工具：①离合器弹簧压缩装置 07LAE-PX40000；②离合器弹簧压缩装置附件 07LAE-PX40100；③离合器弹簧压缩装置附件 07HAE-PL50101；④离合器弹簧压缩装置螺栓总成 07GAE-PG40200；⑤卡环钳 07LGC-OO10100。

1）用旋具卸下卡环如图 5-29a 所示。

2）拆除 1 档离合器鼓上的离合器压板、离合器盘、离合器波纹板和波形弹簧，如图 5-29b所示。

3）拆除 2 档离合器鼓上的离合器压板、离合器盘、离合器波纹板、2.0mm 厚的平板、4.0mm 厚的板和波形弹簧，如图 5-29c 所示。

4）在 2.0mm 厚的平板上做一个参考标记。

5）拆除 3 档离合器鼓上的离合器压板、离合器盘、离合器波纹板、离合器平板和波形弹簧，如图 5-29d 所示。

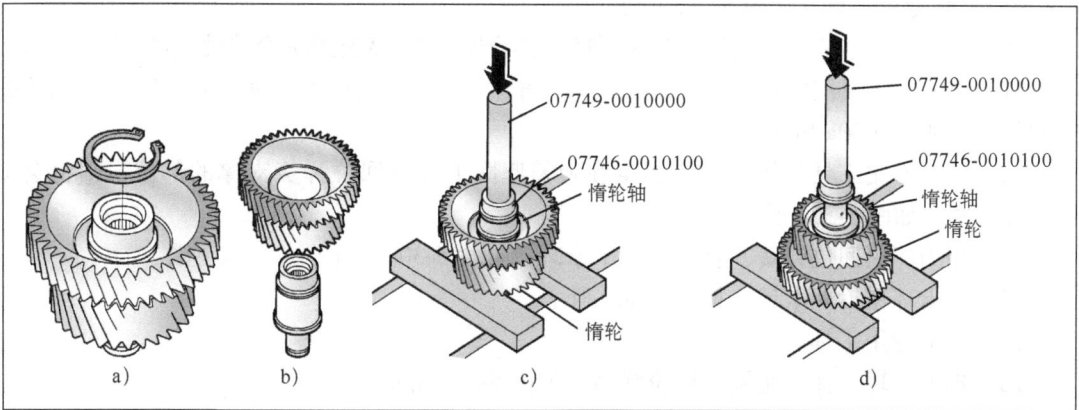

图 5-28　惰轮与惰轮轴的更换

6）在离合器平板上做一个参考标记。

7）拆除 4 档离合器鼓上的离合器压板、离合器盘、离合器波纹板和波形弹簧，如图 5-29e 所示。

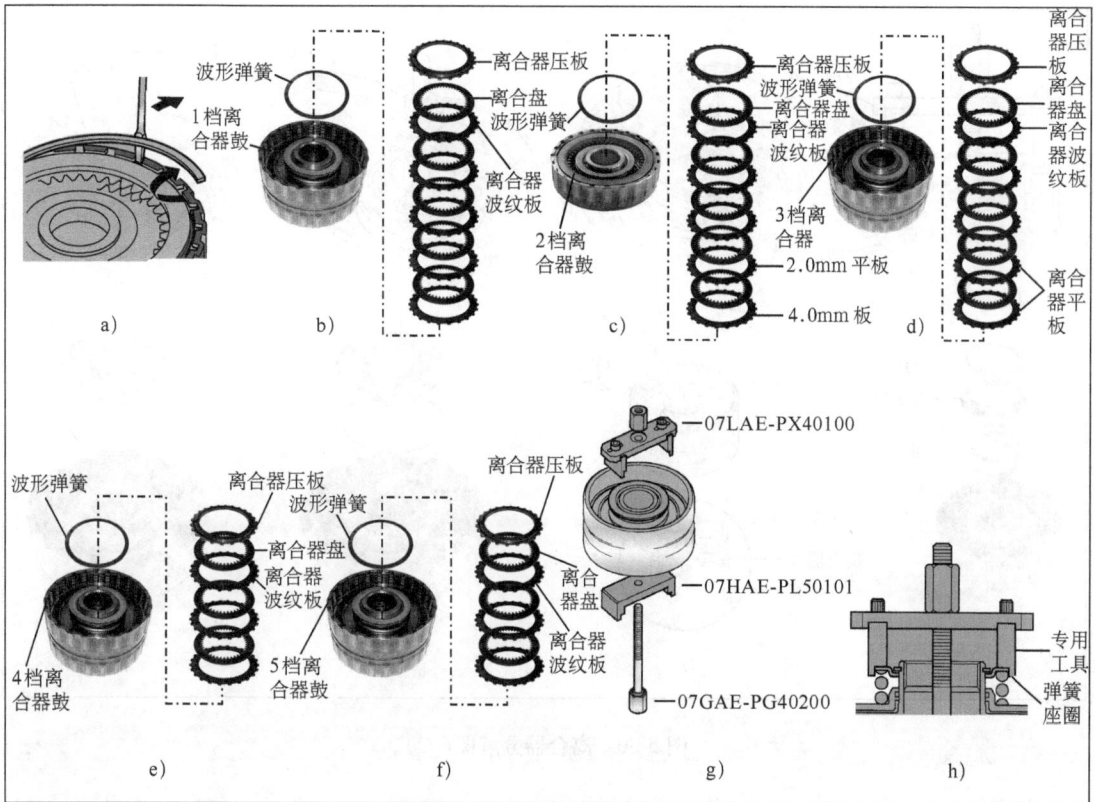

图 5-29　离合器分解图(一)

8）拆除 5 档离合器鼓上的离合器压板、离合器盘、离合器波纹板和波形弹簧，如图 5-29f 所示。

9）安装专用工具，如图 5-29g 所示。

10）确认已将专用工具调整为与 4 档和 5 档离合器上的弹簧座圈完全接触，如图 5-29h 所示。

11）将专用工具固定在 1 档、2 档和 3 档离合器的弹簧座圈上，使工具对离合器回位弹簧起作用，如图 5-30a 所示。

12）如果专用工具的任何一端固定在弹簧座圈上没有回位弹簧支撑的部位，则将会损坏弹簧座圈，如图 5-30b 所示。

13）用力压紧回位弹簧，直到可卸下卡环，如图 5-30c 所示。

14）用卡环钳拆下卡环，如图 5-30d 所示。

15）拆下专用工具。

16）拆下卡环、弹簧座圈和回位弹簧，如图 5-30e 所示。

17）用一块维修用抹布包住离合器鼓，然后用压缩空气吹流体通道，拆下活塞。吹压缩空气时，用手指尖堵住通道另一端（图 5-30f）。

18）拆除活塞，然后取下 4 档和 5 档离合器活塞上的 O 形密封圈，如图 5-30g 所示。

19）拆除活塞，然后取下 1 档、2 档和 3 档离合器鼓上的 O 形密封圈，再拆除每个离合器活塞上的 O 形密封圈，如图 5-30h 所示。

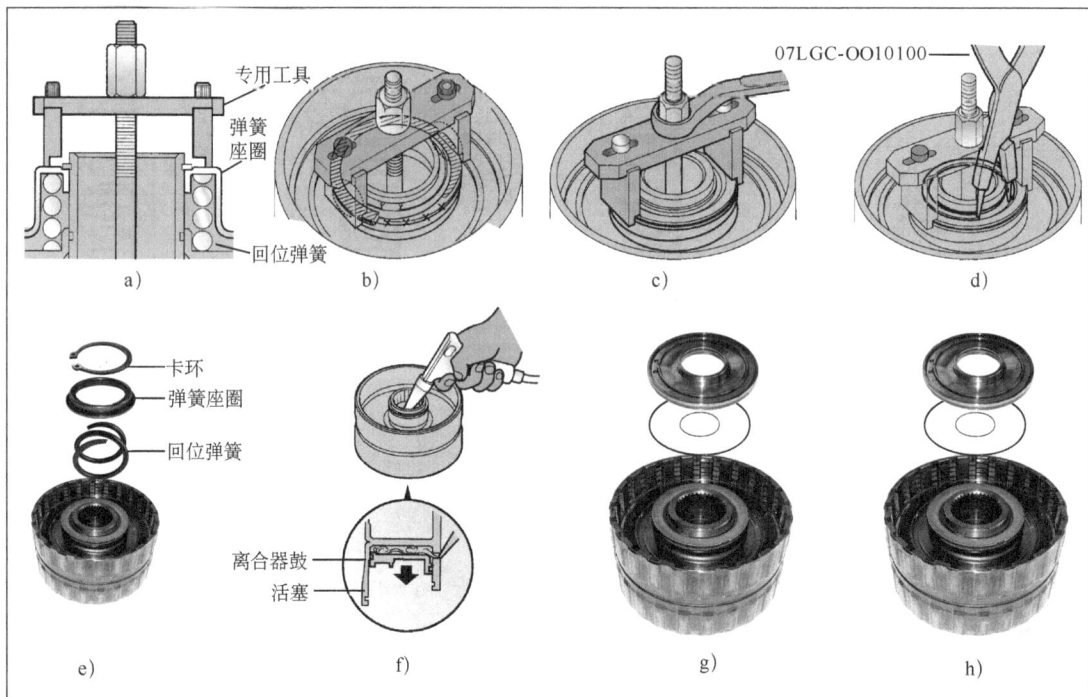

图 5-30　离合器分解图（二）

三、离合器的检修

1）检修 4 档和 5 档离合器活塞和离合器活塞单向阀，如图 5-31a 所示。

2）如果离合器活塞单向阀松动或损坏，更换离合器活塞。

3）检查弹簧座圈是否磨损和损坏。

4）检查1档、2档和3档离合器上弹簧座圈的油封是否磨损、损坏和脱皮(图5-31b)。

5）如果油封磨损、损坏和脱皮，则更换弹簧座圈。

6）检测离合器盘、离合器片和离合器压板是否磨损、损坏和掉色。

离合器各件标准厚度如下：

离合器盘：1.94mm

离合器片：

　　1档离合器(波纹板)：1.6mm

　　2档离合器：

　　　　波纹板：2.0mm

　　　　平板：2.0mm

　　　　4.0mm厚的板：4.0mm

　　3档离合器：

　　　　波纹板：1.6mm

　　　　平板：1.6mm

　　4档离合器(波纹板)：2.3mm

　　5档离合器(波纹板)：2.3mm

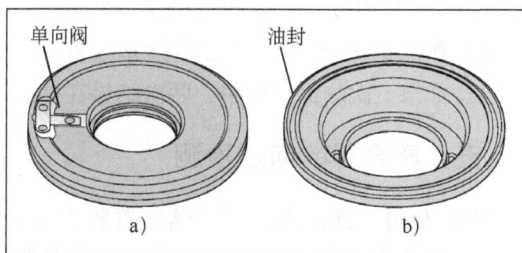

图5-31　离合器的检测

7）如果离合器盘磨损、损坏和掉色，则成套更换。离合器盘更换后，应检测离合器压板与前端离合器盘的间隙。

8）如果任何离合器片磨损、损坏和掉色，则用新的更换。检测其他波纹板的相差。离合器片更换后，应检测离合器压板与前端离合器盘的间隙。

9）如果离合器压板磨损、损坏和掉色，检测离合器压板与前端离合器盘的间隙，然后更换离合器压板。

四、离合器波纹板相差的检测

1）将离合器波纹板安放在划线台上，然后在波纹板上放置百分表，如图5-32所示。

2）找出波纹板相差的最低点D，使百分表归零，并在波纹板的最低点做一个参考标记。

3）抓住波纹板的外围，使波纹板转离最低点约60°。百分表应处在相差的最高点E。务必注意不要抓住波纹板表面来转动波纹板。

4）读取百分表数值，该值为波纹板最低点与最高点的差C。

5）转动波纹板约60°，百分表应处在相

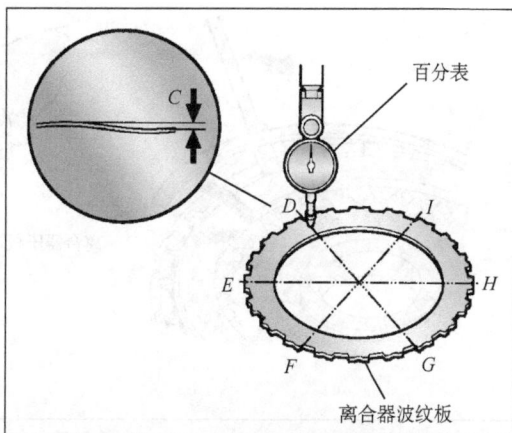

图5-32　离合器波纹板相差的检测

差的最低点 F 和 H，然后使百分表归零。

6）按照第 3~5 步，测量波纹板其他两个最高点 G 和 I 的差。

7）如果三次测量结果中，两次结果在标准范围内，则波纹板正常。否则，应更换波纹板。

五、离合器的间隙检测

所需专用工具：离合器压缩装置附件 07ZAE-PRP0100。

1）检测离合器活塞、离合器盘、离合器片和端盖是否磨损和损坏，必要时，检测离合器的波纹板相差。

2）安装离合器鼓内的离合器活塞。检测过程中，不要安装 O 形密封圈（图 5-33a）。

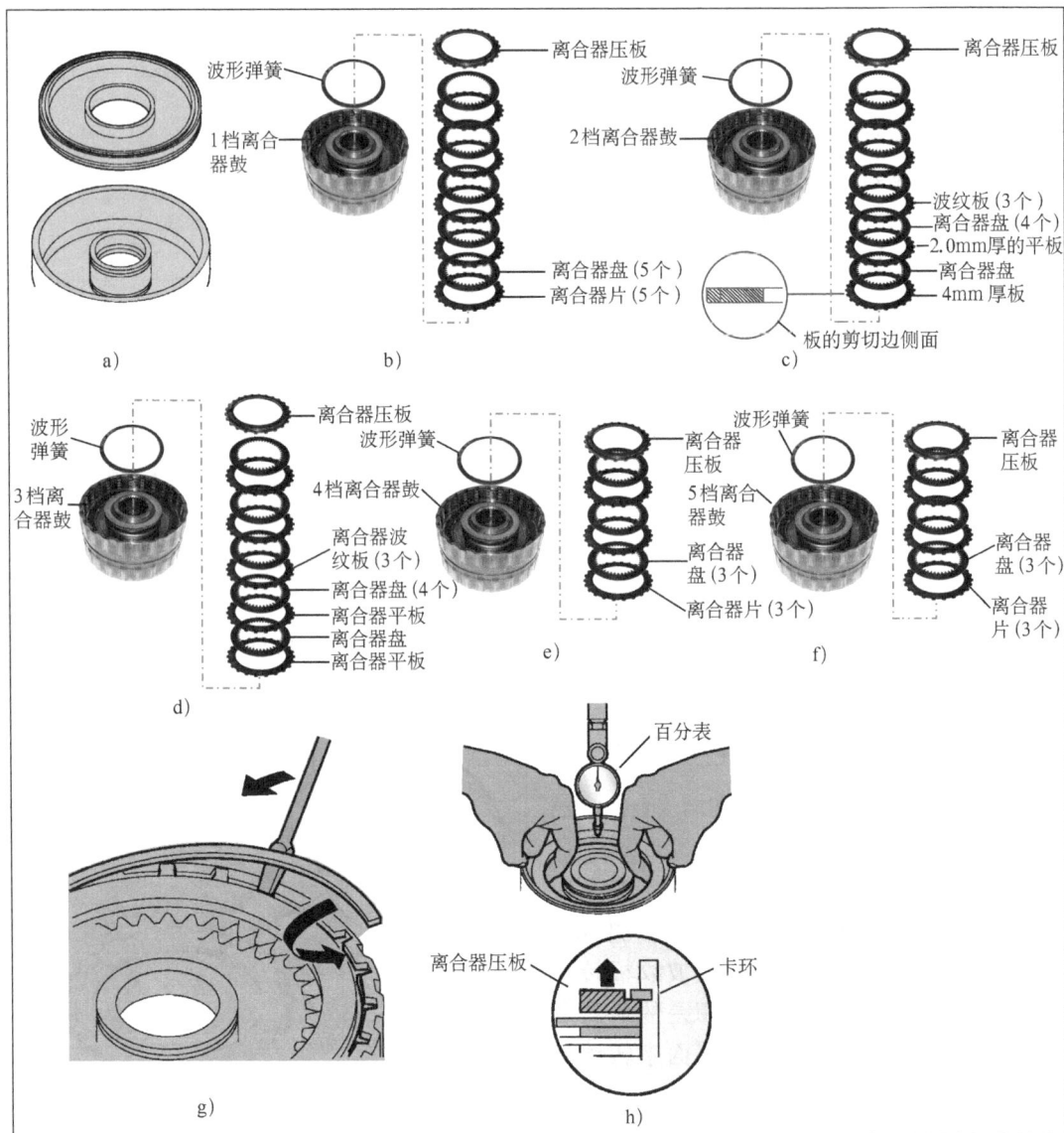

图 5-33　离合器的安装（一）

3）安装 1 档离合器鼓内的波形弹簧。从离合器波纹板开始，分别交替安装离合器片（5个）和离合器盘（5个），然后安装离合器压板，使平面侧面朝向离合器盘，如图 5-33b 所示。

4）安装 2 档离合器鼓内的波形弹簧，然后安装 4.0mm 厚的板，使板的剪切边侧面向鼓的内部。再安装离合器盘和 2.0mm 厚的平板。从盘开始，分别交替安装离合器盘（4个）和波纹板（3个），然后安装离合器压板，使平面侧面朝向离合器盘，如图 5-33c 所示。

5）安装 3 档离合器鼓内的波形弹簧。安装离合器平板、离合器盘和离合器平板。从离合器盘开始，分别交替安装离合器盘（4个）和离合器波纹板，然后安装离合器压板，使平面侧面向离合器盘，如图 5-33d 所示。

6）安装 4 档离合器鼓内的波形弹簧。从离合器波纹板开始，分别交替安装离合器片（3个）和离合器盘（3个），然后安装离合器压板，使平面侧面朝向离合器盘，如图 5-33e 所示。

7）安装 5 档离合器鼓内的波形弹簧。从离合器波纹板开始，分别交替安装离合器片（3个）和离合器盘（3个），然后安装离合器压板，使平面侧面朝向离合器盘，如图 5-33f 所示。

8）用旋具安装卡环，如图 5-33g 所示。

9）在离合器压板上放置百分表，如图 5-33h 所示。

10）向上提离合器压板，使其与卡环平齐，将百分表归零。

11）放下离合器压板，使其回位，然后在离合器压板上安放专用工具，如图 5-34 所示。

12）借助测力计，用 150~160N 的力下压专用工具，读取百分表数值。百分表数值为离合器压板与前端离合器盘之间的间隙 C。至少测量三个位置，取平均值作为实际间隙。

离合器压板与前端离合器盘的间隙维修极限：

1 档离合器：1.28~1.48mm

2 档离合器：0.88~1.08mm

3 档离合器：0.93~1.13mm

4 档离合器：0.73~0.93mm

5 档离合器：0.73~0.93mm

13）如果间隙超出维修极限，根据表 5-5 和表 5-6，选择新的离合器压板。

14）安装新的离合器压板，然后重新检测间隙。

注：如果已安装了最厚的离合器压板，但间隙仍然超出维修极限，则更换离合器盘和离合器片。

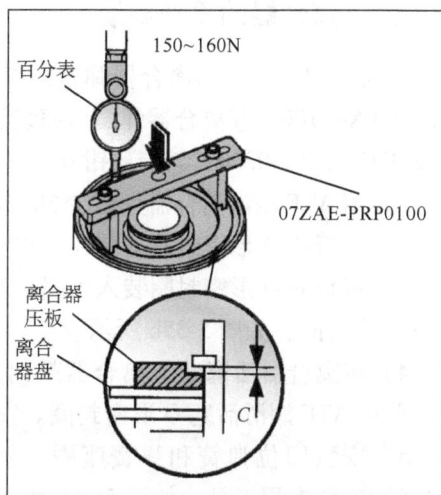

图 5-34　离合器压板间隙的检测

表5-5　1档、2档和3档离合器压板

序号	部 件 号	厚度/mm	序号	部 件 号	厚度/mm
1	22551-RCL-003	2.6	6	22556-RCL-003	3.1
2	22552-RCL-003	2.7	7	22557-RCL-003	3.2
3	22553-RCL-003	2.8	8	22658-RCL-003	3.3
4	22554-RCL-003	2.9	9	22559-RCL-003	3.4
5	22565-RCL-003	3.0			

表5-6　4档和5档离合器压板

序号	部 件 号	厚度/mm	序号	部 件 号	厚度/mm
1	22581-RCL-003	2.1	6	22586-RCL-003	2.6
2	22582-RCL-003	2.2	7	22587-RCL-003	2.7
3	22583-RCL-003	2.3	8	22588-RCL-003	2.8
4	22584-RCL-003	2.4	9	22589-RCL-003	2.9
5	22585-RCL-003	2.5			

六、离合器的重新组装

所需专用工具：①离合器弹簧压缩装置07LAE-PX40000；②离合器弹簧压缩装置附件07LAE-PX40100；③离合器弹簧压缩装置附件07HAE-PL50101；④离合器弹簧压缩装置螺栓总成07GAE-PG40200；⑤卡环钳07LGC-OO10100。

1）用ATF浸泡离合器盘至少30min。

2）将新的O形密封圈安装在4档和5档离合器活塞上，如图5-35a所示。

3）将新的O形密封圈装入1档、2档和3档离合器活塞内，然后在离合器鼓上安装新的O形密封圈，如图5-35b所示。

4）将离合器活塞装入离合器鼓内，如图5-35c所示。用力转动，确保活塞正确定位。安装前用ATF润滑活塞O形密封圈。安装活塞时，不要用太大的力夹紧O形密封圈。

5）安装回位弹簧和弹簧座圈，然后将卡环固定在弹簧座圈上，如图5-36a所示。

6）安装专用工具，如图5-36b所示。

7）确认已将专用工具调整为与4档和5档离合器上的弹簧座圈完全接触，如图5-36c所示。

8）将专用工具固定在1档、2档和3档离合器的弹簧座圈上，使工具压缩离合器回位弹簧，如图5-36d所示。

9）如果专用工具的任何一端固定在弹簧座圈上没有回位弹簧支承的部位，将会损坏弹簧座圈，如图5-36e所示。

10）压紧回位弹簧，如图5-36f所示。

11）用卡环钳安装卡环，如图5-36g所示。

12）拆下专用工具。

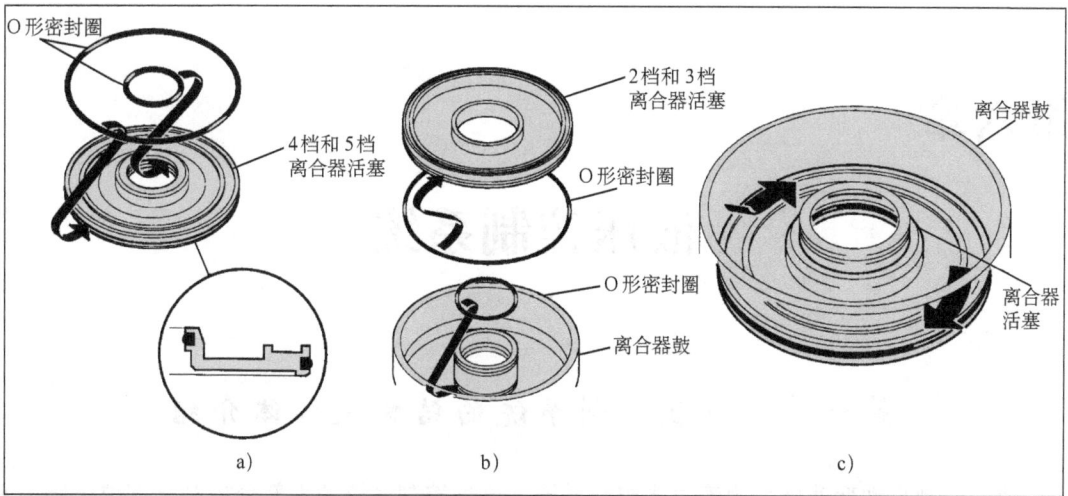

图 5-35　离合器的安装(二)

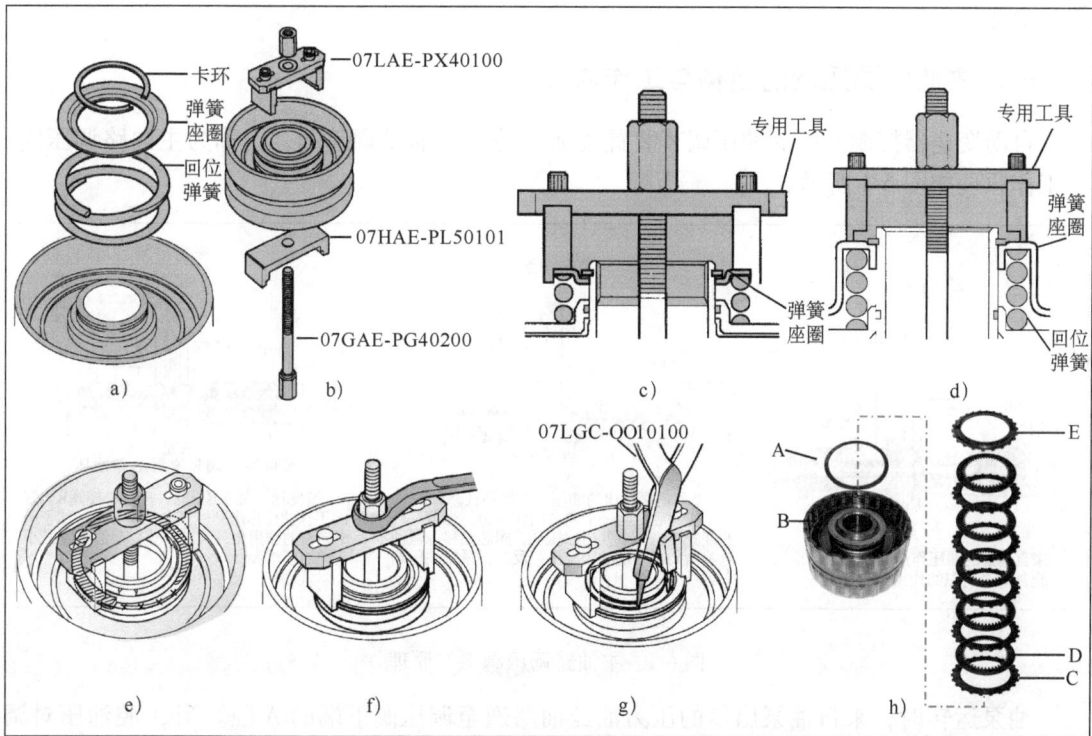

图 5-36　离合器的安装(三)

13) 准备检测离合器间隙。按照前述"五、离合器的间隙检测"步骤 3) ~ 8),做好离合器间隙检测前的准备工作。

14) 向流体通道内吹压缩空气,检查离合器活塞的运动情况。

第六章

液压控制系统

第一节　液压控制系统的结构及阀体介绍

液力控制自动变速器采用液力式控制系统。这种控制系统的大部分控制阀都位于阀板总成中，通过变速器壳体和变速器轴上的油道与油泵、变矩器及各个换档执行元件相通。液力式控制系统按各个控制阀的作用不同，可分为油压调节装置、换档控制装置和变矩器控制装置3个部分。

一、主油路调压阀的结构与工作原理

自动变速器控制系统的油压调节装置实际上是一个油压调节阀，也称为主油路调压阀，其工作原理如图6-1所示。

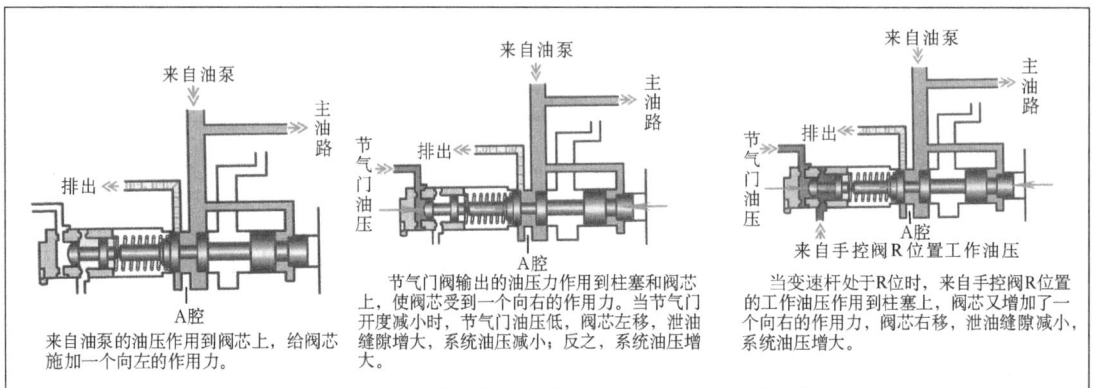

来自油泵　主油路　排出　A腔　来自油泵的油压作用到阀芯上，给阀芯施加一个向左的作用力。

来自油泵　主油路　节气门油压　排出　A腔　节气门阀输出的油压力作用到柱塞和阀芯上，使阀芯受到一个向右的作用力。当节气门开度减小时，节气门油压低，阀芯左移，泄油缝隙增大，系统油压减小；反之，系统油压增大。

来自油泵　主油路　节气门油压　排出　A腔　来自手控阀R位置工作油压　当变速杆处于R位时，来自手控阀R位置的工作油压作用到柱塞上，阀芯又增加了一个向右的作用力，阀芯右移，泄油缝隙减小，系统油压增大。

图6-1　主油路调压阀工作原理

油泵运转时，来自油泵出口的压力油经油路通至调压阀下端的A腔。当A腔油压对调压阀的推力小于调压阀上端调压弹簧的预紧力时，调压阀被推至下端底部。这时，泄油孔处于封闭状态，使油压上升。当A腔油压对调压阀的推力大于调压弹簧预紧力时，调压阀上升，将泄油孔打开，油路中的部分液压油经泄油孔流回油底壳，使油压下降，直至A腔油压对调压阀的推力和调压弹簧的预紧力保持平衡为止。这样，不论发动机转速高低，油泵的泵油压力始终保持在一个稳定的范围内（通常为0.5～1MPa）。经主油路调压阀调节后的油路压力称为主油路油压。自动变速器的控制系统及变矩器、各换档执行元件都是在主油路油压

的作用下进行工作的。

为了使主油路油压能满足自动变速器不同工况的需要，油压调节装置还应具备下列功能：

1）主油路油压应能随发动机节气门开度的增大而升高。当节气门开度较大时，由于发动机输出功率和自动变速器所传递的转矩都较大，为了防止离合器、制动器等换档执行元件打滑，主油路油压要相应升高；反之，当节气门开度较小时，自动变速器所传递的转矩也较小，离合器、制动器不易打滑，主油路油压可以相应降低。

2）汽车在高速档（3档或4档）以较高车速行驶时，由于此时汽车传动系统处在高转速、低转矩状态下工作，因此可以相应地降低主油路的油压，以减少油泵的运转阻力，节省燃油。

3）倒档时主油路的油压应比前进档时的主油路油压大，通常可达1~1.5MPa。这是因为倒档在汽车使用过程中所占的时间很少，为了减小自动变速器的尺寸，倒档离合器或倒档制动器在设计上采用较少的摩擦片，因此在工作时需要有较高的油压，以防止其接合时打滑。目前轿车自动变速器控制系统的主油路调压阀都是采用阶梯式滑阀，它可以根据来自控制系统中几个控制阀的反馈控制油压的变化来改变所调节的主油路油压的大小。

二、换档控制装置

1. 换档控制装置的结构

换档控制装置的作用有两个：一是根据自动变速器变速杆的位置，使自动变速器处于不同的档位状态，如停车档（P位）、空档（N位）、倒档（R位）、前进档（D位）、前进低档（S位、L位或2位、1位）等；二是在前进档（D位）或前进低档（S位、L位或2位、1位）时，根据发动机负荷、车速等汽车行驶参数，自动控制升档或降档，使自动变速器处于最适合汽车行驶状态的档位上。

换档控制装置由手动阀、换档阀、节气门阀和调速器等控制阀及相应的油路组成。手动阀由自动变速器的变速杆控制，在变速杆处于不同位置时，使主油路压力油进入不同的控制油路，以改变自动变速器的工作状态。

当变速杆位于P位、N位、R位时，自动变速器的档位及各换档执行元件的工作完全由手动阀的位置决定。

当变速杆位于前进档（D位）或前进低档（S位、L位或2位、1位）时，自动变速器的档位及换档执行元件的工作由手动阀及换档阀共同控制。

手动阀按其控制的油路数量不同，可分为两柱式和三柱式两种。两柱式手动阀所控制的油路较少，通常少于变速杆的位置数或与之相同；三柱式手动阀可以控制较多的油路。

2. 换档阀的结构与工作原理

在前进档中，自动变速器档位的变换是通过换档阀的工作来实现的。

换档阀是一种由液压控制的2位换向阀。在换档阀的右端作用着来自调速器的调速器油压，左端作用着来自节气门阀的节气门油压和换档阀弹簧的弹力。换档阀的位置取决于两端控制压力的大小。当右端的调速器油压低于左端的节气门油压和弹簧弹力之和时，换档阀保持在右端；当右端的调速器油压高于左端的节气门油压和弹簧弹力之和时，换档阀移至左

端。换档阀改变方向时，开启或关闭主油路，或使主油路的方向发生变化，从而使主油路压力油进入不同的换档执行元件，使之处于工作状态，以实现不同的档位。当换档阀从右端移至左端时，自动变速器升高一个档位；反之，换档阀由左端移至右端时，自动变速器降低一个档位。

自动变速器的升档和降档完全由节气门阀产生的节气门油压和调速器产生的调速器油压的大小来控制。节气门阀由发动机节气门拉索操纵，因此节气门油压取决于发动机节气门的开度；调速器油压取决于车速。

有些自动变速器用主油路油压代替节气门油压来控制换档阀的工作，由于主油路油压在一定程度上也是随节气门开度增大而升高的，因此其控制原理是相同的。

由于每个换档阀只有两个位置，因此它只能控制相邻两个档位的升档和降档过程。这样3档自动变速器就应有两个换档阀，分别用于控制1-2档的升降档和2-3档的升降档。4档自动变速器则应有三个换档阀，分别控制1-2档、2-3档、3-4档的升降档，如图6-2所示。

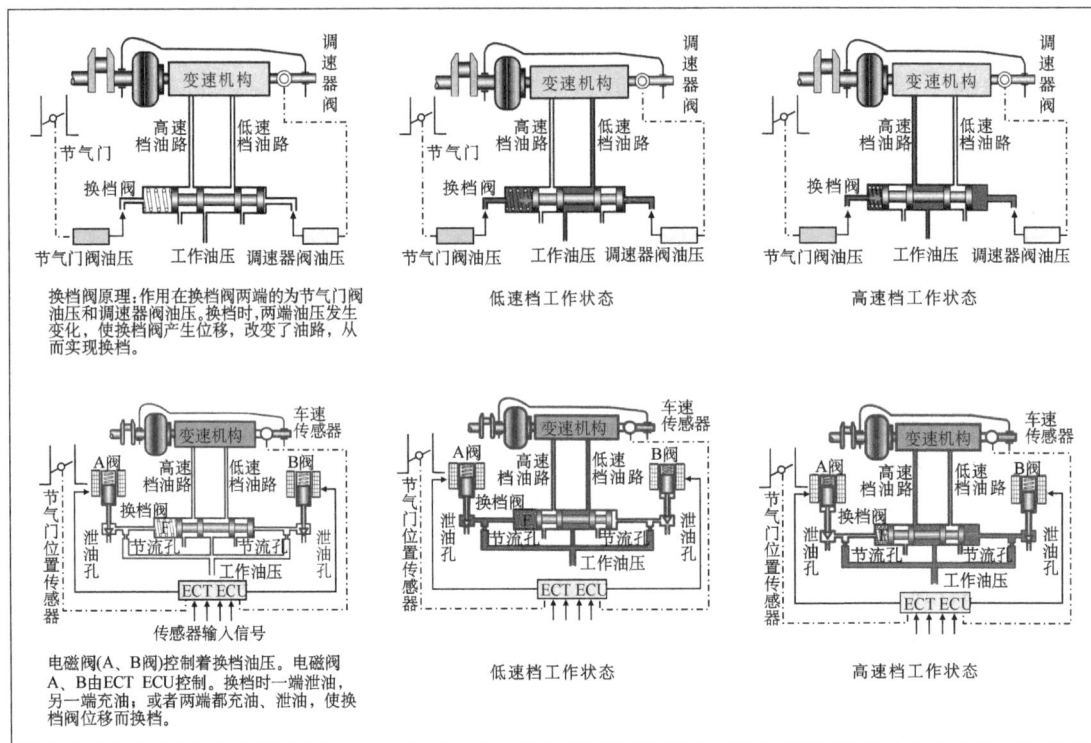

图6-2　换档阀原理和各档离合器工作状态

3. 节气门阀的结构与工作原理

节气门阀用于产生节气门油压，以便控制系统根据汽车节气门开度的大小改变主油路油压和换档车速，使自动变速器的主油路油压和换档规律满足汽车的实际使用要求。

节气门阀的工作由节气门开度控制。根据控制方式的不同，节气门阀可分为机械式节气门阀和真空式节气门阀两种。

（1）机械式节气门阀　机械式节气门阀由滑阀、弹簧、挺杆和凸轮等组成。机械式节气门阀的凸轮经过拉索与节气门摇臂连接。当驾驶人踩下加速踏板使节气门开度增大时，拉索拉动凸轮转动，推动挺杆右移，压缩调压弹簧，使调压弹簧的弹力增大，节气门油压也因此而增大。反之，当节气门开度减小时，挺杆左移，调压弹簧的弹力减小，节气门油压也随之降低。

（2）真空式节气门阀　真空式节气门阀由真空膜片室、挺杆和滑阀等组成。真空式节气门阀所调节的节气门较大，使真空膜片对滑阀的推力减小，节气门油压相应地较低；当节气门开度较大时，进气管真空度较小，使真空膜片对滑阀的推力增大，节气门油压也相应地增大，如图6-3所示。

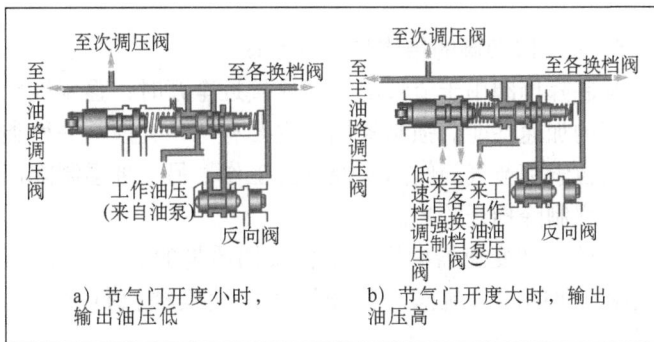

图6-3　真空式节气门阀的结构与原理

4. 调速器的结构与工作原理

调速器用于产生调速器油压，为控制系统提供随车速而变化的控制压力。该油压和随发动机节气门开度或进气管真空度而变化的节气门油压一起，共同控制换档阀的工作。调速器一般安装在自动变速器输出轴上，随输出轴一起转动；或安装在自动变速器壳体上，通过齿轮与输出轴连接。根据工作原理不同，调速器可分为泄压式和节流式两种。

（1）泄压式调速器结构与工作原理　泄压式调速器的工作原理如图6-4所示。主油路压力油由一个固定大小的节流孔减压后成为调速器压力油，并经油路分别进入换档阀和调速器。调速器通过控制泄油孔的大小来调节调速器油压。进入调速器的压力油推动滑阀，打开泄油孔泄油。由于调速器安装在输出轴上，当输出轴转动时，离心力使滑阀外移，克服油压力而关小泄油孔。当输

图6-4　泄压式调速器的工作原理

出轴转速较低时，滑阀可关闭泄油孔的离心力较小，泄油量多，油路中的调速器油压随之降低；当输出轴转速较高时，滑阀可关闭泄油孔的离心力较大，使泄油孔关小，调速器油压随之升高。因此，调速器油压是随着输出轴转速的增大而升高的。由于输出轴和车轮连接，因此调速器油压也是随着车速的提高而增大的。目前在自动变速器中实际使用的调速器都是双级调速器。

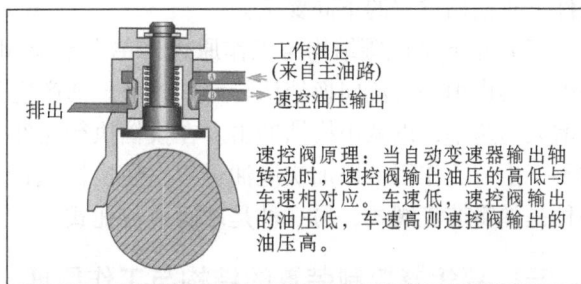

一种安装在变速器壳体上的泄压式双级调速器，它有两个离心飞块，通过分别控制两个泄油孔的开度来调节调速器油压。当输出轴转动时，飞块在离心力和弹簧弹力的共同作用下张开，将泄油孔上的钢球向内压，关小泄油孔，使油道内的调速器油压上升，直至油压等于飞块作用在钢球上的压力为止。

（2）节流式调速器结构与工作原理 安装在输出轴上的节流式调速器，由阀体、滑阀、弹簧及重块组成。汽车行驶时，阀体随输出轴一起转动，滑阀和重块在离心力的作用下外移，打开进油口，使主油路压力油进入调速器，产生调速器油压。与此同时，作用在滑阀上的调速器油压使滑阀内移，关小进油口，直至调速器油压与滑阀所受的离心力相平衡为止。

5. 强制降档阀的结构与工作原理

强制降档阀用于节气门全开或接近全开时，强制性地将自动变速器降低一个档位，以获得良好的加速性能。强制降档阀主要有两种类型：一种类似于节气门阀，由控制节气门阀的节气门拉索和节气门阀凸轮控制其工作；另一种强制降档阀是一种电磁阀，由安装在加速踏板上的强制降档开关控制。

各种自动变速器中用于改善换档质量的装置很多，其中最常见的是减振器（又称储能减振器）和单向节流阀。其作用都是使换档执行元件的接合更为柔和，使换档平稳，无冲击。

（1）减振器结构与工作原理 常见的减振器由一个减振活塞和弹簧组成。每个前进档都有一个相应的减振器。它和该档的换档阀至换档执行元件的油路相通。当自动变速器换档时，来自换档阀的主油路压力油在进入换档执行元件液压缸的同时也进入减振器的减振活塞下部。

通常，在减振活塞上方还作用着节气门压力油，通过节气门油压（也称为减振器背压）的变化，使减振器的工作得到一定的控制。在节气门开度较大时，它可适当降低减振器的减振器能力，加快换档过程，防止在大动力传递时换档执行元件打滑，以满足汽车在各种行驶条件下对换档过程的不同要求。

（2）单向节流阀结构与工作原理 单向节流阀布置在换档阀至换档执行元件之间的油路中，其作用是对流向换档执行元件的液压油产生节流作用，在换档执行元件接合时延缓油压增大的速率，以减小换档冲击。在换档执行元件分离时，单向节流阀对换档执行元件的泄油不产生节流作用，以加快泄油过程，使换档执行元件迅速分离。单向节流阀有两种形式：一种是弹簧节流阀式，另一种是球阀节流孔式。

三、变矩器控制装置的结构与工作原理

变矩器控制装置的作用主要有两个：一是为变矩器提供具有一定压力的液压油，同时将变矩器内受热后的液压油送至散热器冷却，并使一部分冷却后的液压油流回齿轮变速器，对齿轮变速器中的轴承和齿轮进行润滑；二是控制变矩器中锁止离合器（如果有的话）的工作。

变矩器控制装置由变矩器压力调节阀、泄压阀、回油阀、锁止信号阀、锁止继动阀及相应的油路组成。

变矩器压力调节阀的作用是将主油路压力油减压后送入变矩器，使变矩器内的液压油的压力保持在196~490kPa。许多车型自动变速器中，将变矩器压力调节阀和主油路调压阀合并为一个阀。该阀使调节后的主油路压力油再次减压后进入变矩器。有些变矩器控制装置在变矩器进油路上设置了一个限压阀。另外，在变矩器的出油路上常设有一个回油阀。变矩器压力调节阀及其油路如图6-5所示。

变矩器内锁止离合器的工作是由锁止信号阀和锁止继动阀一同控制的。锁止信号阀上方作用着调速器压力。锁止继动阀在下方主油路油压的作用下上升，使锁止离合器左侧的油腔与泄油口相通，使锁止离合器接合，发动机动力经锁止离合器直接传至涡轮输出。锁止信号阀和锁止继动阀如图6-6所示。

四、阀体的检修

1. 阀板检修概述

阀板是自动变速器中最精密的部件之一，它的性能好坏直接影响自动变速器的换档规律是否正常。在拆检自动变速器时，并非一定要拆检阀板，以免无谓地拆装破坏阀板内各个控制阀的装配精度。只有在自动变速器换档规律失常，或摩擦片严重烧毁、阀板内沾有大量摩擦粉末时，才对阀板进行拆检修理。不论是液力式控制系统还是电液式控制系统，其阀板的检修方法都是相同的，下面以雷克萨斯 LS400 轿车 A341E 和 A342E 自动变速器为例，加以说明。

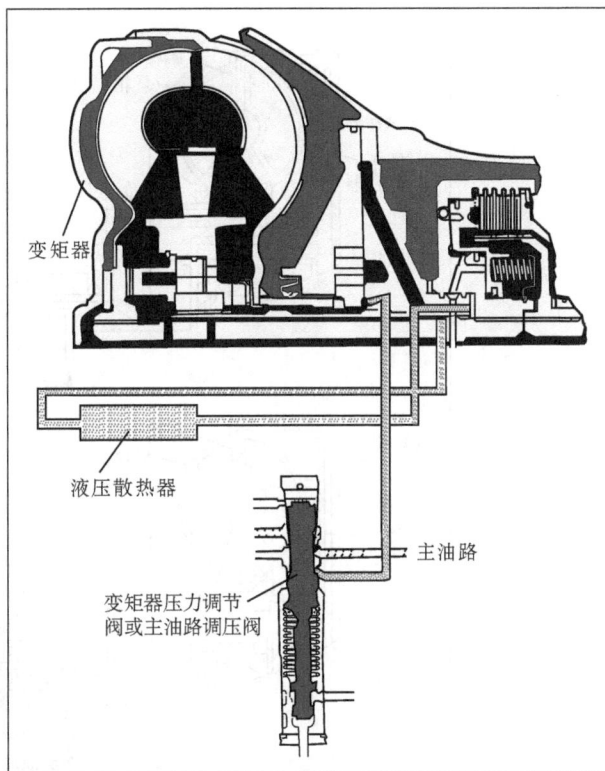

图 6-5　变矩器压力调节阀及其油路

2. 阀板零件的检修

阀板零件检修内容如下：

1）将上、下阀板和所有控制阀的零件用清洁的煤油或汽油清洗干净。

2）检查控制阀阀芯表面，如有轻微刮伤痕迹，可用金相砂纸抛光。

3）如控制阀卡死在阀孔中，应更换阀板总成。

4）更换隔板上的纸质衬垫。

5）更换所有塑胶阀球。

3. 检修阀板时的注意事项

由于阀板中各个控制阀的加工精度和配合精度都极高，错误的检修方法往往会损坏控制阀，影响其正常工作。在检修阀板时，应注意以下几点：

1）拆检阀板时，切不可将阀芯等重要零件掉落。不要将铁丝、旋具等硬物伸入阀孔中，以免损伤阀芯和阀孔的精密配合表面。

2）阀板分解后的所有零件在清洗后，可用压缩空气吹干，不允许用棉布擦拭，以免沾上细小的纤维丝，造成控制阀卡滞。

3）装配阀板时，应检查各控制阀阀芯是否能在阀孔中活动自如。如有卡滞，应拆下，

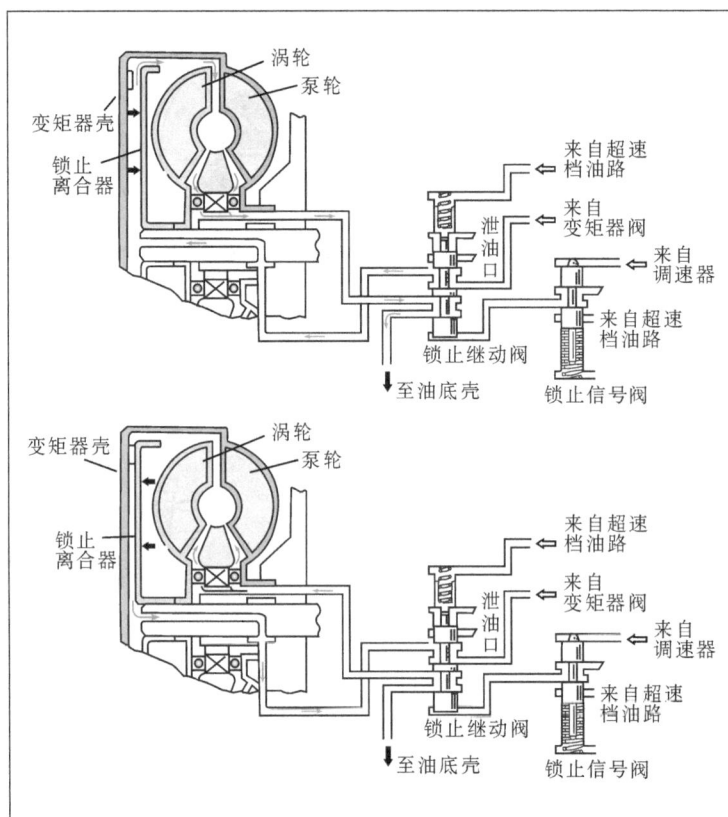

图 6-6　锁止信号阀和锁止继动阀

经清洗后重新安装。

　　4）不要在阀板衬垫及控制阀的任何零件上使用密封胶或粘结剂。

　　5）在更换隔板衬垫时，要将新旧件进行对比，确认无误后再装入，以防因零件规格不符而影响自动变速器的正常工作。有些自动变速器的修理包中没有阀板的隔板衬垫，在维修中如果旧衬垫破损，可用清克纸（即电工用绝缘纸）自制，方法是将旧衬垫的形状画在清克纸上，用割纸刀和圆冲照原样刻出。

　　6）在分解、装配阀板时，要有详细的技术资料（如阀板分解图），以进行对照。如果在检修时没有这些资料可做参考，可以在分解之前先画出阀板的外形简图，然后每拆一个控制阀，就在阀板简图的相应位置上画下该控制阀各零件的形状和排列顺序，同时测量并记下各个弹簧的外径、自由长度和圈数，以作为装配时的参考。拆下的各个控制阀零件要按顺序排放，以便重装。另外，在分开上、下阀板时，要特别注意不要使阀板油道中的阀球、滤网等小零件掉出。在拿起上面的阀板时，要将隔板连同阀板一同拿起，待翻转阀板使油道一面朝上后，再拿开隔板。认明上下阀板油路中所有阀球等零件的位置并画在简图上，同时测量并记下不同直径的阀球的位置，然后才能取出阀球等零件，做进一步分解及阀板清洗工作。

第二节　液压控制系统的工作原理

一、液压控制系统的分类

液压控制系统有两种操纵方式：一种是全液压操纵方式，另一种是电子控制液压操纵方式。两种不同操纵方式的液压控制系统框图如图6-7、图6-8所示。

在全液压操纵方式的液压控制系统中，车速和节气门开度信号被转换为液压信号。这个液压信号在液压控制系统中，经过处理后被直接执行。

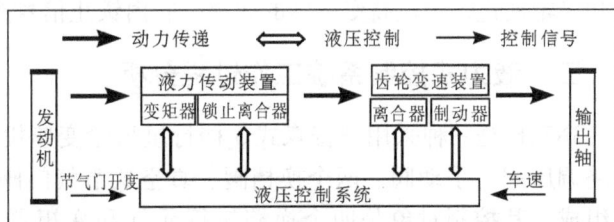

而电子控制液压操纵方式的液压控制系统中，车速和节气门开度信号先被转换为电信号。这个电信号在电子控制系统中经过处理后，再传递给液压控制系统去执行。这就是两者的差别。

图6-7　全液压操纵方式

图6-8　电子控制液压操纵方式

二、液压控制系统的组成

液压控制系统由主供油路、控制信号、换档控制、换档品质控制、执行元件、润滑冷却和锁止控制等几个部分组成。

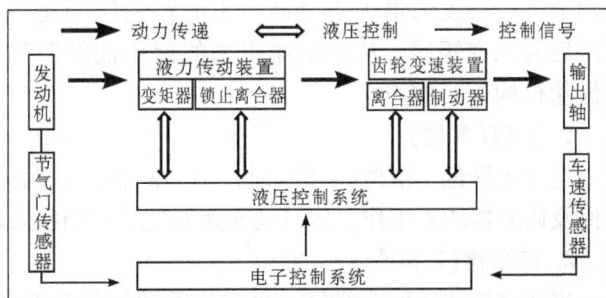

（1）主供油路　主供油路是整个液压控制系统的动力源。它向液压控制系统提供足够压力和流量的工作介质，而且压力大小可以随发动机的负荷、车速及档位等不同而相应变化。它主要由油泵和调压阀组成。

（2）控制信号　控制信号是换档的根据。它主要有三个参数：①变速杆的位置；②节气门的开度；③车速。这三个参数是由手动阀以及节气门阀和速控阀来转换的。其中手动阀与手动变速杆相连，它是手动换档的控制依据；而节气门阀和调速器分别与节气门轴和变速器输出轴相连，它们是自动换档的控制依据。

（3）换档控制　换档控制是由几个换档控制阀组成的。它是自动换档操纵系统中的核心机件。实际上它是一个油路开关，可以根据控制信号的指令实现油路的转换，进而达到换档的目的。

（4）换档品质控制　换档品质控制部分的作用是保证换档过程平顺、无冲击，防止产生大的动载荷，以免造成机件的损伤和换档过程中不舒适的感觉。它是由在通向执行元件的油路中增加的蓄能器、缓冲阀、定时阀、压力调节阀、节流孔、节流球和节流片等组成的。

（5）执行元件　执行元件主要指离合器和制动器。虽然执行元件是安装在齿轮变速装置中的，但它却是液压控制系统的一部分。液压控制系统最终要通过执行元件，才能实现齿轮变速机构的档位变换。

（6）润滑冷却　润滑冷却部分的主要作用是润滑液力传动装置和齿轮变速装置的所有机件以及冷却工作介质，保证其正常的工作温度。它由次调压阀和润滑油路以及冷却器和冷却油路组成。

（7）锁止控制　锁止控制的作用是在不同档位下达到一定车速时，使液力变矩器的泵轮和涡轮锁止，以提高变矩器的效率。它由锁止信号阀和锁止中继阀等组成。

三、液力式控制系统工作过程分析

3N71B 是一种采用辛普森式 3 档行星齿轮变速机构的自动变速器，它的控制系统由主油路调压阀、手动阀、两个换档阀、真空式节气门阀、调速器、强制降档阀及 2 档锁止阀等组成。其控制对象是四个换档执行元件和变矩器。油泵输出的液压油进入控制系统，在主油路调压阀的调节下成为主油路压力油，并经过油路被送至手动阀、节气门阀和强制降档阀。节气门阀产生的节气门压力油经油路作用在主油路调压阀下端，使主油路油压随节气门开度的增大而升高。主油路调压阀还控制变矩器的工作，它将主油路压力油减压后输入变矩器。从变矩器出来的液压油经散热器冷却后被送至齿轮变速器中，对行星齿轮机构进行润滑。

1. 空档（N 位）

当变速杆位于空档（N 位）时，手动阀将主油路关闭，此时两个换档阀、四个换档执行元件及调速器均不工作，使自动变速器处于空档状态（图 6-9）。

2. 停车档（P 位）

当变速杆位于停车档（P 位）时，手动阀打开两条油路：一条使主油路压力油经强制降档阀作用于 2-3 换档阀及 1-2 换档阀左侧，使两个换档阀保持在右侧低速档位置；另一条油路使主油路压力油经 1-2 换档阀直接进入低速档及倒档制动器 B_2，使低速档及倒档制动器 B_2 接合。但由于高速档及倒档离合器 C_1 和前进离合器 C_2 均无工作，变速器输入轴上的动力不能传至行星齿轮机构，使行星齿轮变速器处于空档状态（图 6-10）。此时变速器输出轴被停车档机构锁止，使输出轴和驱动轮不能转动。

3. 倒档（R 位）

当变速杆位于倒档（R 位）时，手动阀打开三条油路，其中两条即上述 P 位打开的油路，另一条油路使主油路压力油分成两部分：一部分通往主油路调压阀下端，使倒档时的主油路油压升高，以满足倒档时换档执行元件的工作需要；另一部分经 2-3 换档阀分别通往高档及倒档离合器 C_1 和 2 档制动带 B_1 液压缸的释放腔，使倒档及高速档离合器 C_1 接合，2 档制动带 B_1 释放。由于低速档及倒档制动器 B_2 也处于工作状态，因此倒档及高速档离合器 C_1 和低速档及倒档制动器 B_2 同时工作，使行星齿轮变速器处于倒档状态（图 6-11）。

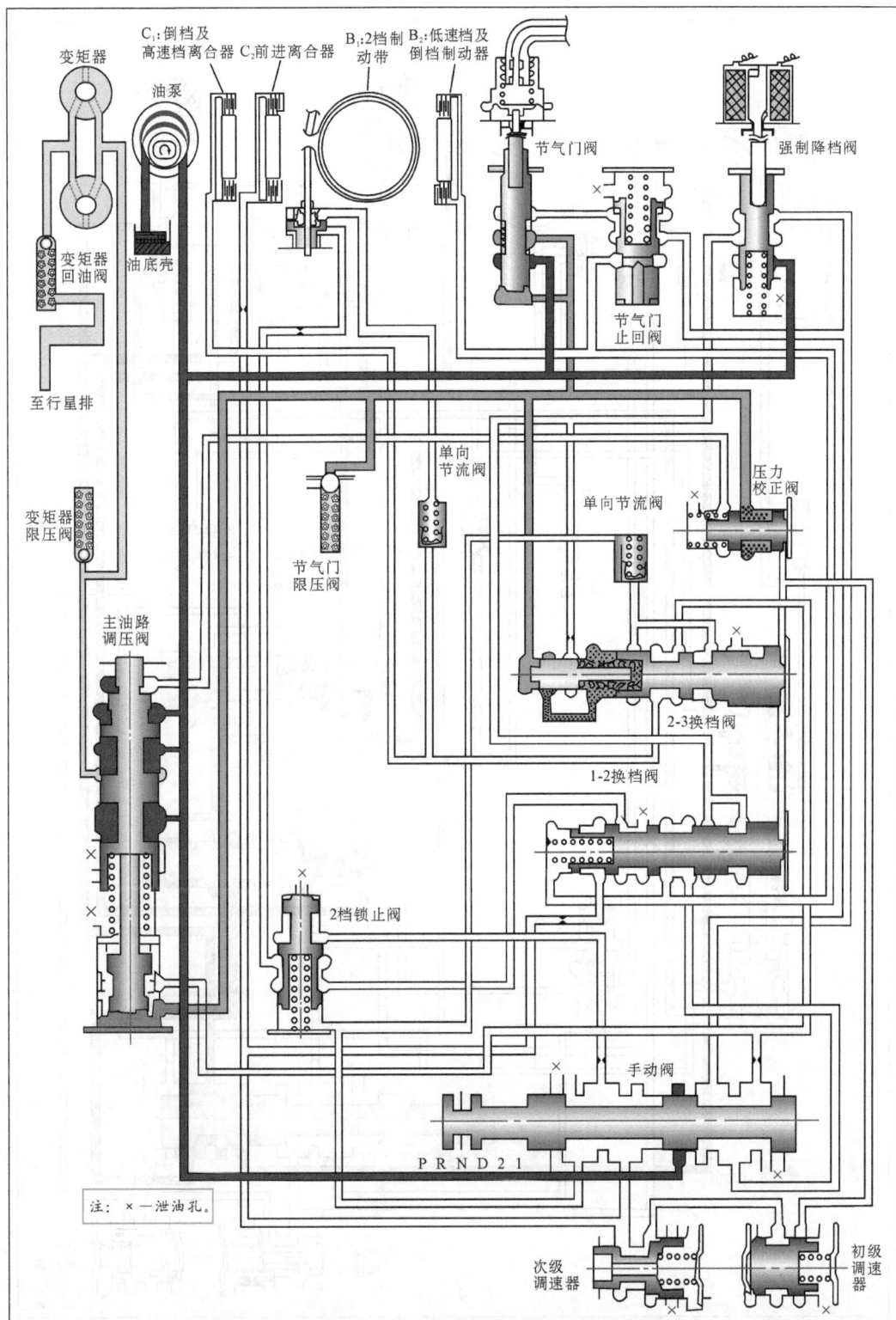

图 6-9 3N71B 自动变速器控制系统空档（N 位）油路

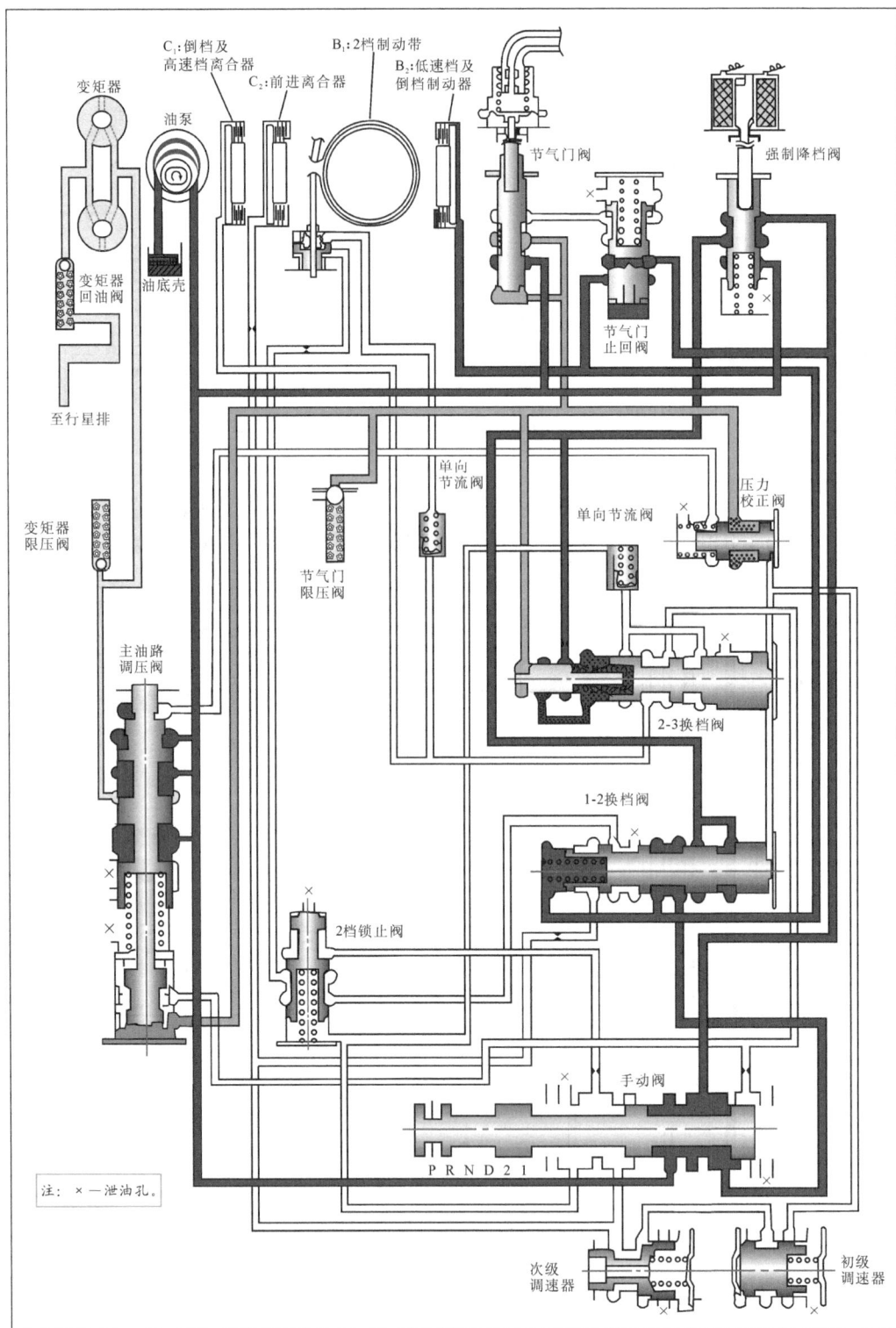

图 6-10　3N71B 自动变速器控制系统停车档(P 位)油路

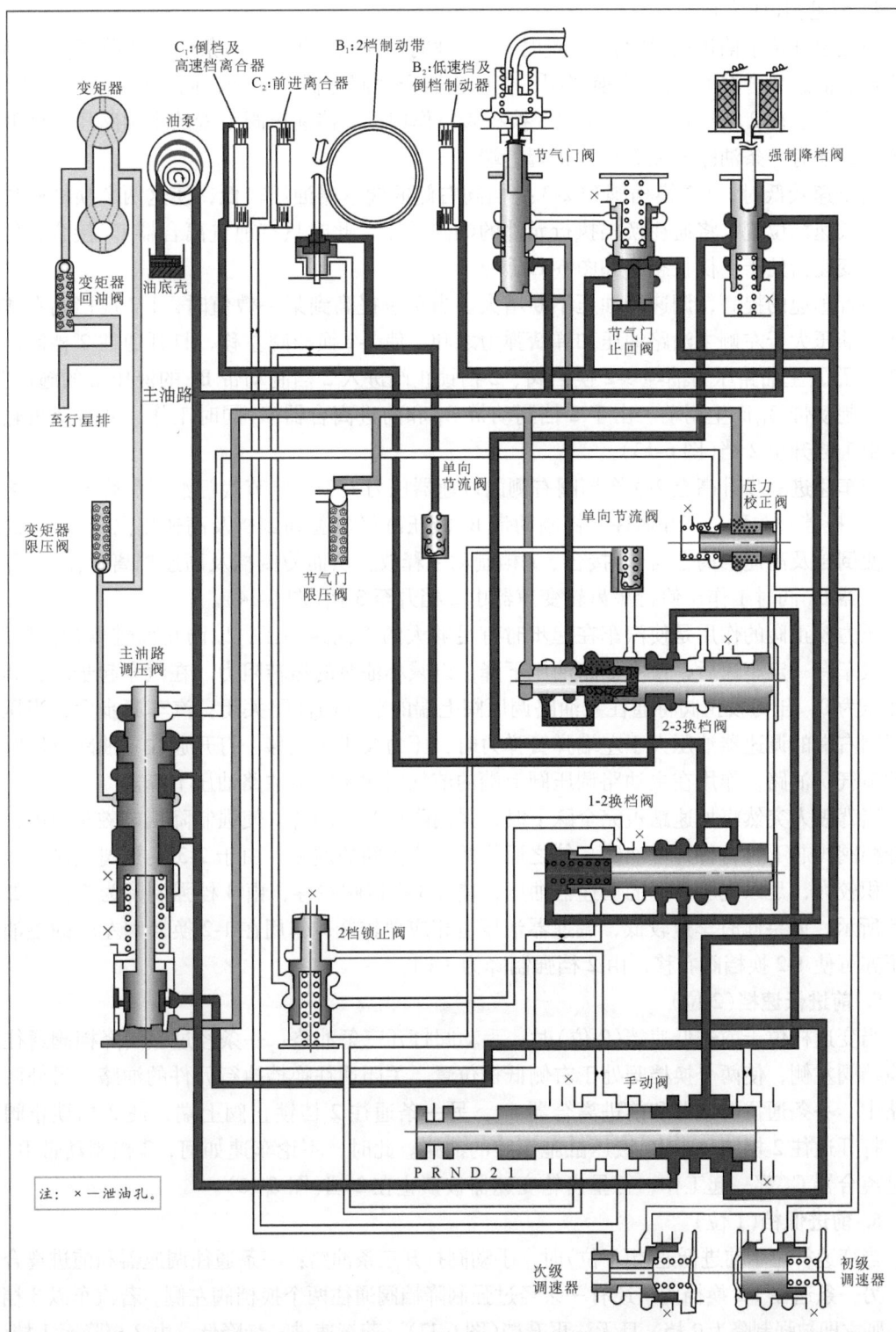

图 6-11　3N71B 自动变速器控制系统倒档（R 位）油路

4. 前进档(D 位)

当变速杆位于前进档(D 位)位置时，手动阀打开三条油路：一条使主油路压力油通往调速器、前进离合器 C_2 和 1-2 换档阀，使调速器产生调速器压力油，同时让前进离合器 C_2 接合；一条通往 2 档锁止阀下端和 2-3 换档阀，作用在 2 档锁止阀下端的主油路压力油使该阀关闭；还有一条油路通往 2 档锁止阀上端。

当车速较低时，1-2 换档阀和 2-3 换档阀右侧的调速器油压较低，使这两个换档阀均处于右侧低速档位置，将通往换档执行元件的油路关闭，此时只有前进离合器 C_2 接合，使行星齿轮变速器处于 1 档状态，如图 6-12 所示。

随着车速的提高，调速器油压不断增大。当车速提高到某一数值时，1-2 换档阀右侧的调速器油压大于左侧主油路油压和弹簧弹力之和，使 1-2 换档阀左移，打开通往 2 档制动带 B_1 的油路，主油路压力油经 1-2 换档阀、2 档锁止阀进入 2 档制动带 B_1 的液压缸的施压腔，使 2 档制动带 B_1 产生制动。由于 2 档制动带 B_1 和前进离合器 C_2 同时工作，使行星齿轮变速器由 1 档升至 2 档(图 6-13)。

当车速进一步升高至 2-3 换档阀右侧的调速器压力大于左侧节气门油压和弹簧弹力之和时，2-3 换档阀左移，打开通往 2 档制动带 B_1 液压缸释放腔和倒档及高速档离合器 C_1 的油路，使倒档及高速档离合器 C_1 接合、2 档制动带释放，从而使倒档及高速档离合器 C_1 和前进离合器 C_2 同时工作，使行星齿轮变速器由 2 档升至 3 档(图 6-14)。

压力校正阀的作用是使汽车在起步时有足够人的主油路油压，以防止前进离合器打滑，而在汽车有一定车速后，使主油路油压下降，以减小油泵的运转阻力。在汽车起步时，调速器油压为 0，压力校正阀将通往主油路调压阀上端的节气门油路关闭；汽车起步后，当压力校正阀右端的调速器油压大于左端弹簧弹力时，压力校正阀左移，打开通往主油路调压阀上端的节气门油路，作用在主油路调压阀上端的节气门油压使主油路油压下降。

当驾驶人突然将加速踏板完全踩下时，强制降档开关闭合，使强制降档电磁阀通电，强制降档阀阀芯下移，打开主油路，使之通往两个换档阀的左侧。由于 2-3 换档阀左侧油压作用面积较大，足以克服右端的调速器油压，使 2-3 换档阀右移，由 3 档强制降为 2 档，如图 6-15 所示。如果此时车速较低，调速器油压也相应地较低，作用在 1-2 换档阀左端的主油路油压亦可使 1-2 换档阀右移，由 2 档强制降为 1 档。

5. 前进低速档(2 位)

当变速杆位于前进低速档(2 位)时，手动阀打开三条油路：一条经过强制降档阀通往两个换档阀左侧，使两个换档阀处于右侧低档位置，关闭通往换档执行元件的油路；另外两条油路中，一条通往调速器和前进离合器 C_2，另一条通往 2 档锁止阀上端，使 2 档锁止阀下移，打开通往 2 档制动带 B_1 液压缸施压腔的油路。此时，不论车速如何，2 档制动带 B_1 和前进离合器 C_2 都一起工作，行星齿轮变速器被锁止在 2 档(图 6-16)。

6. 前进低档(1 位)

当变速杆位于前进低速档(1 位)时，手动阀打开三条油路：一条通往调速器和前进离合器 C_2，另一条通往 1-2 换档阀，还有一条经过强制降档阀通往两个换档阀左侧。若汽车以 3 档行驶，则立即被强制降为 2 档，且无法再升档(图 6-17)。若车速进一步降低，由 2 档降至 1 档后，将使另一条通往 1-2 换档阀的油路通向 2 档制动带液压缸的释放腔，使 2 档制动带释放，同时主油路油压作用在 1-2 换档阀左侧，使 1-2 换档阀锁止在 1 档位置，无法再升至 2 档(图 6-18)。

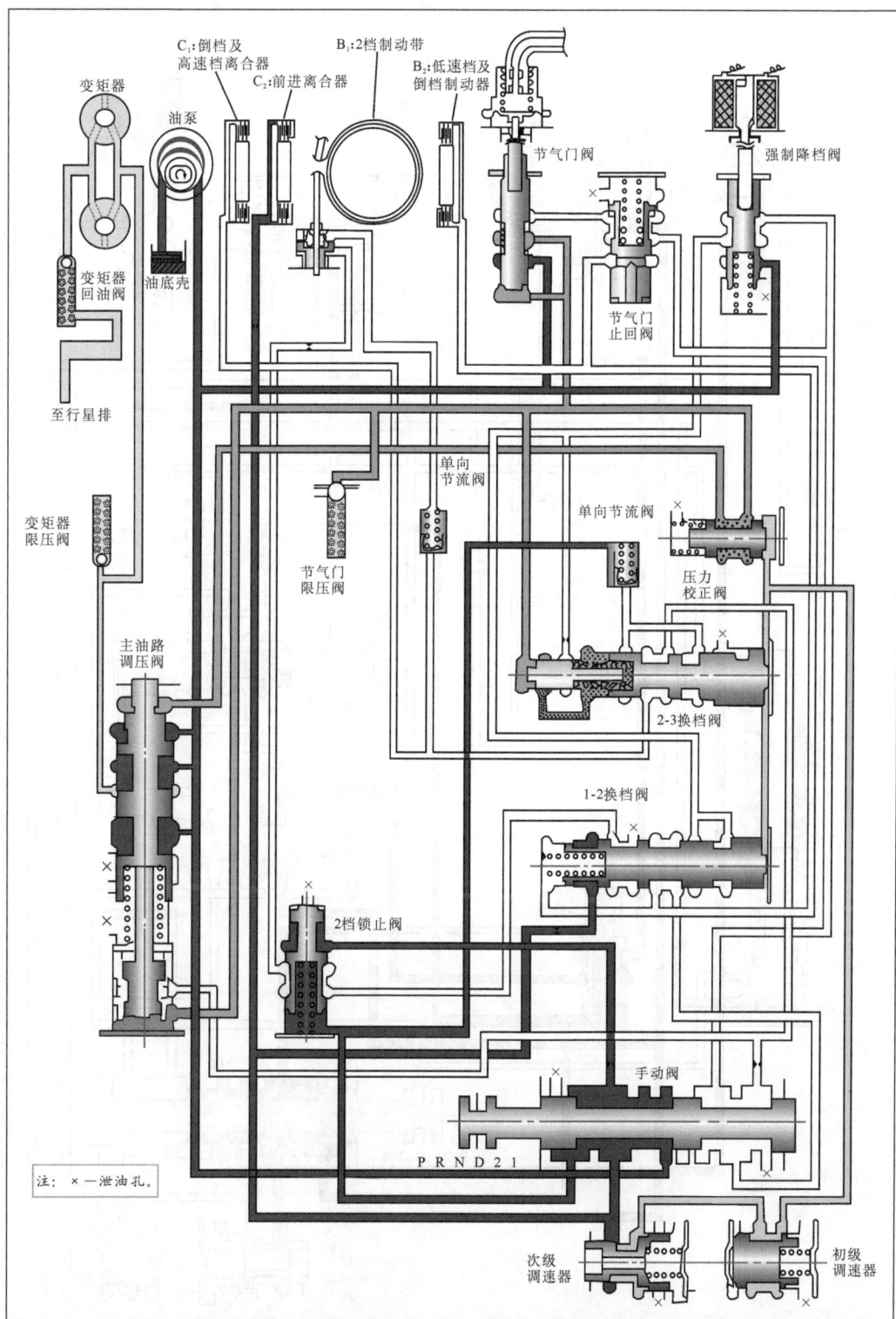

图 6-12　3N71B 自动变速器控制系统前进档(D 位)油路(车速较低)

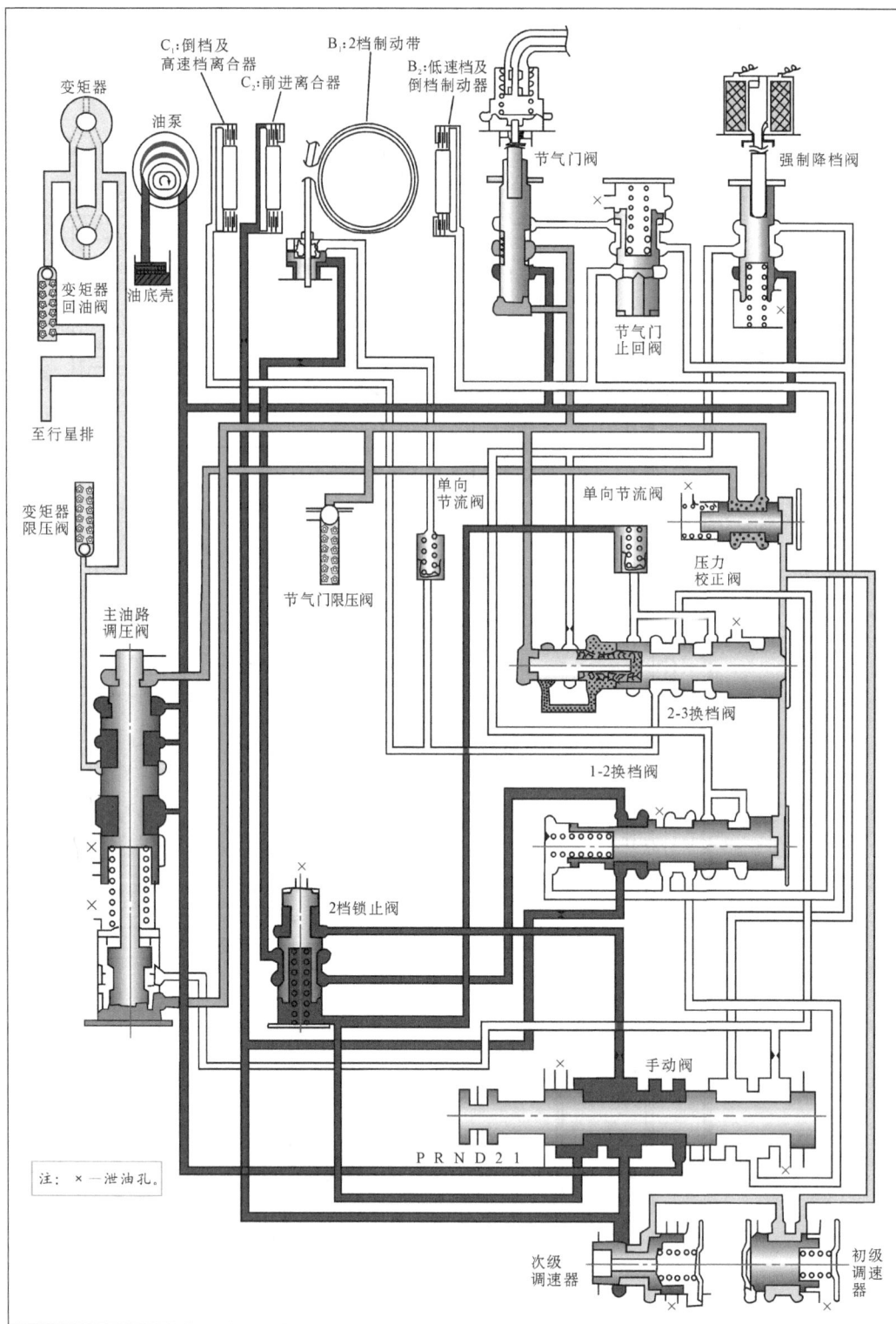

图 6-13　3N71B 自动变速器控制系统前进档（D 位）油路（车速提高）

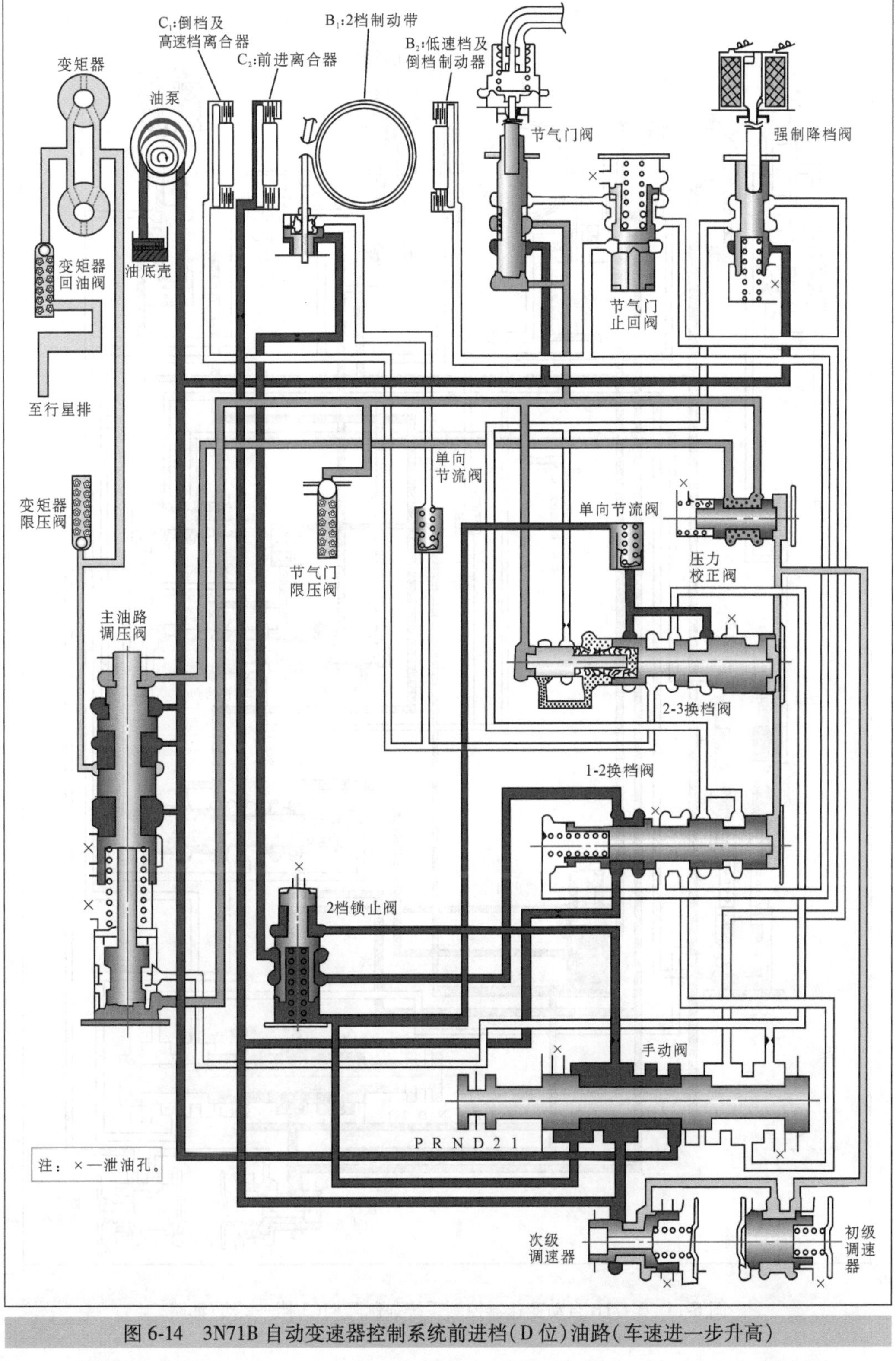

图 6-14 3N71B 自动变速器控制系统前进档(D 位)油路(车速进一步升高)

注：×—泄油孔。

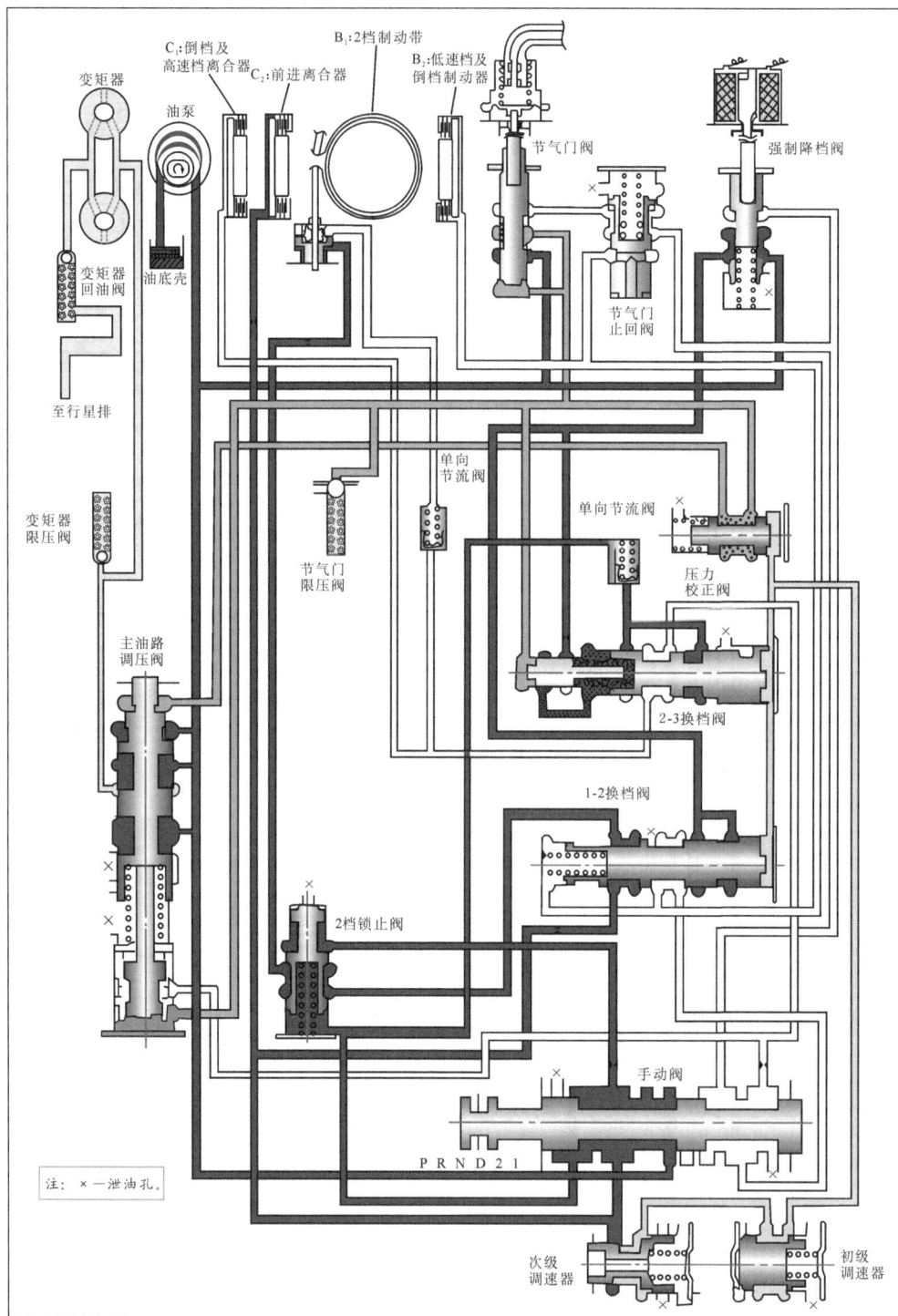

图 6-15　3N71B 自动变速器控制系统强制降档(3 档—2 档)油路

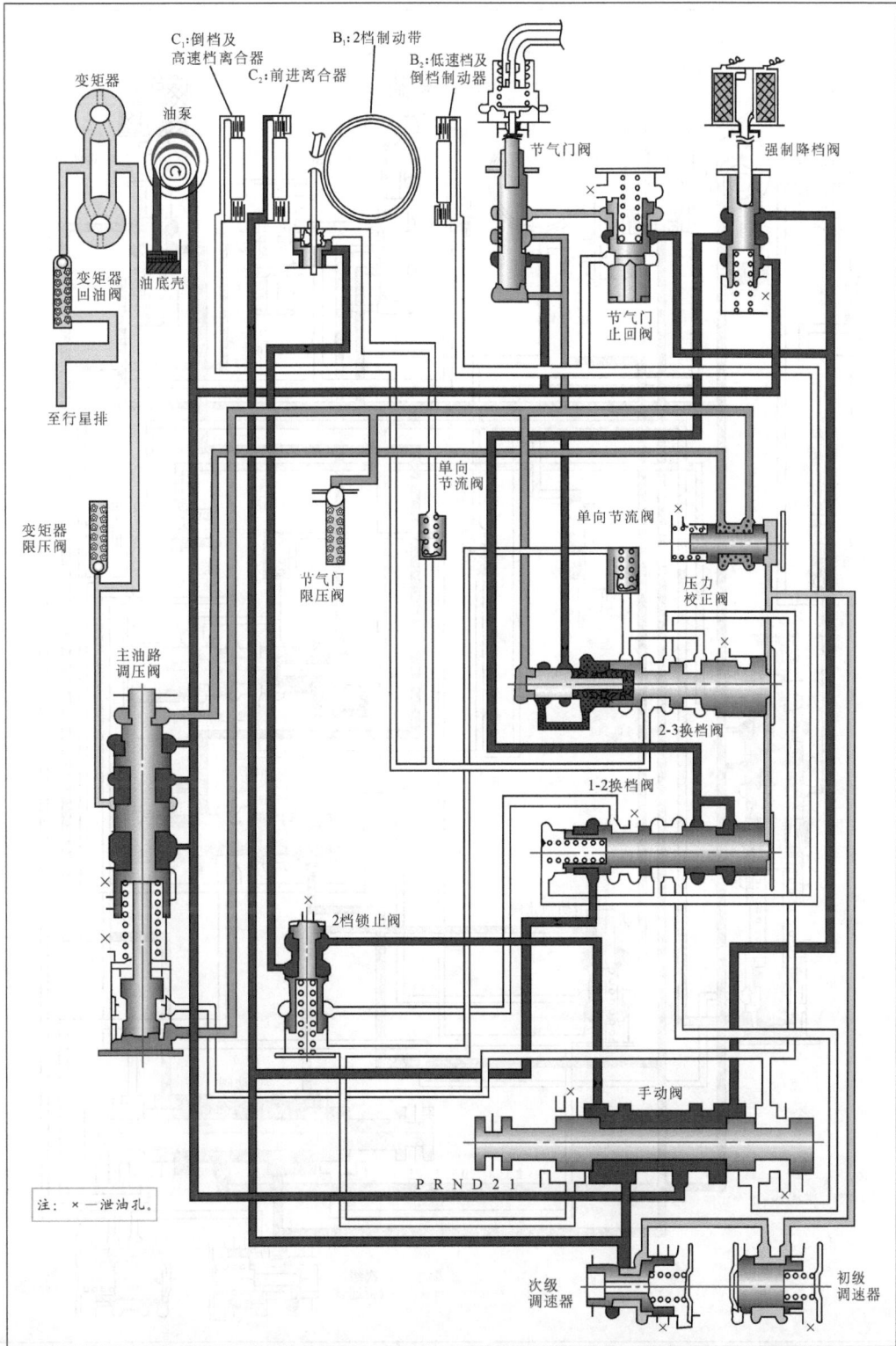

图 6-16 3N71B 自动变速器控制系统前进低档(2 位)油路

变矩器

油泵

C₁:倒档及高速档离合器

C₂:前进离合器

B₁:2档制动带

B₂:低速档及倒档制动器

变矩器回油阀

油底壳

至行星排

变矩器限压阀

主油路调压阀

节气门阀

节气门止回阀

强制降档阀

单向节流阀

单向节流阀

压力校正阀

节气门限压阀

2-3换档阀

1-2换档阀

2档锁止阀

手动阀

注：× —泄油孔。

P R N D 2 1

次级调速器

初级调速器

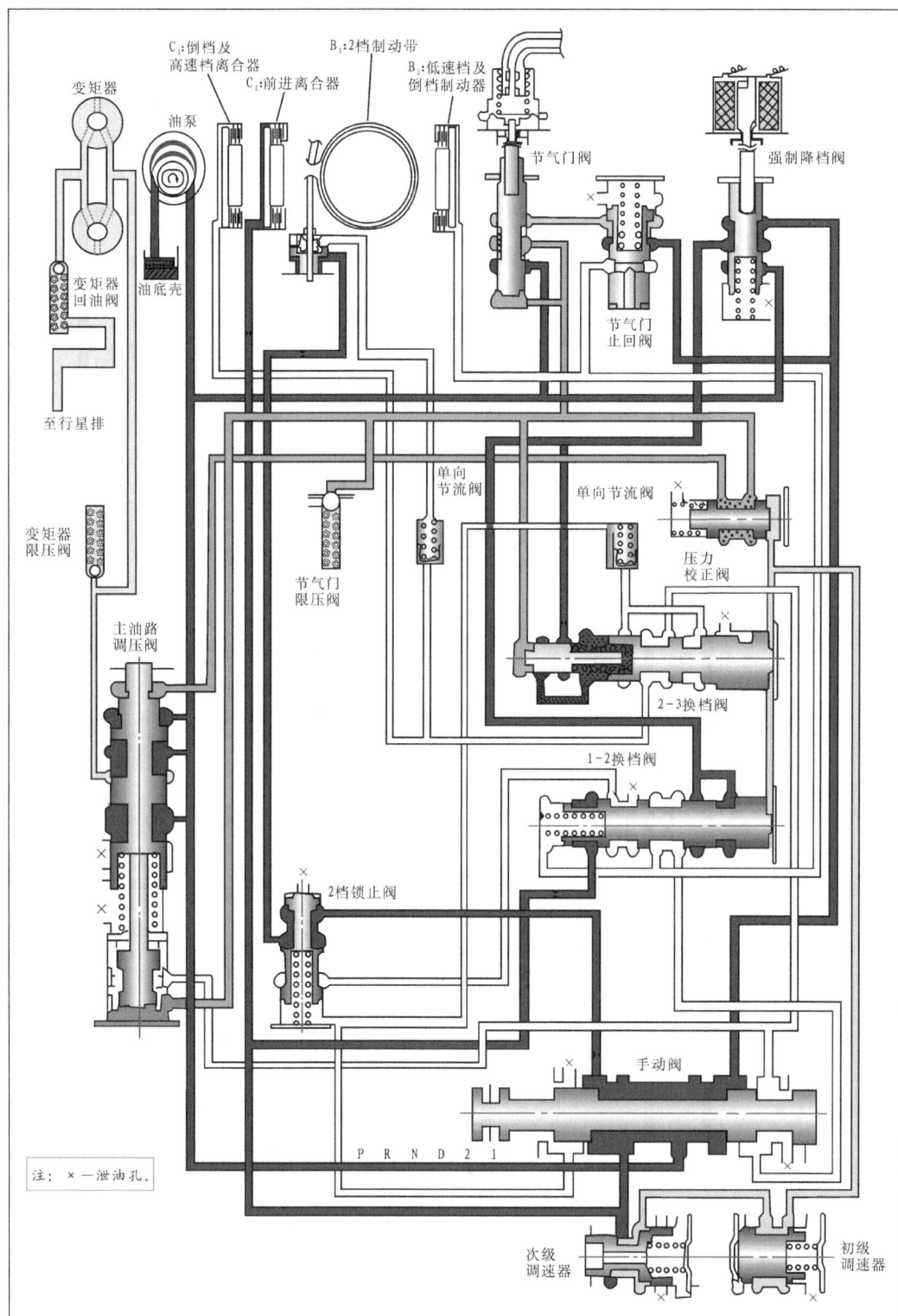

图6-17　3N71B自动变速器控制系统前进低速档(1位)2档油路

C_1:倒档及高速档离合器
C_2:前进离合器
B_1:2档制动带
B_2:低速档及倒档制动器
变矩器
油泵
油底壳
变矩器回油阀
变矩器限压阀
至行星排
主油路调压阀
节气门限压阀
节气门阀
节气门止回阀
强制降档阀
单向节流阀
单向节流阀
压力校正阀
2-3换档阀
1-2换档阀
2档锁止阀
手动阀
P R N D 2 1
次级调速器
初级调速器

注:×—泄油孔。

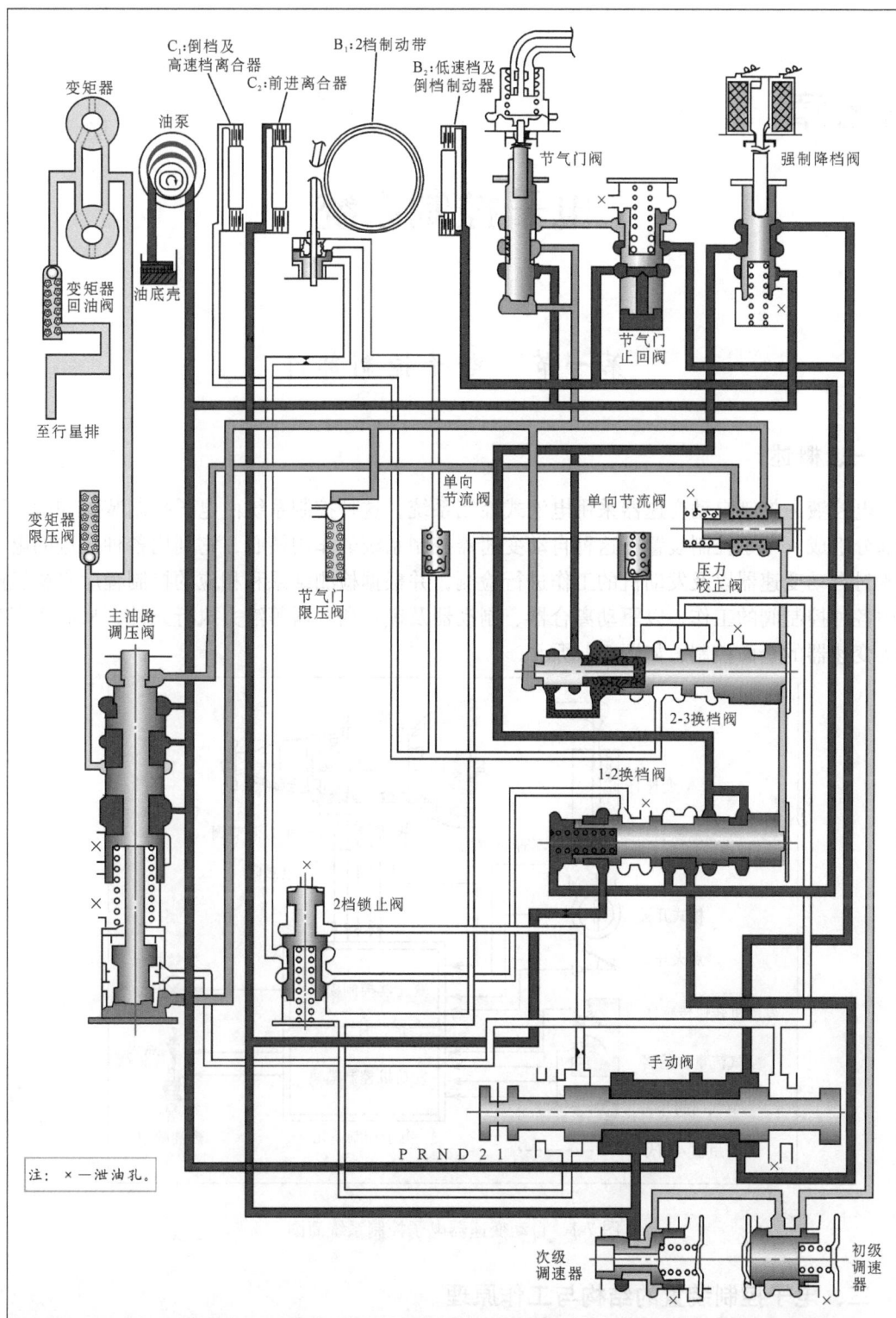

图6-18　3N71B 自动变速器控制系统前进低速档(1位)1档油路

85

第七章

电子控制系统

第一节　电子控制部件

一、概述

电控液力控制自动变速器采用电液式控制系统，这种控制系统由电子控制装置和阀板两大部分组成。电子控制装置是这种自动变速器控制系统的作用核心，它利用各种先进的电子手段对自动变速器以及发动机的工作进行检测，并根据检测结果和相应的控制程序来操纵阀板中各种控制阀的工作，以驱动离合器、制动器及锁止离合器等液力执行元件，从而实现对自动变速器的全面控制，如图7-1所示。

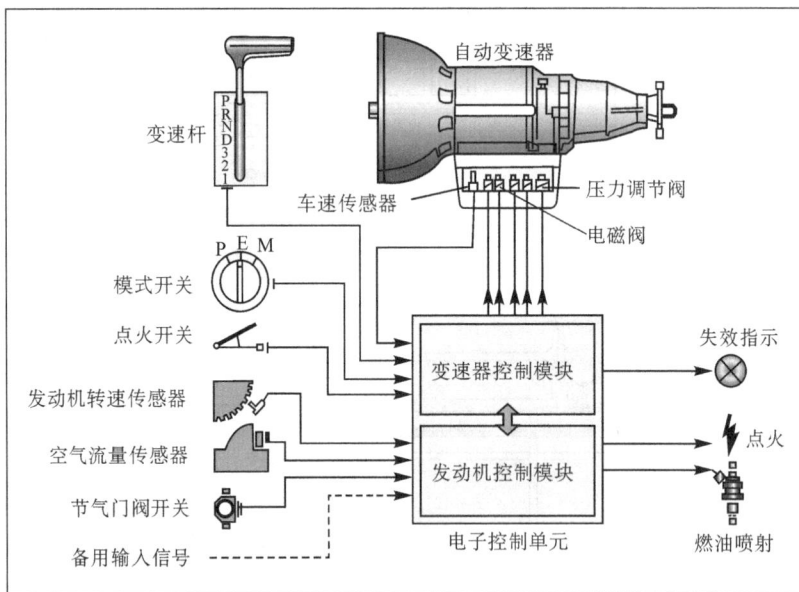

图7-1　自动变速器电子控制系统简图

二、电子控制装置的结构与工作原理

电子控制装置由各种传感器、控制开关、执行器及微处理器等组成。微处理器是整个控制系统的控制中心，它根据安装在发动机、自动变速器及汽车上的各种传感器，

测得发动机转速、车速、节气门开度以及自动变速器油温等运转参数，并通过分析运算，根据各个控制开关送来的操作指令和微处理器内设定的控制程序，向各个执行元件发出指令信号，以操纵阀板中各种控制阀的工作，从而最终实现对自动变速器的控制。

1. 传感器

（1）节气门位置传感器　汽车发动机的节气门是由驾驶人通过加速踏板来操纵的，以便根据不同的行驶条件控制发动机的运转。例如，上坡或加速时节气门开度要大，而下坡或等速行驶时节气门开度要小。电子控制自动变速器利用安装在发动机节气门体上的节气门位置传感器来测得节气门的开度，作为微处理器控制自动变速器档位变换的依据，从而使自动变速器的换档规律在任何行驶条件下都能满足汽车的实际使用要求。

装用自动变速器的汽车通常采用线性可变电阻型的节气门位置传感器，如图 7-2 所示。
这种节气门位置传感器由一个线性电位计和一个怠速开关组成。节气门轴带动线性电位计及怠速开关的滑动触点。节气门关闭时，怠速开关接通；节气门打开时，怠速开关断开。当节气门处于不同开度时，电位计的电阻也不同。这样，节气门开度的变化被转变为电阻或电压信号输送给微处理器。微处理器通过节气门位置传感器可以获得表示节气门由全闭到全开的所有开启角度的连续变化的模拟信号以及节气门开度的变化速率。

图 7-2　节气门位置传感器实物图

1）检测。检测方法如下：

① 拔去节气门位置传感器的线束插头。

② 用万用表在节气门位置传感器接线插座上测量怠速开关的导通情况（图 7-3）。当节气门全闭时，怠速开关应导通；当节气门开启时，怠速开关应关闭。否则，应调整或更换节气门位置传感器。

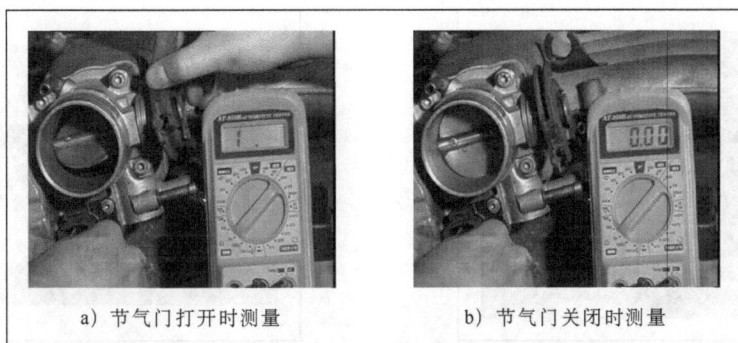

a）节气门打开时测量　　　　b）节气门关闭时测量

图 7-3　测量怠速开关

③ 用万用表测量节气门位置传感器中线性电位计的电阻（图 7-4），即测量 E_2 和 V_{TA} 之间的电阻。该电阻应能随节气门开度的增大而呈线性增大。

④ 将测量结果与表 7-1 进行比较。如有不符，应调整或更换节气门位置传感器。

表 7-1　雷克萨斯 LS400 轿车节气门位置传感器的检测标准

测　量　端	节气门开度或节气门摇臂与限位螺钉之间的间隙/mm	电阻/kΩ
$IDL—E_2$	≤0.40	0
	≥0.65	∞
$V_{TA}—E_2$	全闭	0.34~6.3
	全开	2.4~11.2
$V_C—E_2$	任意开度	3.1~7.2

2）调整。节气门位置传感器调整不当，会影响电控液力控制自动变速器的正常工作，甚至会使故障警告灯亮起，出现节气门位置传感器的故障码。调整方法如下：

① 拧松节气门位置传感器的两个固定螺钉。

② 将厚度为 0.50mm 的塞尺插入节气门摇臂和限位螺钉之间，同时用万用表测量怠速开关的导通情况。

③ 朝节气门闭合方向转动节气门位置传感器，使怠速开关触点断开，然后朝节气门开启方向慢慢地转动节气门位置传感器，直至怠速开关闭合为止。

④ 拧紧节气门位置传感器的两个固定螺钉。

⑤ 分别用 0.40mm 和 0.65mm 的塞尺插入节气门限位螺钉和节气门摇臂之间，同时测量怠速开关的导通情况。当塞尺为 0.40mm 时，怠速开关应导通；当塞尺为 0.65mm 时，怠速开关应断开。否则，应重新调整节气门位置传感器。

（2）车速传感器　车速传感器安装在自动变速器输出轴附近。它是一种电磁感应式转速传感器，用于检测自动变速器输出轴的转速。微处理器根据车速传感器的信号计算出车速，作为其换档控制的依据。

车速传感器（图 7-5）由永久磁铁和电磁感应线圈组成。

图 7-4　测量节气门电位计的电阻

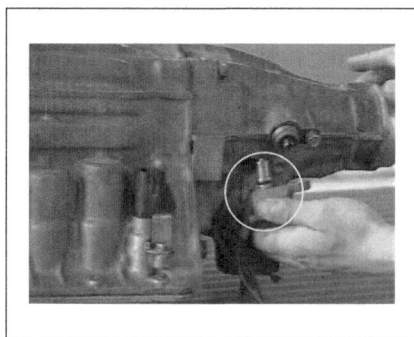

图 7-5　车速传感器实物图

车速传感器与输入轴转速传感器的结构和工作原理相同，其检修方法也是一样的，即通过各种测量方法判断其工作性能是否正常。

车速传感器感应线圈电阻的测量方法如下：

① 拔下车速传感器线束插头。

② 用万用表测量车速传感器两接线端之间的电阻。不同车型自动变速器的这种传感器感应线圈的电阻不完全相同，通常为几百欧到几千欧。如果感应线圈短路、断路或电阻值不符合标准，应更换传感器。

（3）输入轴转速传感器　输入轴转速传感器的结构、工作原理与车速传感器相同。它安装在行星齿轮变速器的输入轴或与输入轴连接的离合器鼓附近的壳体上，用于检测输入轴转速，并将信号送入微处理器，使微处理器更精确地控制换挡过程。此外，微处理器还将该信号和来自发动机控制系统的发动机转速信号进行比较，计算出变矩器的传动比，使油路压力控制过程和锁止离合器的控制过程得到进一步的优化，以改善换挡感觉，提高汽车的行驶性能。输入轴转速传感器实物图如图7-6所示。

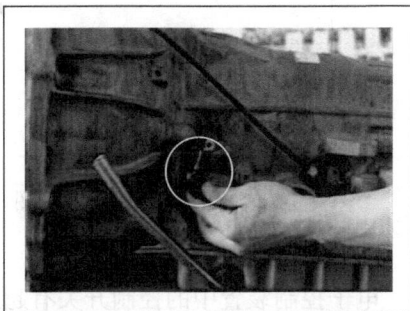

图7-6　输入轴转速传感器实物图

车速传感器或输入轴转速传感器的输出脉冲的测量方法如下：

① 测量车速传感器输出脉冲时，可用千斤顶将汽车一侧的驱动轮顶起，使变速杆位于空挡位置，用手转动悬空的驱动轮，同时用万用表测量车速传感器两接线柱之间有无脉冲感应电压。测量时，应将万用表选择开关转至1V以下的直流电压挡位置或电阻挡位置。若在转动车轮时万用表指针有摆动，说明传感器有输出脉冲，其工作正常；否则，应更换传感器。

② 测量输入轴转速传感器输出脉冲时，应将传感器拆下，用一根铁棒或一块磁铁迅速靠近或离开传感器，同时用万用表测量传感器两接线柱之间有无脉冲感应电压。如没有感应电压或感应电压很微弱，说明传感器有故障，应更换。

（4）液压油温度传感器　液压油温度传感器(图7-7)安装在自动变速器油底壳内的阀板上，用于检测自动变速器液压油的温度，以作为微处理器进行换挡控制、油压控制和锁止离合器控制的依据。

液压油温传感器内部是一个半导体热敏电阻，它具有负的温度电阻率。温度越高，电阻越低。微处理器根据其电阻的变化测出自动变速器液压油的温度。

液压油温度传感器的检修方法如下：

① 拆下液压油温度传感器。

② 将传感器置于盛有水的烧杯中，加热杯中的水，同时测量在不同温度下传感器两接线端之间的电阻(图7-8)。

③ 将测量的电阻值与标准值(表7-2)相比较。如果不符合标准，应更换传感器。

（5）冷却液温度传感器　冷却液温度传感器和液压油温度传感器的内部都是一个半导体热敏电阻，其检修方法相同。其电阻标准值见表7-2。

表7-2　丰田汽车冷却液温度传感器和液压油温度传感器的检测标准值

温度/℃	电阻/kΩ	温度/℃	电阻/kΩ
0	4~7	60	0.5~0.8
20	2~3	80	0.2~0.4
40	0.9~1.5		

图 7-7　液压油温传感器实物图

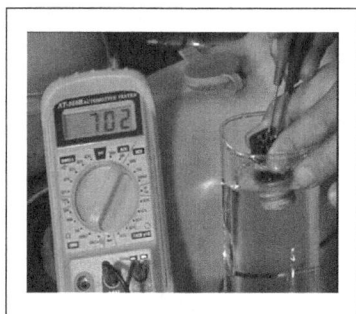

图 7-8　液压油冷却液温度传感器的检测

2. 控制开关

电子控制装置中的控制开关有超速档开关、模式开关以及档位开关等。超速档开关与模式开关在前面使用中已有介绍，这里不再讲述。

档位开关位于自动变速器手动阀摇臂轴上或变速杆下方，用于检测变速杆的位置。它由几个触点组成。当变速杆位于不同位置时，相应的触点被接通。微处理器根据被接通的触点，测得变速杆的位置，从而按照不同的程序控制自动变速器的工作。

（1）档位开关的检测。

① 用举升器将汽车升起。

② 拆下连接在自动变速器手动阀摇臂和变速杆之间的连杆。

③ 拔下档位开关的线束插头。

④ 将手动阀摇臂拨至各个档位，同时用万用表测量档位开关线束插座内各插孔之间的导通情况。

⑤ 将测量结果与标准(表 7-3)进行比较。如有不符，应重新调整档位开关。

表 7-3　雷克萨斯 LS400 轿车档位开关检测标准

测量端	手动阀摇臂位置						测量端	手动阀摇臂位置					
	P	R	N	D	Z	L		P	R	N	D	Z	L
2—3	○	×	○	×	×	×	6—9	×	×	○	×	×	×
1—9	○	×	×	×	×	×	7—9	×	×	×	×	○	×
4—9	×	○	×	×	×	×	8—9	×	×	×	×	×	○
5—9	×	×	×	○	×	×							

注：○——导通；×——不导通。

（2）档位开关的调整　档位开关的调整方法在本书后面的内容中有叙述。

（3）档位开关的更换

① 拆下手动阀摇臂和变速杆之间的连杆。

② 拧松手动阀摇臂轴上的锁紧螺母，拆下手动阀摇臂。

③ 拧下档位开关固定螺栓，拆下档位开关。

④ 按拆卸相反的顺序安装新的档位开关。

⑤ 按规定的程序重新调整档位开关。

3. 执行器

电子控制装置中的执行器是各种电磁阀。常见的有开关式电磁阀和脉冲线性式电磁阀两种。

（1）开关式电磁阀　开关式电磁阀的作用是开启或关闭液压油路，通常用于控制换档阀及变矩器锁止控制阀的工作。

开关式电磁阀由电磁线圈、衔铁、回位弹簧以及阀芯或阀球等组成，有两种工作方式：一种是使油路保持油压或泄空。当电磁线圈不通电时，阀芯被油压推开，打开泄油孔，该油路的液压油经电磁阀泄空，油路压力为 0；当电磁线圈通电时，电磁力使阀芯下移，关闭泄油孔，使油路压力上升。另一种是开启或关闭油路，即当电磁线圈不通电时，油压将阀芯推开，阀球在油压作用下关闭泄油孔，打开进油孔，使主油路压力油进入控制油道；当电磁线圈通电时，电磁力使阀芯下移，推动阀球关闭进油孔，打开泄油孔，控制油道内的压力油由泄油孔排出。

电控液力控制自动变速器的换档电磁阀等开关式电磁阀的检修可采用下列方法：

1）开关式电磁阀的就车检查

① 用举升器将汽车升起。

② 拆下自动变速器的油底壳。

③ 拔下电磁阀的线束插头。

④ 用万用表测量电磁阀线圈的电阻（图 7-9a）。自动变速器的开关式电磁阀线圈的电阻一般为 $10\sim30\Omega$。若电磁阀线圈短路、断路或电阻值不符合标准，应更换。

⑤ 将 12V 电源施加在电磁阀线圈上（图 7-9b），此时应能听到电磁阀工作的"咔嗒"声；否则，说明阀芯卡住，应更换电磁阀。

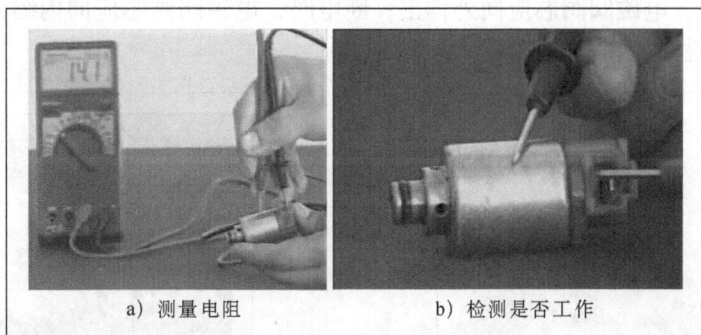

a）测量电阻　　　　　b）检测是否工作

图 7-9　开关式电磁阀的检测

2）开关式电磁阀的性能检验

① 拆下电磁阀。

② 将压缩空气吹入电磁阀进油口。

③ 当电磁阀线圈不接电源时，进油孔和泄油孔之间应不通气；否则，说明电磁阀损坏，应更换。

④ 接上电源后，进油孔和泄油孔之间应相通；否则，说明电磁阀损坏，应更换。

（2）脉冲线性式电磁阀　脉冲线性式电磁阀的结构与开关式电磁阀相似，也是由电磁

线圈、衔铁以及阀芯或滑阀等组成。它通常用来控制油路中的油压。当电磁线圈通电时，电磁力使阀芯或滑阀开启，液压油经泄油孔排出，油路压力随之下降；当电磁线圈断电时，阀芯或滑阀在弹簧弹力的作用下将泄油孔关闭，使油路压力上升。脉冲线性式电磁阀和开关式电磁阀的不同之处在于控制它工作的电信号不是恒定不变的电压信号，而是一个固定频率的脉冲电信号。电磁阀在脉冲电信号的作用下不断反复地开启和关闭泄油孔，微处理器通过改变每个脉冲周期内电流接通和断开的时间比率(称为占空比，变化范围为0~100%)，来改变电磁阀开启和关闭的时间比率，从而控制油路的压力。占空比越大，经电磁阀泄出的液压油越多，油路压力就越低；反之，占空比越小，油路压力就越大。

脉冲线性式电磁阀一般安装在主油路或减振器背压油路上。

电控液力控制自动变速器中的油压电磁阀等脉冲线性式电磁阀可采用下列方法检修：

1) 脉冲线性式电磁阀的就车检查

① 用举升器将汽车升起。

② 拆下自动变速器的油底壳。

③ 拔下电磁阀的线束插头。

④ 用万用表测量电磁阀线圈电阻值，如图7-10所示。脉冲线性式电磁阀的线圈电阻值较小，一般为2~6Ω。若电磁阀线圈短路、断路或电阻值不符合标准，应更换电磁阀。

2) 脉冲线性式电磁阀的性能检验

① 拆下脉冲线性式电磁阀。

② 将蓄电池电源串联一个8~10W的灯泡，然后与电磁阀线圈连接(脉冲线性式电磁阀线圈电阻较小，不可直接与12V电源连接，否则会烧毁电磁阀线圈)。

③ 在通电时，电磁阀阀芯应向外伸出；断电时，电磁阀阀芯应向内缩入(图7-11)。如有异常，说明电磁阀损坏，应更换。

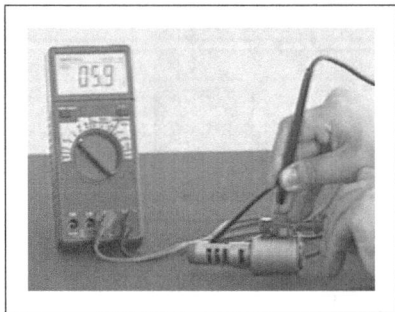

图7-10　脉冲线性式电磁阀的检测

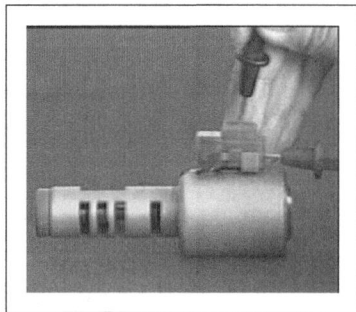

图7-11　脉冲线性式电磁阀的性能检测

脉冲线性式电磁阀的另一种检验方法是采用可调电源。检验方法：将可调电源与电磁阀线圈连接。调整电源的电压，同时观察阀芯的移动情况。当电压逐渐升高时，阀芯应随之向外移动；当电压逐渐减小时，阀芯应随之向内移动。否则，说明电磁阀损坏，应更换。在检验中应注意保持电源的电流不超过1A。

第二节　电子控制原理

一、控制功能

（1）换档控制　控制自动变速器的换档时刻，也就是在汽车达到某一车速时，使自动变速器升档或降档。它是自动变速器微处理器最基本的控制内容。

汽车的最佳换档车速主要取决于汽车行驶时的节气门开度。

4档自动变速器控制系统中的换档电磁阀通常有两个或三个。大部分日本轿车，如丰田、马自达轿车的自动变速器，采用两个换档电磁阀；有一部分欧美轿车，如奥迪、福特轿车等的自动变速器采用三个电磁阀。控制系统通过这些换档电磁阀开启或关闭（通电或断电）的不同组合来组成不同的档位。

（2）油路压力控制　电控液力控制系统中的主油路油压也是由主油路调压阀来调节的。目前一些新型电控液力控制自动变速器的电液式控制系统则完全取消了由节气门拉索控制的节气门阀，它们的节气门油压由一个油压电磁阀来产生。

除了正常的主油路油压控制之外，微处理器还可以根据各个传感器测得的自动变速器的工作条件，在一些特殊情况下，对主油路油压做适当的修正，使油路压力控制获得最佳的效果。

（3）自动模式选择控制　微处理器在进行自动模式选择控制时，主要参考变速杆的位置及加速踏板被踩下的速率，来判断驾驶人的操作目的，自动选择控制模式。

1）当变速杆位于前进低档（S位、L位或2位、1位）时，微处理器只选择动力模式。

2）在前进档（D位）中，当加速踏板被踩下的速率较低时，微处理器选择经济模式。

3）在前进档（D位）中，微处理器选择动力模式之后，一旦节气门开度低于1/8，微处理器即由动力模式转换为经济模式。

微处理器按照设定的控制程序，通过一个电磁阀（称为锁止电磁阀）来控制锁止离合器的接合或分离。微处理器根据自动变速器的档位、控制模式等工作条件从存储器内选择出相应的锁止控制程序，再将车速、节气门开度与锁止控制程序进行比较，当车速足够高，且其他各种因素均满足锁止条件时，微处理器即向锁止电磁阀输出电信号，使锁止离合器接合，实现变矩器的锁止。

在下述一些特殊工况下禁止锁止离合器接合，以保证汽车的行驶性能。这些禁止锁止的条件包括：液压油温度低于60℃；车速低于140km/h，且怠速开关接通。

（4）发动机制动控制　目前一些新型电控液力控制自动变速器中，强制离合器或强制制动器的2档强制制动器的工作也是由微处理器通过电磁阀来控制的。微处理器按照设定的发动机制动控制程序，在变速杆位置、车速以及节气门开度等因素满足一定条件时，向强制离合器电磁阀或强制制动器电磁阀发出电信号，打开强制离合器或强制制动器的控制油路，使之接合或制动，使自动变速器具有反向传递动力的能力，在汽车滑行时可以实现发动机制动。

（5）改善换档感觉的控制

1）换档油压控制。在升档或降档的瞬间，微处理器通过油路压力电磁阀适当降低主油路油压，以减小换档冲击，改善换档感觉。

2）减转矩控制。在换档的瞬间，通过延迟发动机的点火时间或减少喷油量，暂时减小

发动机的输出转矩，以减小换档冲击和输出轴的转矩波动。

3）N—D换档控制。这种控制是在变速杆由驻车档（P位）或空档（N位）换至前进档（D位）或倒档（R位）时，或相反地由D位或R位换至P位或N位时，通过调整发动机的喷油量，将发动机的转速变化减至最小程度，以改善换档感觉。

（6）使用输入轴转速传感器的控制　目前一些新型电控液力控制自动变速器设有输入轴转速传感器（其位置如图7-12所示），微处理器通过这一传感器可以检测出自动变速器输入轴的转速，并由此计算出变矩器的传动比（即泵轮和涡轮的转速之比），以及发动机曲轴和自动变速器输入轴的转速差，从而使微处理器更精确地控制自动变速器的工作。

（7）故障自诊断和失效保护功能　微处理器根据各个传感器测得的有关信号，按预先设定的控制程序，通过向各个执行器发出相应的控制信号来控制自动变速器的工作。如果电子控制装置中的某个传感器出现故障，不能向微处理器输送信号，或某个执行器损坏，不能完成微处理器的控制指令，就会影响微处理器对自动变速器的控制，使自动变速器不能正常工作。

目前许多新型电控液力控制自动变速器的电子控制装置都具有故障自诊断和失效保护功能。

1）在汽车行驶时，仪表板上的自动变速器故障警告灯亮起，大部分汽车是以"O/D OFF"超速档指示灯作为自动变速器故障警告灯的，如图7-13所示。

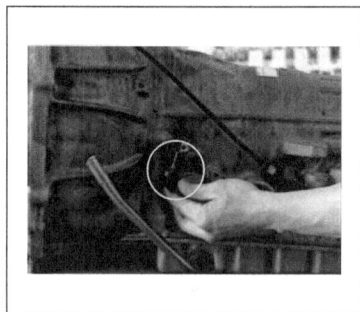

图7-12　输入轴转速传感器的位置

图7-13　仪表上的"O/D OFF"指示灯

2）将检测到的故障内容以故障码的形式储存在微处理器的存储器内。只要不拆除汽车蓄电池，被测到的故障码就会一直保存在微处理器内。

3）微处理器按设定的失效保护程序控制自动变速器的工作，保持汽车的基本行驶能力。

① 传感器出现故障后，微处理器主要有以下相应的失效保护功能：

节气门位置传感器出现故障时，微处理器根据怠速开关的状态进行控制：当怠速开关断开时（加速踏板被踩下），按节气门开度为1/2进行控制，同时节气门油压为最大值；当怠速开关接通时（加速踏板完全放松），按节气门处于全闭状态进行控制，同时节气门油压为最小值。

车速传感器出现故障时，微处理器不能进行自动换档控制，此时自动变速器的档位由变速杆的位置决定：在D位和S位（或2位）固定为超速档或3档，在L位（或1位）固定为2档或1档；或不论变速杆为任何前进档，都固定为1档，以保持汽车最基本的行驶能力。许多车型的自动变速器有两个车速传感器，其中一个用于自动变速器的换档控制，另一个为仪

表板上车速表的传感器。这两个传感器都与微处理器连接。当用于换档控制的车速传感器损坏时，微处理器可利用车速表传感器的信号来控制换档。

输入轴转速传感器出现故障时，微处理器停止减转矩控制，换档冲击有所增大。

液压油温度传感器出现故障时，微处理器按液压油温度为80℃进行控制。

② 执行器出现故障后，微处理器主要有以下相应的失效保护功能：

换档电磁阀出现故障时，不同的微处理器有两种不同的失效保护功能。一种是不论有几个换档电磁阀出现故障，微处理器都将停止所有换档电磁阀的工作，此时自动变速器的档位将完全由变速杆的位置决定：在D位和S位(或2位)时被固定为3档，在L位(或1位)时被固定为2档。另一种是几个换档电磁阀中有一个出现故障时，微处理器控制其他无故障的电磁阀工作，以保证自动变速器仍能自动升档或降档，但会失去某些档位，而且升档或降档规律有所变化，如可能直接由1档升至3档或超速档。

强制离合器或强制制动器电磁阀出现故障时，微处理器停止电磁阀的工作，使强制离合器或强制制动器始终处于接合状态，这样汽车减速时总有发动机制动作用。

锁止电磁阀出现故障时，微处理器停止锁止离合器控制，使锁止离合器始终处于分离状态。

油压电磁阀出现故障时，微处理器停止锁止离合器控制，使油路压力保持为最大。

目前新型自动变速器中电液式控制系统的阀板除了换档阀和变矩器锁止控制阀的工作由微处理器通过电磁阀来控制之外，还取消了由节气门拉索操纵的节气门阀，而使用由微处理器控制的油压电磁阀来产生节气门油压。

目前许多新型电子控制自动变速器的锁止电磁阀采用脉冲线性式电磁阀，使微处理器可以利用脉冲电信号占空比的大小来调节锁止电磁阀的开度，以控制作用在锁止离合器控制阀右端的油压和锁止离合器控制阀向左移动时所打开的排油孔开度，并由此控制锁止离合器活塞右侧油压的大小。这样，微处理器在控制锁止离合器接合时，可以通过电磁阀来调节其接合力和接合速度，使接合力逐渐增大，接合过程更加柔和。

二、电控液力控制自动变速器故障自诊断

电控液力控制自动变速器的微处理器内部有一个故障自诊断电路，它能在汽车行驶过程中不断监测自动变速器控制系统各部分的工作情况，并能检测出控制系统中大部分故障，将故障以故障码的形式记录在微处理器内。维修人员可以按照特定的方法将故障码从微处理器内读出，为自动变速器控制系统的检修提供依据。

读出故障码的方法有两种：一种是利用检测仪，另一种是用人工的方法。

1. 汽车微处理器检测仪的使用

为了方便汽车维修人员对汽车各部分的电子控制系统进行维修，许多汽车制造厂家为自己生产的带有微处理器的汽车设计了专用的微处理器检测仪(图7-14)。在这些汽车的控制电路上有一个专用的微处理器故障检测插座。它通常位于发动机附近或驾驶室仪表板下方(图7-15)，通过线路与汽车各部分的微处理器(如发动机微处理器、自动变

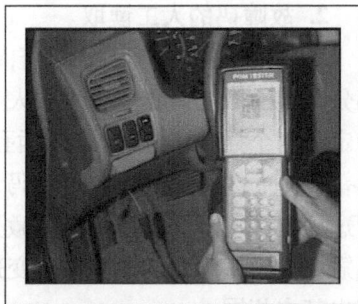

图7-14　微处理器检测仪

速器微处理器以及制动防抱死装置微处理器等)连接。只要把汽车制造厂提供的该车型的微处理器检测仪与汽车上的微处理器故障检测插座连接，然后打开点火开关，就可以很方便地对汽车的发动机、自动变速器及其他部分的微处理器和控制系统进行检测。这种微处理器检测仪只能用于指定的车型，不适用于其他厂家的车型。

通过专用或通用的汽车微处理器检测仪和汽车微处理器解码器，可以对电控液力控制自动变速器的控制系统进行以下几种检测：

(1) 读取故障码　汽车微处理器检测仪和汽车微处理器解码器都可以很方便地读出储存在汽车自动变速器微处理器内的故障码，并显示出故障码的含义，为检修自动变速器的控制系统提供可靠的依据，如图7-16所示。

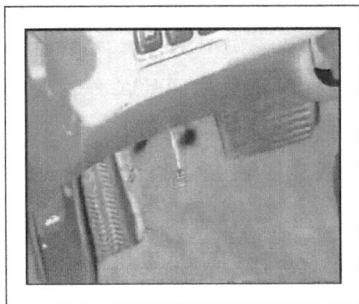

图7-15　诊断插座位置图

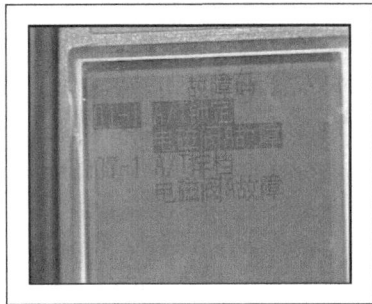

图7-16　诊断故障码的显示

(2) 进行数据传送　许多车型的微处理器在运行中会将各种输入、输出信号的瞬时数值(如各传感器的信号、微处理器的计算结果、控制模式、微处理器向各执行器发出的控制信号等)，以串行输送的方式，经故障检测插座内的某个插孔向外传送。微处理器检测仪可以将这些数值以数据表的方式在检测仪的屏幕上显示出来，使整个控制系统的工作一目了然。检修人员可以根据自动变速器工作过程中控制系统各种数据的变化情况来判断控制系统的工作是否正常，或将微处理器的指令与自动变速器的实际反应进行比较，以准确地分辨故障出在控制系统还是自动变速器其他部分。

(3) 清除微处理器内储存的故障码　汽车微处理器的故障自诊断电路所检测出的故障将一直以故障码的方式记录在微处理器内，直至汽车蓄电池电缆被拆除为止。微处理器检测仪可以通过向汽车微处理器发出指令的方法来清除汽车微处理器内储存的故障码，以免除拆卸蓄电池电缆。

2. 故障码的人工读取

不同车型的电控液力控制自动变速器微处理器故障码的人工读取方法各不相同。目前大部分车型的微处理器故障码的人工读取方法是，用一根导线将汽车微处理器故障检测插座内特定的两个插孔(故障自诊断插孔和接地插孔)短接，然后通过观察仪表板上自动变速器故障警告灯的闪亮规律读取故障码，日本丰田轿车、美国通用轿车以及美国福特轿车等都是采用这种方法。不同车型的汽车微处理器故障检测插座形状及插孔分布各不相同。下面以丰田皇冠3.0轿车为例，说明自动变速器微处理器故障码的读取方法。对于其他车型来说，其方法也基本相同。

在读取故障码之前，应先检查汽车蓄电池电压是否正常，以防止蓄电池电压过低而导致

微处理器故障自诊断电路工作不正常。然后按下列操作方法读取故障码：

1）打开点火开关，将它置于 ON 位置，但不要起动发动机。

2）按下超速档开关，使之置于 ON 位置(图7-17)。丰田轿车是以仪表板上的"O/D OFF"超速档指示灯作为电控液力控制自动变速器控制系统的故障警告灯的。若超速档开关置于 ON 位置时，打开点火开关或汽车行驶中"O/D OFF"指示灯不停地闪烁，说明自动变速器的控制系统有故障。在读取故障码时，不要将超速档开关置于 OFF 位置，否则"O/D OFF"指示灯将一直亮着，无法读取故障码。

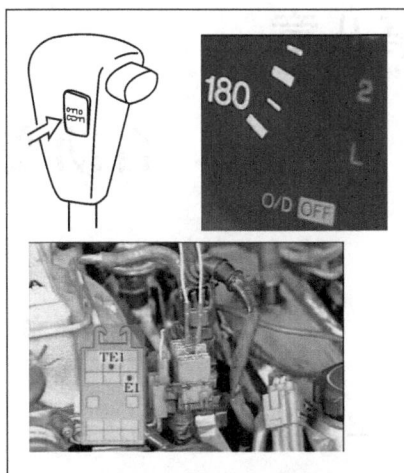

3）打开位于发动机附近的汽车微处理器故障检测插座罩盖，依照罩盖内所注明的各插孔的名称，用一根导线将 TE1（故障自诊断触发端）和 E1（接地）两插孔相连接，如图 7-17 所示。

4）根据自动变速器故障警告灯的闪亮规律读取故障码。

图 7-17　按下超速档开关

若自动变速器控制系统工作正常，微处理器内没有故障码，则故障警告灯以 2Hz 的频率连续闪亮。

若自动变速器微处理器内存在故障码，则故障警告灯以 1Hz 的频率闪亮，并将两位数的故障码的十位数和个位数先后用故障警告灯的闪亮次数表示出来。例如，当故障码为 23 时，故障警告灯先以 1Hz 的频率闪亮两次，表示故障码的十位数为 2；然后停顿 1.5s，再以 1Hz 的频率闪亮三次，表示故障码的个位数为 3。

当微处理器内存储有几个故障码时，微处理器按故障码的大小，依次将所有储存的故障码显示出来，相邻两个故障码之间的停顿时间为 2.5s。当所有的故障码全部显示完后，停顿 4.5s，再重新开始显示。如此反复，直到从故障检测插座上拔下连接导线为止。

有些车型的自动变速器故障警告灯以不同频率的闪亮次数来表示故障码的不同位数，如以较慢频率的闪亮次数显示故障码的十位数，以较快频率的闪亮次数显示故障码的个位数。

有一些车型自动变速器故障码为三位数，其读取方法也基本相同。

5）读取所有的故障码后，从检测插座上拔下连接导线，关闭点火开关。

第八章

自动变速器的维修检验

第一节　一般性检查与调整

一、发动机怠速的检查

发动机怠速不正常，特别是怠速过高，会使自动变速器工作不正常，出现换档冲击等故障。因此在对自动变速器做进一步的检查之前应先检查发动机的怠速是否正常。检查怠速时应将自动变速器变速杆置于驻车档（P 位）或空档（N 位）。通常装有自动变速器的汽车发动机怠速为 750r/min。如怠速过高或过低均应予以调整。

二、液压油品质和油面高度的检查

液压油品质和油面高度是自动变速器最基本的检查项目。

液压油品质的检查方法：将油尺上的液压油滴在干净的白纸上，检查液压油的颜色及气味。正常液压油的颜色一般为粉红色，且无异味。如油液呈棕色或有焦味，说明已变质，则应立即换油。

自动变速器分解、修复并装上汽车后，应先加入 3~4L 的液压油，然后才能起动发动机，按规定步骤检查液压油的油面高度，并继续向自动变速器内加入规定数量的液压油。

各种型号自动变速器的加油量都有明确的规定。原则上加油量的标准是，在液力变矩器及换档执行元件的液压缸都充满之后，留在油底壳里的油面高度在行星排等旋转零件的最低位置之下，以免在运行中液压油被剧烈地搅动而产生泡沫，但必须高于阀板总成与变速器壳体的安装接合面，以免在工作中渗入空气，影响各个控制阀的正常工作。

自动变速器油面高度的检查方法：

1）将汽车停放在水平地面上，并拉紧驻车制动，如图 8-1a 所示。

2）使发动机怠速运转。

3）踩住制动踏板，将变速杆拨至倒档（R 位）、前进档（D 位）、前进低档（S 位、L 位或 2 位、1 位）等位置，并在每个档位上停留几秒

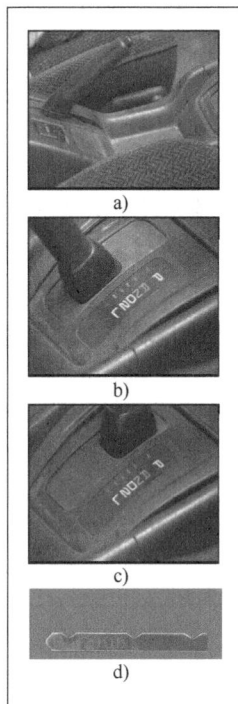

a)

b)

c)

d)

图 8-1　检查方法

钟，使液力变矩器和所有换档执行元件中都充满液压油。最后将变速杆拨至驻车档(P 位)位置，如图 8-1b、c 所示。

4) 从加油管内拔出自动变速器油尺，将擦干净的油尺全部插入加油管后再拔出，检查油尺上的油面高度，如图 8-1d 所示。

液压油油面高度的标准：如果自动变速器处于冷态(即冷车刚刚起动，液压油的温度较低，为室温或低于 25℃)，油面高度应在油尺刻线的下限附近；如果自动变速器处于热态(如低速行驶 5min 以上，液压油温度已达 70~80℃)，油面高度应在油尺刻线的上限附近。这是因为低温时液压油的黏度大，运转时有较多的液压油附着在行星轮等零件上，所以油面较低；高温时液压油黏度小，容易流回油底壳，因此油面较高。

若油面高度过低，应继续向加油管内加入液压油，直至油面高度符合标准为止。

继续运转发动机，检查自动变速器油底壳油管接头等处有无漏油。如有漏油，应立即予以修复。

进口轿车自动变速器通常使用 DEXRON-Ⅱ 或 M-Ⅲ 型液压油。这两种液压油稳定性好，使用寿命长。注意切不可用齿轮油或机油代替液压油，否则会造成自动变速器的严重损坏。

在自动变速器调整、加注液压油，并经试车之后，应重新检查自动变速器液压油的油面高度是否正常，油底壳、油管接头等处有无漏油。

三、自动变速器液压油的更换

一般进口轿车自动变速器每正常行驶 10 万~20 万 km，必须换油一次。此外，自动变速器每行驶 2 万 km 或六个月后应检查一次液压油的油面高度和液压油的品质。通过检查液压油可以判断自动变速器的工作是否正常。

自动变速器的换油方法如下：

1) 行驶车辆，使自动变速器达到正常工作温度(油温 70~80℃)后停车熄火。

2) 拆下自动变速器油底壳上的放油螺塞，将油底壳内的液压油放净。有些车型的自动变速器油底壳上没有放油螺塞，应拆下整个油底壳，然后放油。拆油底壳时应先将后半部油底壳螺钉拆下，拧松前半部油底壳螺钉，再将后半部油底壳撬离变速器壳体，放出部分液压油，最后再将整个油底壳拆下。

3) 拆下油底壳，将油底壳清洗干净。有些自动变速器的油底壳用的是磁性放油螺塞，也有些自动变速器在油底壳内专门放置一块磁铁，以吸附铁屑。清洗时必须注意将螺塞或磁铁上的铁屑清洗干净后放回。

4) 拆下自动变速器液压油散热器油管接头，用压缩空气将散热器内的残余液压油吹出后再装好油管接头。

5) 装好油底壳和放油螺塞。

6) 从自动变速器加油管中加入规定牌号的液压油。一般自动变速器油底壳内的储油量为 4L 左右。

7) 起动发动机，检查自动变速器油面高度。要注意由于新加入的油液温度较低，油面高度应在油尺刻线的下限附近。如油面太低，应继续加油至规定油面高度。

8) 使汽车行驶至发动机和自动变速器达到正常工作温度，再次检查油面高度是否在油尺刻线的上限附近。如过低，应继续加油，直至满足规定要求为止。

9）如果不慎将液压油加入过多，使油面高于规定的高度，切不可凑合使用。因为当油面过高时，行驶中油液被行星排剧烈地搅动，产生大量的泡沫。这些带有泡沫的液压油进入油泵和控制系统后，对自动变速器的工作是极为不利的，会造成油压过低，导致自动变速器内的摩擦元件打滑磨损。因此油面过高时，应把油放掉一些。有放油螺塞的自动变速器只要把螺塞打开即可放油；没有放油螺塞的自动变速器在进行少量放油时，可从加油管往外吸。

一般自动变速器的总油量为10L左右，按上述方法换油时，变矩器内的液压油是无法放出的。若液压油严重变质，必须全部更换时，可先按上述方法换油，然后将汽车行驶约5min后再次换油。

四、节气门拉索和变速杆位置的调整

1. 节气门拉索的调整

节气门拉索安装或调整不当也会影响自动变速器的正常工作，因此在对自动变速器做进一步的检查之前，应先检查节气门拉索的位置。如果有异常，应予以调整。装用自动变速器的汽车不论是拆卸自动变速器或发动机进行修理后，在装复自动变速器的节气门拉索时（如果有的话），应按规定要求进行调整。若节气门拉索调整不当，对于液力控制自动变速器来说，会导致换档时刻不正常，造成过早换档或过迟换档，使汽车加速性变差或产生换档冲击；对于电控液力控制自动变速器来说，会导致主油路压力异常，造成油压过低或过高，使换档执行元件打滑或产生换档冲击。

节气门拉索的调整方法如下：

1）踩下加速踏板，使节气门全开，如图8-2a所示。

2）检查固定在节气门体支架上的节气门拉索端头的橡胶防尘套和拉索上的限位块之间的距离。其标准距离为0~1mm。如距离不符合标准，可松开拉索固定螺母进行调整，如图8-2b所示。

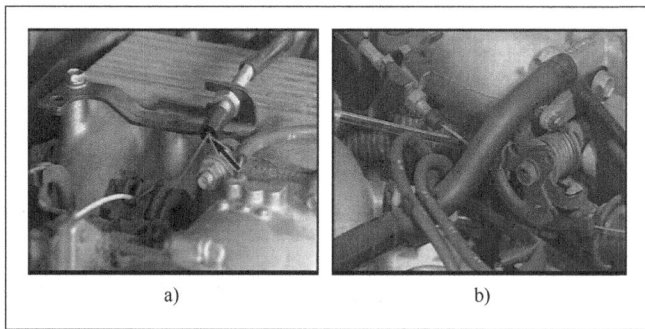

图8-2 节气门拉索的调整方法

2. 变速杆及档位开关的调整

变速杆及档位开关调整不当，会使变速杆的位置与自动变速器阀板中手动阀的实际位置不符，造成挂不进停车档或前进低速档，或变速杆的位置与仪表板上档位指示灯的显示不符，甚至造成在空档或停车档时无法起动发动机。

变速杆及档位开关的调整方法如下：

1）拆下变速杆与自动变速器手动阀摇臂之间的连杆。

2）将变速杆拨至空档位置。

3）将手动阀摇臂拨至空档位置。其方法是，先将手动阀摇臂向后拨至极限位置（停车档位置），然后再退回两格。

4）稍稍用力将变速杆靠向 R 位方向，然后连接并固定变速杆与手动阀摇臂之间的连杆。

5）将变速杆拨至各个档位，检查档位指示灯与变速杆位置是否一致、P 位和 N 位时发动机能否起动、R 位时倒档灯是否亮起。如有不符，应松开档位开关的固定螺钉，转动档位开关进行调整。有些自动变速器的档位开关外壳上刻有一条基准线，调整时应将基准线和手动阀摇臂轴上的槽口对齐。也有一些自动变速器的档位开关上有一个定位孔，调整时应使摇臂上的定位孔和档位开关上的定位孔对准。

自动变速器调整完毕，并加注好液压油后，应进行台架试验和道路试验，检查自动变速器的工作情况。

第二节　道路试验

自动变速器的道路试验内容主要有检查换档车速、换档质量以及检查换档执行元件有无打滑。在道路试验之前，应先使汽车以中低速行驶 5~10min，使发动机和自动变速器都达到正常工作温度。在试验中，如无特殊需要，通常应将超速档开关置于 ON 位置（即超速档指示灯熄灭），并将模式开关置于普通模式或经济模式位置。道路试验的方法如下。

一、升档检查

将变速杆拨至前进档（D 位），踩下加速踏板，使节气门保持在 1/2 开度左右，使汽车起步加速，检查自动变速器的升档情况。自动变速器在升档时发动机会有瞬时的转速下降，同时车身有轻微的闯动感。正常情况下，汽车起步后随着车速的升高，试车者应能感觉到自动变速器能顺利地由 1 档升入 2 档，随后再由 2 档升入 3 档，最后升入超速档。若自动变速器不能升入高速档（3 档或超速档），说明控制系统或换档执行元件有故障。

二、升档车速的检查

将变速杆拨至前进档（D 位），踩下加速踏板，并使节气门保持在某一固定开度，使汽车起步并加速。当察觉到自动变速器升档时，记下升档车速。一般 4 档自动变速器在节气门开度保持在 1/2 时由 1 档升至 2 档的升档车速为 25~35km/h，由 2 档升至 3 档的升档车速为 55~70km/h，由 3 档升至 4 档（超速档）的升档车速为 90~120km/h。由于升档车速和节气门开度有很大的关系，即节气门开度不同时，升档车速也不同，而且不同车型的自动变速器各档位传动比的大小都不相同，其升档车速也不完全一样，因此只要升档车速基本保持在上述范围内，而且汽车行驶中加速良好，无明显的换档冲击，都可认为其升档车速基本正常。若汽车行驶中加速无力，升档车速明显低于上述范围，说明升档车速过低（即过早升档）；若汽车行驶中有明显的换档冲击，升档车速明显高于上述范围，说明升档车速过高（即太迟升档）。

大部分《自动变速器维修手册》中都有自动变速器升档(或降档)车速标准表，但表中通常只列出了节气门全开或全关时的升档(或降档)车速。然而，在道路试验中，使汽车以节气门全开行驶往往因道路条件的限制而无法实施，而且以节气门全开行驶也容易加剧自动变速器内摩擦元件的磨损，一般不宜采用。因此表中的数据只能作为参考。有些《自动变速器维修手册》中给出了自动变速器的换档图，从这种换档图中可以得出不同节气门开度下自动变速器的升档车速。这可作为判断换档车速是否正确的标准。图 8-3 所示为丰田 A43D 和 A13DE 两种自动变速器的换档图。图中实线为升档曲线，虚线为降档曲线，通常液力控制自动变速器的升档车速和节气门开度的变化关系图呈曲线状(图 8-3a)，而电控液力控制自动变速器的升档车速和节气门开度的变化关系图呈阶梯状折线(图 8-3b)。

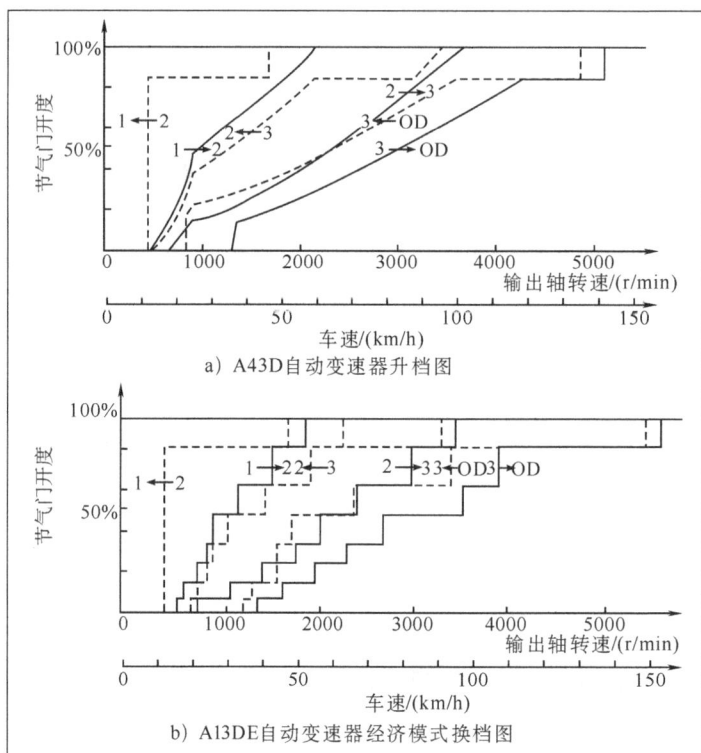

a) A43D 自动变速器升档图

b) A13DE 自动变速器经济模式换档图

图 8-3　A43D 和 A13DE 两种自动变速器的换档图

由于降档时刻在行驶中不易察觉，在道路试验中一般无法检查自动变速器的降档车速，只能通过检查升档车速来判断自动变速器有无故障。如有必要，还可检查在其他模式下或变速杆位于前进低速档位置时的换档车速，并与标准值进行比较，作为判断故障的参考依据。

升档车速太低一般是控制系统的故障所致；换档车速太高则可能是控制系统的故障所致，也可能是换档执行元件的故障所致。

三、升档时发动机转速的检查

对于有发动机转速表的汽车，在进行自动变速器道路试验时，应注意观察汽车行驶中

发动机转速变化的情况。它是判断自动变速器工作是否正常的重要依据之一。在正常情况下，若自动变速器处于经济模式或普通模式，节气门保持在低于1/2开度范围内，则在汽车由起步加速直至升入高速档的整个行驶过程中，发动机转速都将低于3000r/min。通常在加速至即将升档时发动机转速可达到2500~3000r/min，在刚刚升档后的短时间内发动机转速将下降至2000r/min左右。如果在整个行驶过程中发动机转速始终过低，加速至升档时仍低于2000r/min，说明升档时间过早或发动机动力不足；如果在行驶过程中发动机转速始终偏高，升档前后的转速在2500~3500r/min之间，而且换档冲击明显，说明升档时间过迟；如果在行驶过程中发动机转速过高，经常高于3000r/min，在加速时达到4000~5000r/min，甚至更高，则说明自动变速器的换档执行元件（离合器或制动器）打滑，应拆修自动变速器。

四、换档质量的检查

换档质量的检查内容主要是检查有无换档冲击。正常的自动变速器只能有不太明显的换档冲击，特别是电控液力控制自动变速器的换档冲击应十分微弱。若换档冲击太大，说明自动变速器的控制系统或换档执行元件有故障，其原因可能是油路油压过高或换档执行元件打滑，应做进一步的检查。

五、锁止离合器工作状况的检查

自动变速器变矩器中的锁止离合器工作是否正常也可以采用道路试验的方法进行检查。试验中，使汽车加速至超速档，以高于80km/h的车速行驶，并使节气门开度保持在低于1/2的位置，使变矩器进入锁止状态。此时，快速将加速踏板踩下至2/3开度，同时检查发动机转速的变化情况。若发动机转速没有太大变化，说明锁止离合器处于接合状态；反之，若发动机转速升高很多，则表明锁止离合器没有接合（图8-4），其原因通常是锁止控制系统有故障。

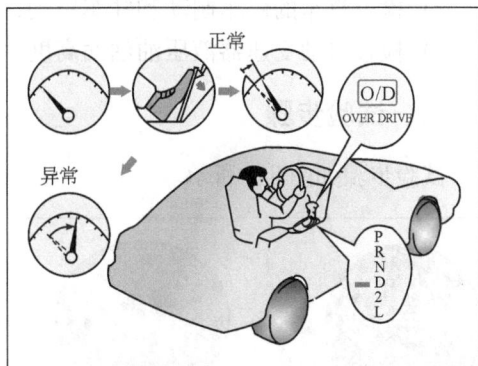

图8-4　锁止离合器的工作状况的检查

六、发动机制动作用的检查

检查自动变速器有无发动机制动作用时，应将变速杆拨至前进低档（S位、L位或2位、1位），在汽车以2档或1档行驶时，突然松开加速踏板，检查是否有发动机制动作用。若松开加速踏板后车速立即随之下降，说明有发动机制动作用；否则说明控制系统或前进强制离合器有故障。

七、强制降档功能的检查

检查自动变速器强制降档功能时，应将变速杆拨至前进档（D位），保持节气门开度为1/3左右，在以2档、3档或超速档行驶时突然将加速踏板完全踩到底，检查自动变速器是否被强制降低一个档位。在强制降档时，发动机转速会突然上升至4000r/min左右，并随着

加速升档，转速逐渐下降。若踩下加速踏板后没有出现强制降档，说明强制降档功能失效。若在强制降档时发动机转速升高得反常，达 5000～6000r/min，并在升档时出现换档冲击，则说明换档执行元件打滑，应拆修自动变速器。

第三节　失速试验

在前进档或倒档中踩住制动踏板并完全踩下加速踏板时，发动机处于最大转矩工况，而此时自动变速器的输出轴及输入轴均静止不动，变矩器的涡轮也因此静止不动，只有变矩器壳及泵轮随发动机一同转动。这种工况称为失速工况，此时的发动机转速称为失速转速。

失速试验是检查发动机、变矩器及自动变速器中有关换档执行元件的工作是否正常的一种常用方法。

一、准备工作

在进行失速试验之前，应做好以下准备工作：

1）使汽车行驶至发动机和自动变速器均达到正常工作温度。

2）检查汽车的停车制动和驻车制动，确认其性能良好。

3）检查自动变速器液压油油面高度，应正常。

二、试验步骤

试验步骤如图 8-5 所示。

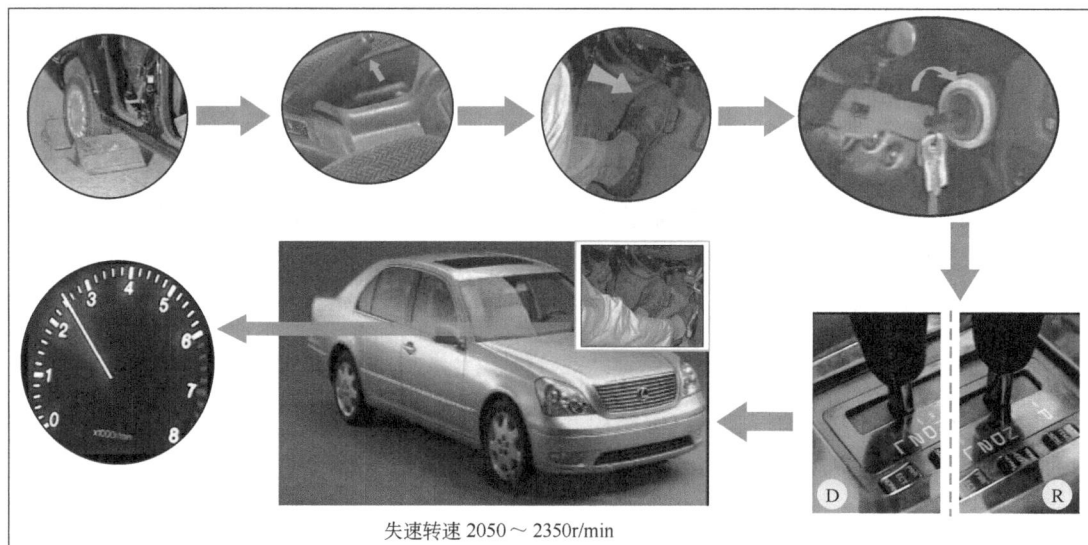

失速转速 2050～2350r/min

图 8-5　失速试验

1）将汽车停放在宽阔的水平地面上，前、后车轮用三角木块塞住。

2）拉紧驻车制动，左脚用力踩住制动踏板。

3）起动发动机。

4）将变速杆拨至 D 位。

5）在左脚踩紧制动踏板的同时，用右脚将加速踏板踩到底，在发动机转速不再升高时，迅速读取此时的发动机转速。

6）读取发动机转速后，立即松开加速踏板。

7）将变速杆拨至 P 位或 N 位，使发动机怠速运转 1min，以防止液压油因温度过高而变质。

8）将变速杆拨入其他档位（R 位、S 位、L 位或 2 位、1 位），做同样的试验。

在失速工况下，发动机的动力全部消耗在变矩器内液压油的内部摩擦损失上，液压油的温度急剧上升，因此在失速试验中，从加速踏板踩下到松开的整个过程的时间不得超过 5s，否则会使液压油因温度过高而变质，甚至损坏密封圈等零件。在一个档位的试验完成之后，不要立即进行下一个档位的试验，要等油温下降之后再进行。试验结束后不要立即熄火，应将变速杆拨入空档或停车档，使发动机怠速运转几分钟，以便使液压油温度降至正常。如果在试验中发现驱动轮因制动力不足而转动，应立即松开加速踏板，停止试验。

不同车型的自动变速器都有其失速转速标准（表 8-1），大部分自动变速器的失速转速标准为 2300r/min 左右。若失速转速与标准值相符，说明自动变速器的油泵、主油路油压及各个换档执行元件的工作基本正常；若失速转速高于标准值，说明主油路油压过低或换档执行元件打滑；若失速转速低于标准值，则可能是发动机动力不足或液力变矩器有故障。例如，当液力变矩器中的导轮单向超越离合器打滑时，液力变矩器在液力耦合器的工况下工作，其变扭比下降，从而使发动机的负荷增大，转速下降。不同档位失速转速不正常的原因详见表 8-2。

表 8-1　几种常见车型自动变速器的失速转速标准

车　　型	自动变速器型号	发动机型号或排量	失速转速/（r/min）
丰田海狮	A45DL	2L	1950～2250
		3L、1RZ、2RZ	2100～2400
		2RZ-E	2150～2450
丰田大霸王	A46DE、A46DF	2TZ-FE	2450～2750
丰田皇冠	A340E	2JZ-GE	2300～2600
	Z42DL	1G-FE	2200～2500
丰田光冠	A240E、A241E	4A-FE、3S-FE	2200～2500
丰田凯美瑞	A540E	3VZ-FE	2200～2550
雷克萨斯 LS400	A341E、A342E	1UZ-FE	2050～2350
马自达 929	R4A-EL	JE	1950～2250
马自达 626	F3A	—	2200～2450
日产	L4N71B	VG30E、VG30S	2300～2600
		LD28	1700～2000

（续）

车　　型	自动变速器型号	发动机型号或排量	失速转速/(r/min)
克莱斯勒	A-415	1.6L	2250~2450
	—	2.2L	2200~2400
	A—413	2.2EF1	2280~2480
		2.2EF1 增压	3020~3220
	A-470	2.6L	2400~2600
	AW-4	—	1700~2000
宝马	—	325e、528	1900~2050
	ZF 4HP 22/EH	524TD	2280~2120
	—	EH 系列	1980~2140

表8-2　失速转速不正常的原因

变速杆位置	失速转速	故障原因
所有位置	过高	主油路油压过低 前进档和倒档的换档执行元件打滑 低档及倒档制动器打滑
	过低	发动机动力不足 变矩器导轮的单向超越离合器打滑
仅在 D 位	过高	前进档油路油压过低 前进离合器打滑
仅在 R 位	过高	倒档油路油压过低 倒档及高速档离合器打滑

第四节　油压试验

　　油压试验是在自动变速器运转时，对控制系统各个油路中的油压进行测量，为分析自动变速器的故障提供依据，以便有针对性地进行修复。正确的油路油压是自动变速器正常工作的先决条件。油压过高，会使自动变速器出现严重的换档冲击，甚至损坏控制系统；油压过低，会造成换档执行元件打滑，加剧其摩擦片的磨损，甚至使换档执行元件烧毁。对于因油压过低而造成换档执行元件烧毁的自动变速器，如果仅仅更换烧毁的摩擦片而没有找出故障的真正原因并加以修复，更换后的摩擦片经过一段时间的使用后往往会再次烧毁。因此，在分解修理自动变速器之前和自动变速器修复之后，都要对自动变速器做油压试验，以保证自动变速器的修理质量。

一、油压试验的准备

在做油压试验之前应做好以下准备工作:

1) 行驶汽车,使发动机及自动变速器达到正常工作温度。

2) 将车辆停放在水平地面上,检查发动机怠速和自动变速器液压油的油面高度。如不正常,应予以调整。

3) 准备一个量程为2MPa的压力表。

4) 找出自动变速器各个油路测压孔的位置。通常在自动变速器外壳上有几个用方头螺塞堵住的用于测量不同油路油压的测压孔。《自动变速器维修手册》上标有该自动变速器各个油路测压孔的位置。如果没有《自动变速器维修手册》做参考,可以用举升器将汽车升起,在发动机运转时分别将各个测压孔螺塞松开少许,观察各测压孔在变速杆位于不同档位时是否有压力油流出,以判断该测压孔是与哪一个油路相通,从而找出各个油路测压孔的位置。具体判断方法如下:

1) 不论变速杆位于前进档或倒档时都有压力油流出,则为主油路测压孔。

2) 只有在变速杆位于前进档时才有压力油流出,则为前进档油路测压孔。

3) 只有在变速杆位于倒档时才有压力油流出,则为倒档油路测压孔。

4) 只有在变速杆位于前进档,并且在驱动轮转动后才有压力油流出,则为调速器油路的测压孔。

二、油压试验的内容和方法

油压试验的内容取决于自动变速器的类型及测压孔的设置方式。下面介绍一般车型自动变速器油压试验的主要内容和方法。

1. 主油路油压测试

测试主油路油压时,应分别测出前进档和倒档的主油路油压。

(1) 前进档主油路油压测试方法(图8-6)

1) 拆下变速器壳体上的主油路测压孔或前进档油路测压孔螺塞,接上油压表。

2) 起动发动机。

3) 将变速杆拨至前进档(D位)。

4) 读出发动机怠速运转时的油压。该油压即为怠速工况下的前进档主油路油压。

5) 用左脚踩紧制动踏板,同时用右脚将加速踏板完全踩下,在失速工况下读取油压。该油压即为失速工况下的前进档主油路油压。

图8-6　主油路油压试验

6) 将变速杆拨至空档或停车档,使发动机怠速运转1min以上。

7) 将变速杆拨至各个前进低档(S位、L位或2位、1位),重复1) ~6) 的步骤,读出各个前进低档在怠速工况和失速工况下的主油路油压。

(2) 倒档主油路油压测试方法(图8-7)

1) 拆下自动变速器壳体上的主油路测压孔或倒档油路测压孔螺塞，接上油压表。

2) 起动发动机。

3) 将变速杆拨至倒档(R位)。

4) 在发动机怠速运转工况下读取油压。该油压即为怠速工况下的倒档主油路油压。

5) 用左脚踩紧制动踏板，同时用右脚将加速踏板完全踩下，在发动机失速工况下读取油压。该油压即为失速工况下的倒档主油路油压。

6) 将变速杆拨至空档(N位)，使发动机怠速运转1min以上。

图8-7 倒档主油路油压试验

丰田A341E变速器油路压力

档位	D位		R位	
转速	怠速	失速	怠速	失速
油路压力/kPa	382~441	1206~1363	579~657	1638~1863

将测得的主油路油压与标准值进行比较。不同车型自动变速器的主油路油压都不完全相同。表8-3为几种常见车型自动变速器主油路油压标准。若主油路油压不正常，说明油泵或控制系统有故障。表8-4列出了主油路油压不正常的可能原因。

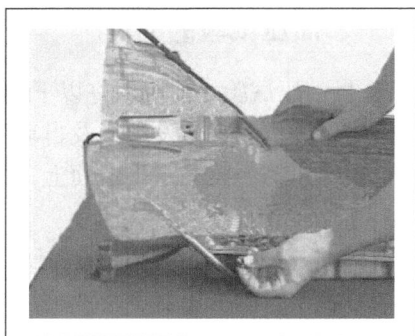

表8-3 几种常见车型自动变速器主油路油压标准

车型	自动变速器型号	发动机型号	变速杆位置	主油路油压/kPa 怠速工况	失速工况
丰田海狮	A45DL	1RZ、2RZ	D	353~402	1030~1196
			R	500~569	1422~1785
		2L、3L	D	343~431	1098~1294
			R	451~657	1471~1863
		2RZ-E	D	441~500	990~1167
			R	667~745	1471~1863
丰田大霸王	A46DE	2TZ-FE	D	363~402	1040~1304
			R	500~559	1402~1863
丰田皇冠	A340E	2JZ-GE	D	363~422	902~1147
			R	500~598	1236~1589
	A42DL	1G-FE	D	353~402	1030~1196
			R	500~569	1422~1785
丰田光冠	A240E	4A-FE	D	373~422	903~1050
			R	550~707	1412~1648
	A241E	3S-FE	D	373~422	903~1050
			R	638~795	1560~1893
	A241L	2C	D	373~422	824~971
			R	647~794	1422~1755

（续）

车　　型	自动变速器型号	发动机型号	变速杆位置	主油路油压/kPa	
				急速工况	失速工况
丰田凯美瑞	A540E	3VZ-FE	D	353～412	992～1040
			R	637～745	1608～1873
雷克萨斯 LS400	A341E、A342E	1UZ-FE	D	382～441	1206～1363
			R	579～657	1368～1863
日产	L4N71B	VG30E、VG30S	D	314～373	1157～1275
			R	549～686	2187～2373
		LD28	D	382～481	1020～1196
			R	726～824	1922～2079
宝马	ZF4HP 22/EH	325E、524TD 528E 系列	D	588～735	
			R	1078～1274	
		535i、635CSi、 735i 系列	D	588～735	
			R	1170～1666	

表 8-4　主油路油压不正常的原因

工况	测　试　结　果	故　障　原　因
急速	所有档位的主油路油压均太低	油泵故障 主油路调压阀卡死 主油路调压阀弹簧太软 节气门拉索或节气门位置传感器调整不当 节气门阀卡滞 主油路泄漏
	前进档和前进低速档的主油路油压均太低	前进离合器活塞漏油 前进档油路泄漏
	前进档的主油路油压正常，前进低速档的主油路油压太低	1 档强制离合器或 2 档强制离合器活塞漏油 前进低速档油路泄漏
	前进档的主油路油压正常，倒档的主油路油压太低	倒档及高速档离合器活塞漏油 倒档油路泄漏
	所有档位的主油路油压均太高	节气门拉索或节气门位置传感器调整不当 主油路调压阀卡死 节气门阀卡滞 主油路调压阀弹簧太硬 油压电磁阀损坏或线路故障
失速	稍低于标准油压	节气门拉索或节气门位置传感器调整不当 油压电磁阀损坏或线路故障 主油路调压阀卡死或弹簧太软
	明显低于标准油压	油泵故障 主油路泄漏

2. 调速器油压的测试

大部分液力控制自动变速器都可以做这项测试。在测试调速器油压时，应当用举升器将汽车升起，或用千斤顶将驱动桥顶起，也可以接上压力表后进行路试，如图8-8所示。

a) 路试

b) 台试

图8-8　调速器油压测试

1) 拆下自动变速器壳体上的调速器测压孔螺塞，接上油压表。

2) 起动发动机。

3) 将变速杆拨至前进档(D位)。

4) 松开驻车制动拉杆，缓慢地踩下加速踏板，使驱动轮转动。

5) 读取不同车速下的调速器油压。

6) 将测试结果与标准值进行比较。

若调速器油压太低，可能有以下原因：主油路油压太低；调速器油路泄漏；调速器工作不正常。

3. 油压电磁阀工作的测试

电控液力控制自动变速器常采用油压电磁阀来控制主油路油压或减振器背压。这种自动变速器中，可以在油压试验中人为地向油压电磁阀施加电信号，同时测量油路油压的变化，以检查油压电磁阀的工作是否正常。不同车型的电控液力控制自动变速器的油压电磁阀的工作原理不完全相同，其检测方法也不一样。下面以雷克萨斯LS400轿车的A341E和A342E电控液力控制自动变速器为例，说明测试油压电磁阀工作的方法，其他车型也可以参考。

1) 将油压表接至自动变速器减振器背压的测压孔。

2) 对照电路图，找出自动变速器微处理器线束插头上油压电磁阀控制端的接线脚，将一个8W灯泡的一个接线脚与油压电磁阀控制端的接线脚连接。

3）将汽车停放在地面上，拉紧驻车制动拉杆，并用三角木块将四个车轮塞住。

4）起动发动机，检查并调整好发动机怠速。

5）踩住制动踏板，将变速杆挂入前进档（D位）。

6）读出此时的减振器背压，其值应大于0。

7）将连接油压电磁阀的8W灯泡的另一个接线脚接地，此时油压电磁阀将通电开启。读出此时的减振器背压。

在油压电磁阀的接线脚经8W灯泡接地时，油压电磁阀将通电开启，此时减振器背压应降为0；如果有异常，说明油压电磁阀工作不良，如图8-9所示。

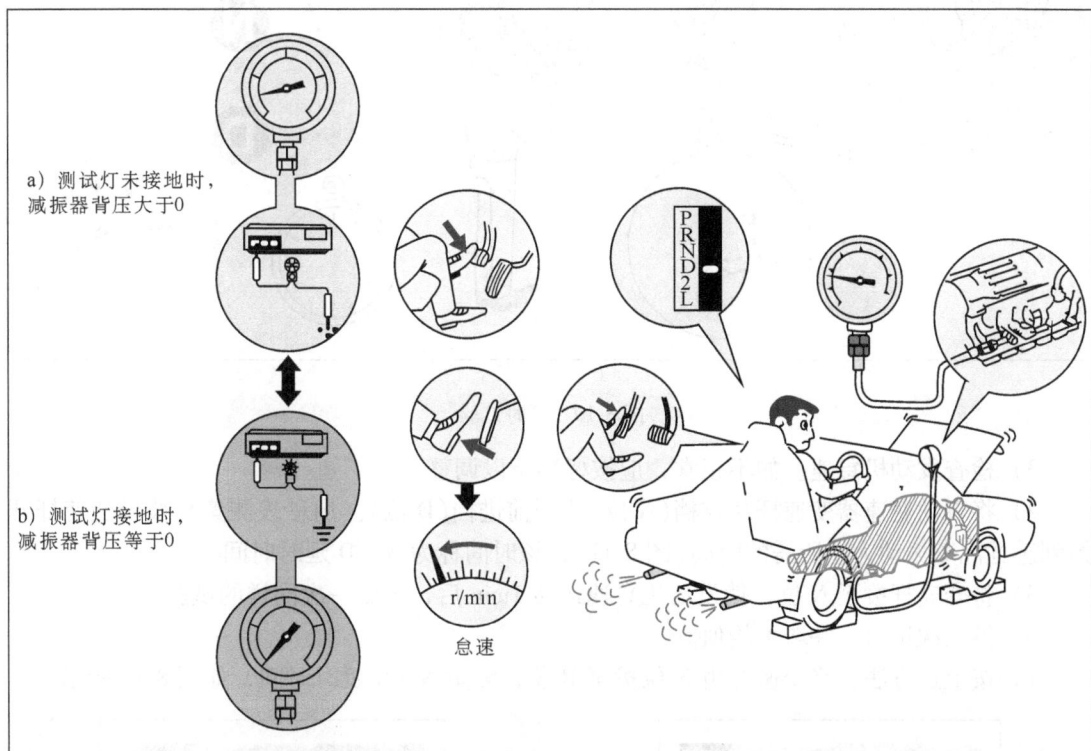

a）测试灯未接地时，减振器背压大于0

b）测试灯接地时，减振器背压等于0

PRND2L

r/min

怠速

图8-9　油压电磁阀的测试

第五节　延时试验

在发动机怠速运转时将变速杆从空档拨至前进档或倒档后，需要有一段短暂时间的迟滞或延时才能使自动变速器完成档位的接合（此时汽车会产生一个轻微的振动），这一短暂的时间称为自动变速器换档的迟滞时间。延时试验就是测出自动变速器换档的迟滞时间，根据迟滞时间的长短来判断主油路油压及换档执行元件的工作是否正常。延时试验（图8-10）的步骤如下：

1）使汽车行驶，使发动机和自动变速器达到正常工作温度。

2）将汽车停放在水平地面上，拉紧驻车制动。

图 8-10　延时试验

3）检查发动机怠速。如不正常，应按标准予以调整。

4）将自动变速器变速杆从空档（N 位）拨至前进档（D 位）。用秒表测量从拨动变速杆开始到感觉汽车振动为止所需的时间（图 8-11），该时间称为 N—D 延时时间。

5）将变速杆拨至 N 位，使发动机怠速运转 1min 后，再做一次同样的试验。

6）做三次试验，并取平均值。

7）按上述方法，将变速杆由 N 位拨至 R 位，测量 N—R 延时时间，如图 8-12 所示。

图 8-11　N 位到 D 位的延时
时间测试

由 N 位换到 D 位时的延时时间为 1.2s

图 8-12　N 位到 R 位的延时
时间测试

由 N 位换到 R 位时的延时时间为 1.5s

大部分自动变速器 N—D 延时时间小于 1.0～1.2s，N—R 延时时间小于 1.2～1.5s。若 N—D 延时时间过长，说明主油路油压过低、前进离合器摩擦片磨损过甚或前进单向超越离合器工作不良；若 N—R 延时时间过长，说明倒档主油路油压过低、倒档离合器或倒档制动

器磨损过甚或工作不良。

第六节　手动换档试验

电控液力控制自动变速器可以采用手动换档试验的方法来确定故障出在电子控制系统还是自动变速器其他部分。所谓手动换档试验就是将电控液力控制自动变速器所有换档电磁阀的线束插头全部脱开，此时微处理器不能通过换档电磁阀来控制换档，自动变速器的档位取决于变速杆的位置。不同车型的电控液力控制自动变速器在脱开换档电磁阀线束插头后的档位和变速杆的关系都不完全相同。丰田轿车的各种电控液力控制自动变速器在脱开换档电磁阀线束插头后的档位和变速杆的关系见表8-5。

表8-5　丰田轿车电控液力控制自动变速器手动换档时档位和变速杆的关系

变速杆位置	档位	变速杆位置	档位
P	驻车档	D	超速档
R	倒档	2	3档
N	空档	L	1档

手动换档试验的步骤如下：

1）脱开电控液力控制自动变速器的所有换档电磁阀线束插头。

2）起动发动机，将变速杆拨至不同位置，然后做道路试验（也可以将驱动轮悬空，进行台架试验）。

3）观察发动机转速和车速的对应关系，以判断自动变速器所处的档位。不同档位时发动机转速与车速的关系可以参考表8-6。由于变矩器的减速作用与传递的转矩有关，因此表中的车速只能作为参考，实际车速将随着行驶中节气门开度的不同而产生一定的变化。

表8-6　自动变速器不同档位时发动机转速和车速的关系

档位	发动机转速/(r/min)	车速/(km/h)	档位	发动机转速/(r/min)	车速/(km/h)
1档	2000	18~22	3档	2000	50~55
2档	2000	34~38	超速档	2000	70~75

4）若变速杆位于不同位置时自动变速器所处的档位与表8-6相同，说明电控液力控制自动变速器的阀板及换档执行元件基本工作正常。否则，说明自动变速器的阀板或换档执行元件有故障。

5）试验结束后，接上电磁阀线束插头。

6）清除微处理器中的故障码，防止因脱开电磁阀线束插头而产生的故障码保存在微处理器中，影响自动变速器的故障自诊断工作。

第九章

自动变速器的综合维修

第一节　自动变速器的拆装

一、拆卸

自动变速器的拆卸方法和普通齿轮变速器有所不同，必须按照正确的步骤进行，以免损坏。在拆卸自动变速器之前，应关闭汽车的点火开关，拆下蓄电池负极电缆，注意防盗音响密码，放掉自动变速器中的液压油，然后按下列步骤进行拆卸，如图9-1所示。

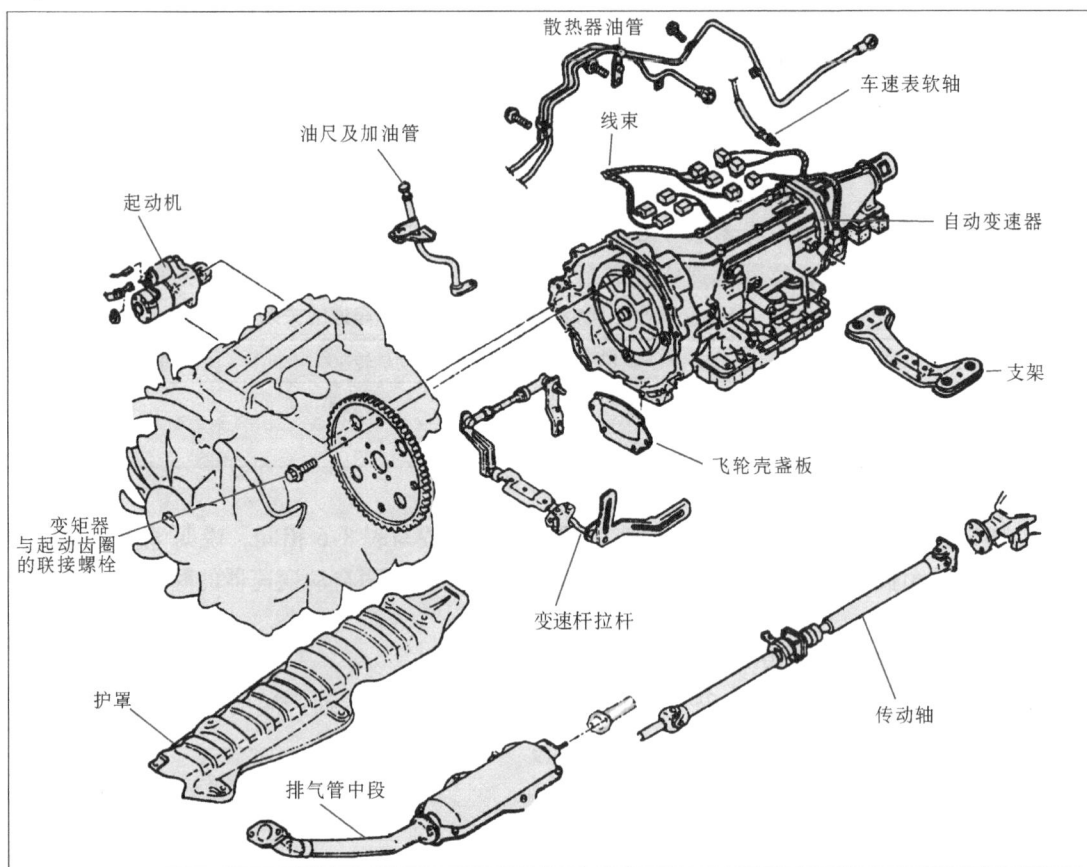

图 9-1　后驱自动变速器的拆卸

1）拆下与节气门摇臂连接的自动变速器节气门拉索，拔下自动变速器上的所有线束插头，拆除车速表软轴、油尺及加油管、散热器油管以及变速杆与手动阀摇臂的连杆等所有与自动变速器连接的零部件。

2）拆去排气管中段，拆除自动变速器下方的护罩、护板等。

3）松开传动轴与自动变速器输出轴的联接螺栓，拆下传动轴。

4）拆下飞轮壳盖板，用旋具撬动飞轮，逐个拆下飞轮与变矩器的联接螺栓。

5）拆下起动机。

6）拆下自动变速器与车架的连接支架，用千斤顶托住自动变速器。

7）拆下自动变速器和飞轮壳的联接螺栓，将变矩器和自动变速器一同拆下。在拆下自动变速器时，应扶住变矩器，以防滑落。

在拆卸前驱动自动变速器时，应先拆除变速器上方的有关部件，如蓄电池、空气滤清器以及进气管等，同时还应拆去左右前轮和半轴。再按图9-2所示拆除其他零件，并用专用支架将发动机吊住，然后用千斤顶托住自动变速器，松开自动变速器与发动机的联接螺栓，将自动变速器和变矩器一同拆下。

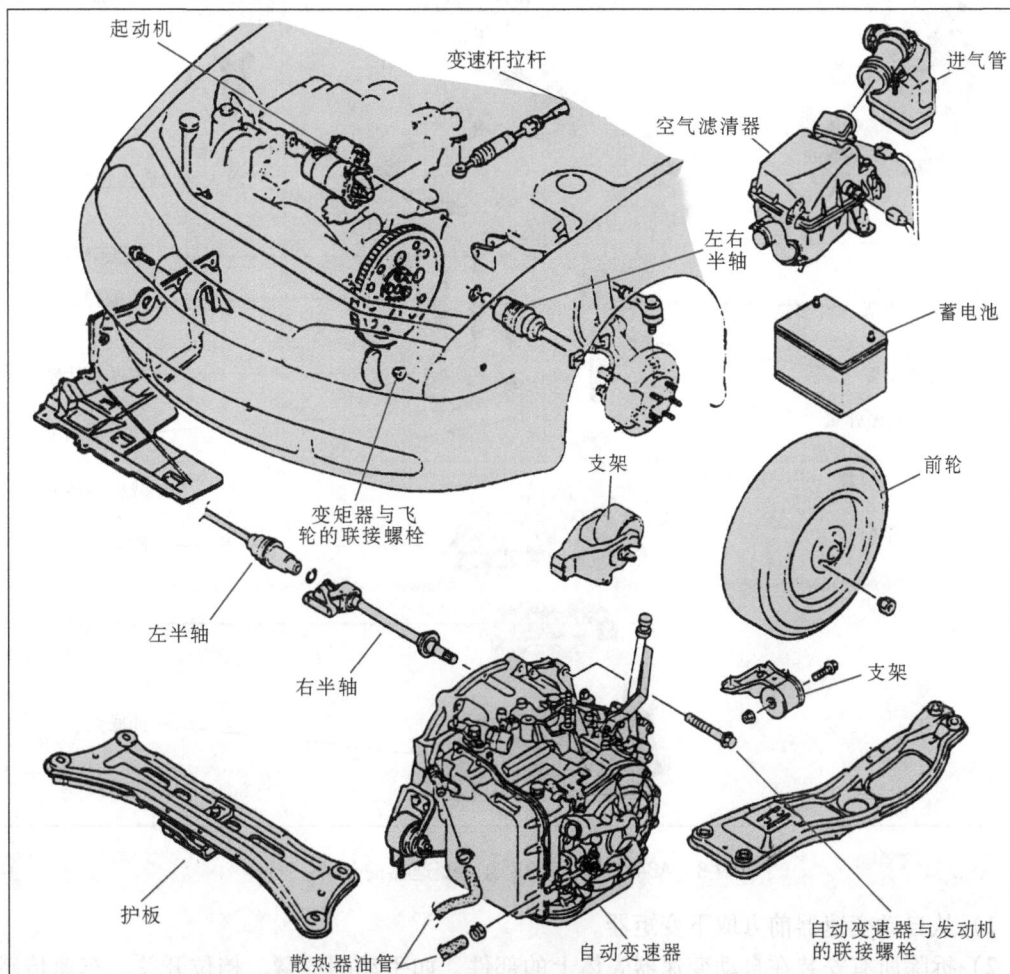

图 9-2　前驱动自动变速器的拆卸

二、总成分解

1. 拆卸自动变速器前后壳体、油底壳及阀板

如图 9-3 所示，以雷克萨斯 LS400 A341E 与 A342E 为例进行介绍，其他可参照进行。

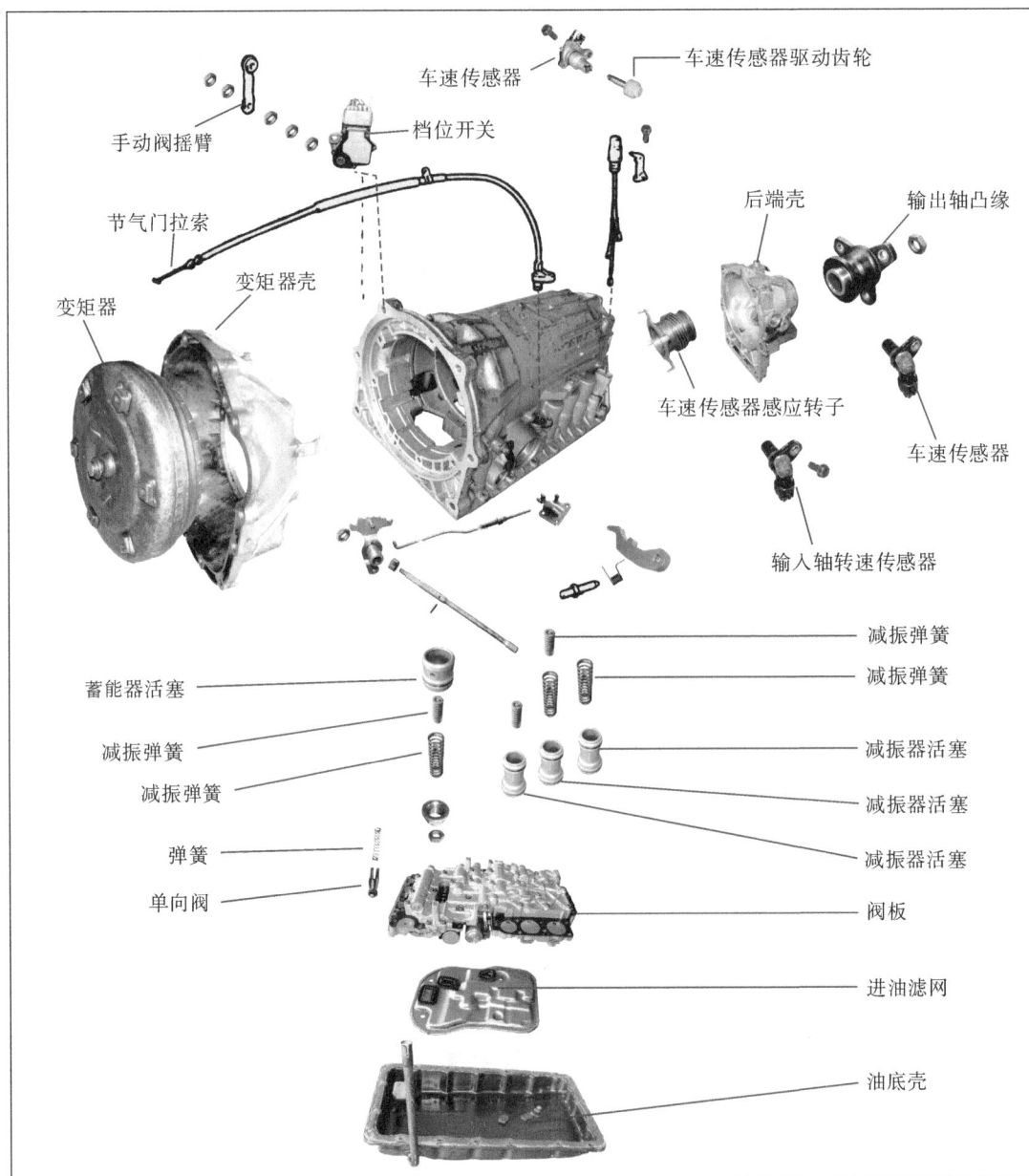

图 9-3　A341E 和 A342E 自动变速器的分解(一)

1）从自动变速器前方取下变矩器。

2）拆除所有安装在自动变速器壳体上的部件，如手动阀摇臂、档位开关、车速传感器以及输入轴转速传感器、加油管等。

3）松开紧固螺栓，拆下自动变速器前端的变矩器壳。

4）拆除输出轴凸缘和自动变速器后端壳，从输出轴上拆下车速传感器感应转子。

5）拆下油底壳，松开进油滤网与阀板之间的固定螺栓，从阀板上拆下进油滤网。

6）拔下连接在阀板上的所有线束插头，拆除与节气门阀连接的节气门拉索，松开阀板与自动变速器壳体之间的固定螺栓（图9-4），取下阀板总成。阀板上的螺栓除了一部分是固定在自动变速器壳体上之外，还有许多是上、下阀板之间的固定螺栓。在拆卸阀板总成时，应对照《自动变速器维修手册》，认准阀板与自动变速器壳体之间的固定螺栓。若没有《自动变速器维修手册》，则在拆卸阀板时，应先松开阀板四周的固定螺栓，再检查阀板总成是否松动。若未松动，可将阀板中间的所有螺栓逐个松开少许，直至阀板总成松动为止，即可找出阀板上所有固定在自动变速器壳体上的固定螺栓。

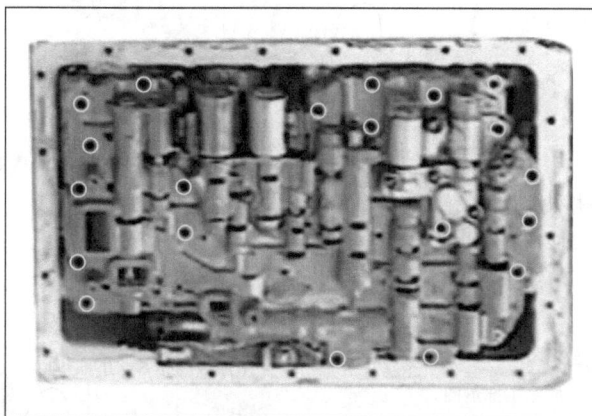

图 9-4　A341E 和 A342E 自动变速器阀板固定螺栓

有些自动变速器的阀板与自动变速器壳体之间有油管连接（如 A340E 自动变速器）。对此，可先用旋具将油管撬起后再拆下阀板总成。

7）取出自动变速器壳体油路中的止回阀和弹簧（图9-5a）。

8）取出自动变速器壳体上的减振器活塞。方法是用手指按住减振器活塞，从减振器活塞周围相应的油孔中吹入压缩空气（图9-5b），将减振器活塞吹出。

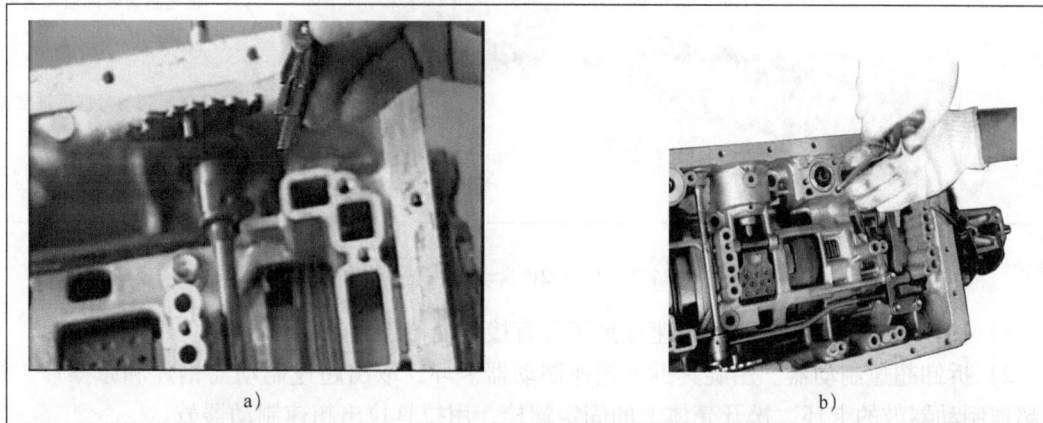

a)　　　　　　　　　　　　b)

图 9-5　取出止回阀和减振器活塞

2. 拆卸油泵总成

1）拆下油泵周围的固定螺栓。

2）用专用拉具拉出油泵总成。

3. 分解行星齿轮变速器

分解行星齿轮变速器如图 9-6 所示。

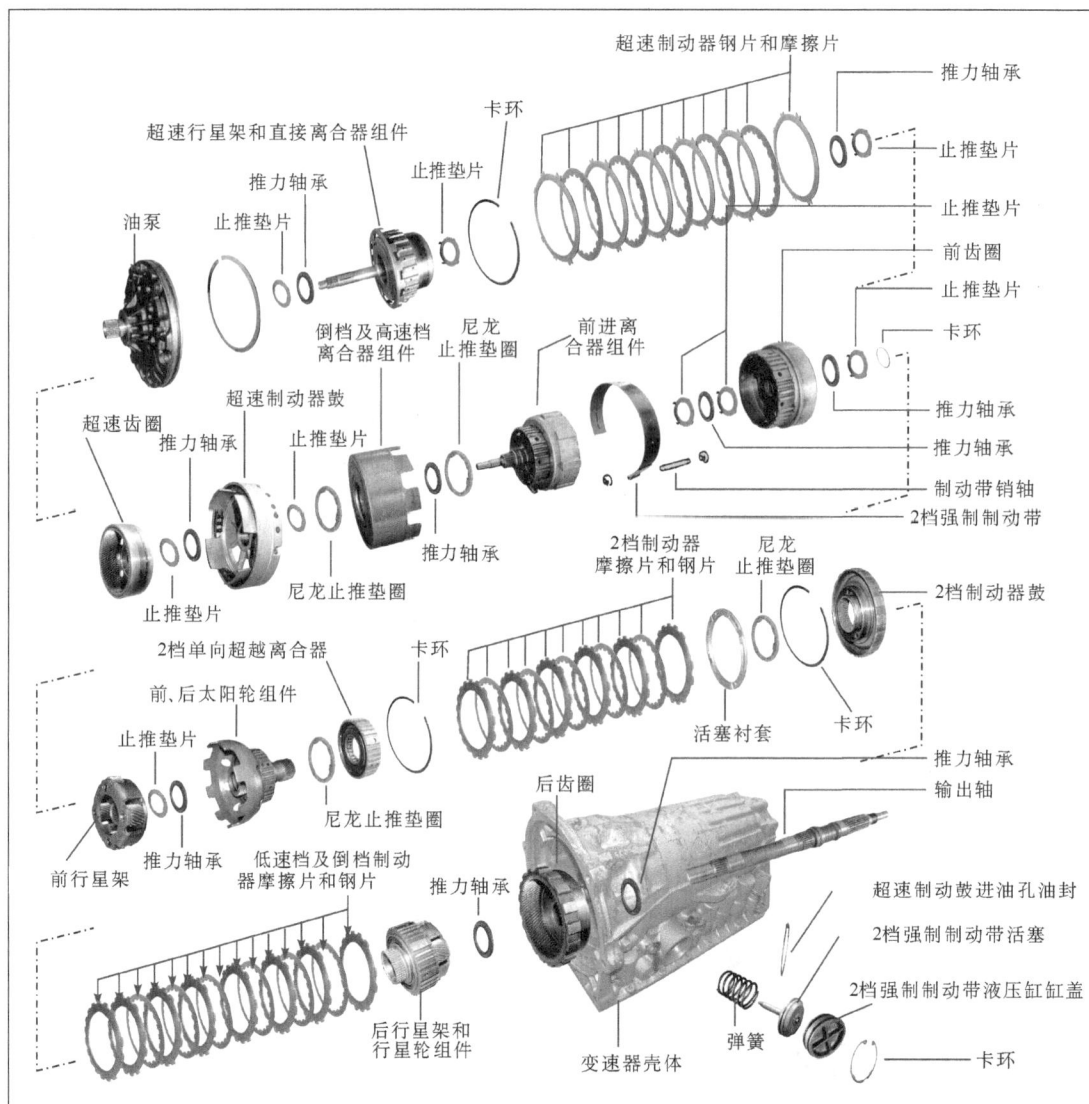

图 9-6　A341E 和 A342E 自动变速器的分解(二)

1）从自动变速器前方取出超速行星架和直接离合器组件及超速齿圈。

2）拆卸超速制动器。用旋具拆下超速制动器卡环，取出超速制动器钢片和摩擦片。拆下超速制动器鼓的卡环，松开壳体上的固定螺栓，用拉具拉出超速制动器鼓。

3）拆卸 2 档强制制动带活塞。从外壳上拆下 2 档强制制动带液压缸缸盖卡环，用手指按住液压缸缸盖，从液压缸进油孔中吹入压缩空气，将液压缸缸盖和活塞吹出。

4）取出中间轴、高速档及倒档离合器和前进离合器组件。

5）拆出 2 档强制制动带销轴，取出制动带。

6）拆出前行星排。取出前齿圈，将自动变速器立起，用木块垫住输出轴，拆下前行星架上的卡环，拆出前行星架和行星轮组件。

7）取出前后太阳轮组件和低速档单向超越离合器。

8）拆卸 2 档制动器。拆下卡环，取出 2 档制动器的所有摩擦片、钢片及活塞衬套。

9）拆卸输出轴、后行星排和低速档及倒档制动器组件。拆下卡环，抓住输出轴，取出输出轴、后行星排、前进单向超越离合器、低速档及倒档制动器和 2 档制动器鼓组件。

在分解自动变速器时，应将所有组件和零件按分解顺序依次排放，以便于检修和组装。要特别注意各个止推垫片、推力轴承的位置，不可错乱。

各种车型的后驱自动变速器基本上都可按上述顺序和方法进行分解。

三、各部件的分解

1. 油泵的分解

油泵的分解如图 9-7 所示。

1）拆下油泵后端轴颈上的密封环。

2）按照对称交叉的顺序依次松开油泵螺栓，打开油泵。

3）用油漆在小齿轮和内齿轮上做一个记号，取出小齿轮及内齿轮。

4）拆下油泵前端盖上的油封。

在分解油泵时应注意，不要损伤铝合金的油泵前端盖，不可用螺钉旋具在油泵齿轮和油泵壳上做记号。

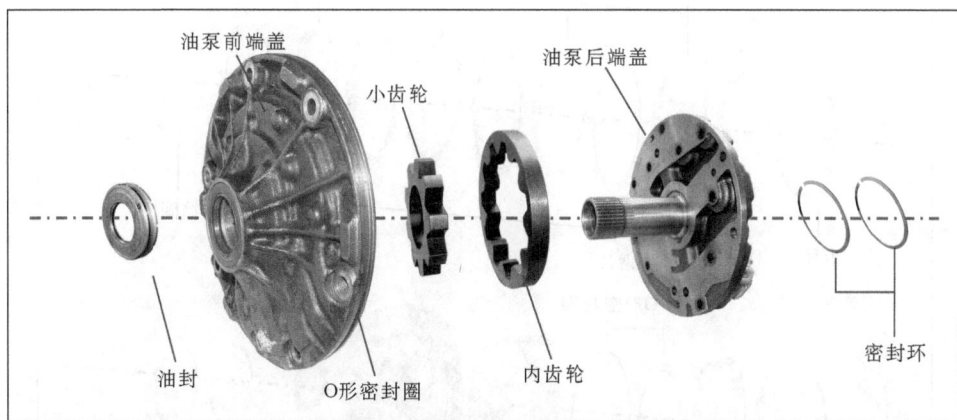

图 9-7　油泵的分解

2. 离合器、制动器的分解

（1）直接离合器 C_0 的分解（图 9-8）

1）从超速行星架和直接离合器组件上取下直接离合器。

2）用螺钉旋具拆除卡环，取出挡圈、摩擦片和钢片。

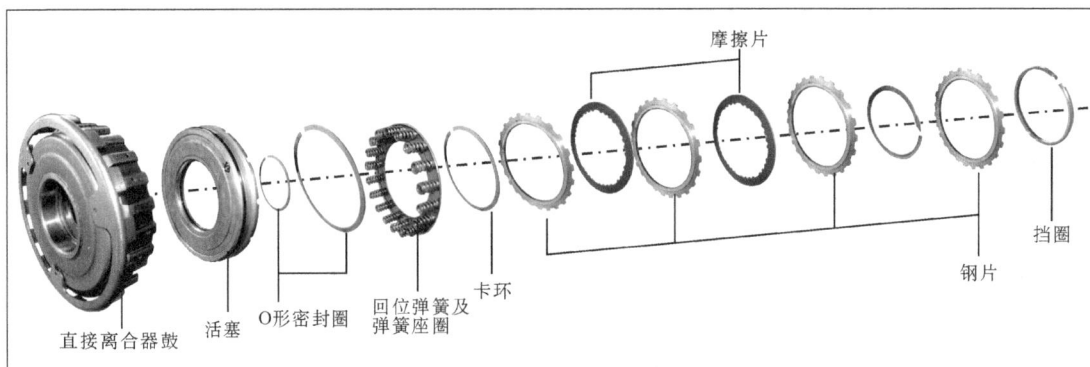

图 9-8　直接离合器的分解

3）使用专用工具，将活塞回位弹簧座圈压下，用卡环钳或螺钉旋具拆下卡环，取出弹簧座圈和回位弹簧。

4）先将油泵装在变矩器上，再将直接离合器装在油泵上，向油路内吹入压缩空气，取出活塞。

5）拆下活塞上的 O 形密封圈。

（2）超速制动器 B_0 的分解　在分解自动变速器时，超速制动器的摩擦片和钢片已经被拆出，这里只要进一步分解超速制动器鼓，如图 9-9 所示。

1）使用专用工具，将活塞回位弹簧座圈压下，用螺钉旋具拆下卡环，取出回位弹簧和弹簧座圈。

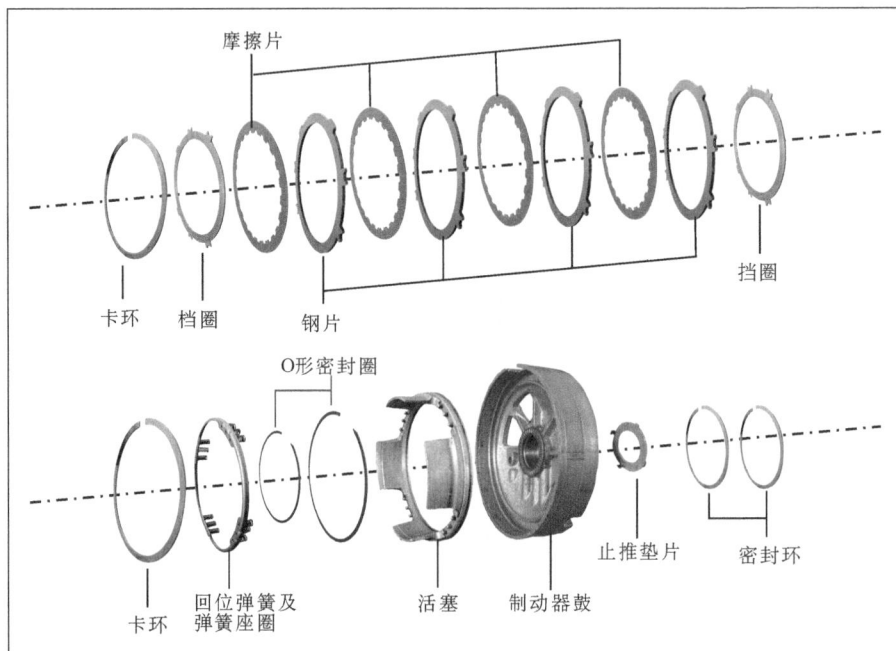

图 9-9　超速制动器的分解

2）将超速制动器鼓装在倒档及高速档离合器上，向油路内吹入压缩空气，取出活塞。

3）拆下活塞内外圆上的 O 形密封圈及制动鼓后端轴颈上的密封环和推力轴承座。

（3）倒档及高速档离合器 C_1 的分解（图 9-10）

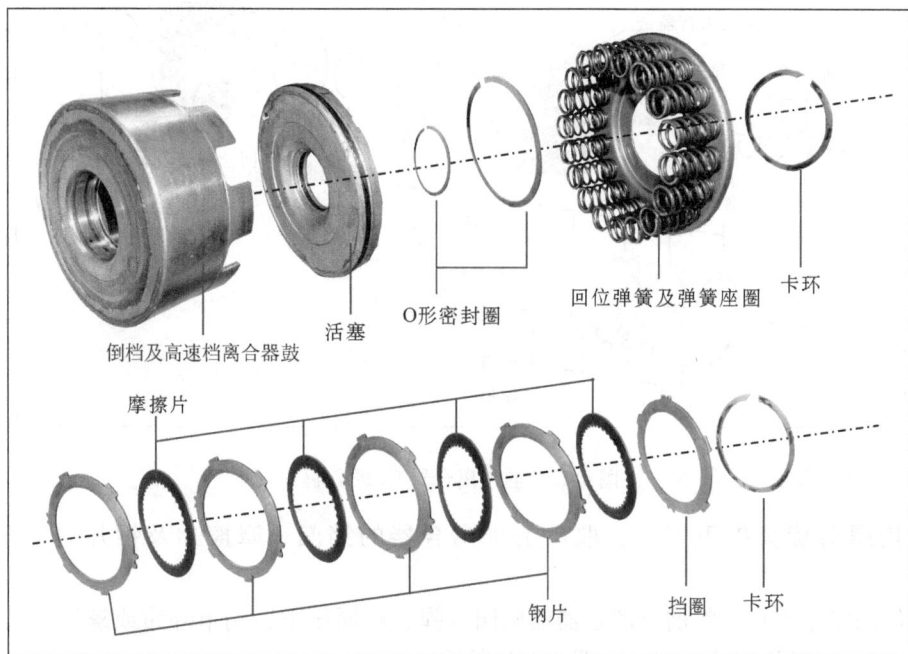

图 9-10　倒档及高速档离合器 C_1 的分解

1）用螺钉旋具拆下卡环，取出倒档及高档离合器的挡圈、摩擦片及钢片，如图 9-11a
所示。

2）使用专用工具，将倒档及高速档离合器活塞回位弹簧座圈压下，用卡环钳或螺钉旋
具拆下卡环，取出回位弹簧及弹簧座圈，如图 9-11b 所示。

3）将倒档及高速档离合器装在超速制动器鼓上，按图 9-11c 所示方向向油路内吹入压
缩空气，取出活塞。

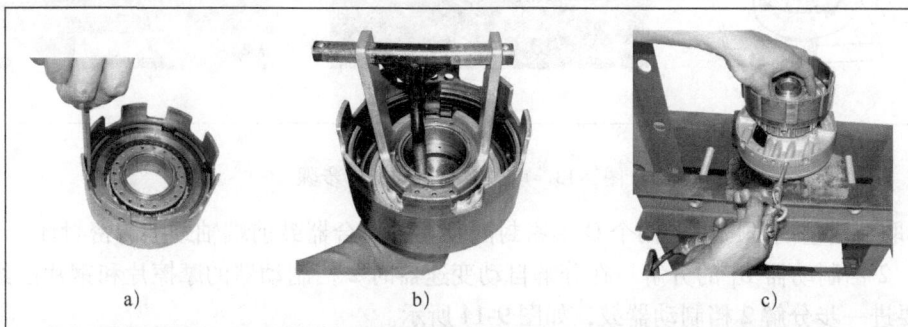

图 9-11　倒档及高速档离合器的分解步骤

4）取下活塞内外圆上的两个O形密封圈。

（4）前进离合器 C_2 的分解（图9-12）

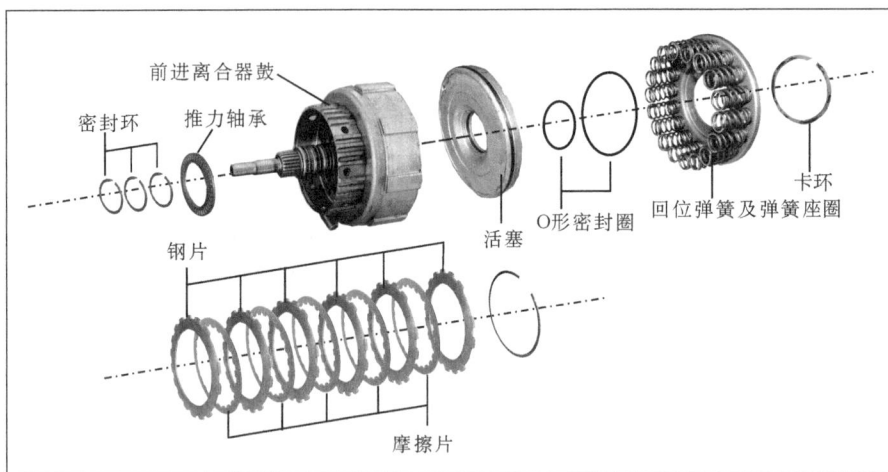

图9-12　前进离合器 C_2 的分解

1）用螺钉旋具拆下卡环，取出前进离合器的挡圈、摩擦片及钢片，如图9-13a所示。

2）使用专用工具，将前进离合器活塞回位弹簧座圈压下，用卡环钳或螺钉旋具拆下卡环，取出回位弹簧及弹簧座圈，如图9-13b所示。

3）将前进离合器装在超速制动器鼓上，按图9-13c所示方法向油道内吹入压缩空气，取出前进离合器活塞。

图9-13　前进离合器的分解步骤

4）取下活塞内外圆上的两个O形密封圈及前进离合器鼓前端轴颈上的密封环。

（5）2档制动器 B_1 的分解　在分解自动变速器时2档制动器的摩擦片和钢片已经拆出，这里只要进一步分解2档制动器鼓，如图9-14所示。

1）使用专用工具，将2档制动器活塞回位弹簧座圈压下，用螺钉旋具或卡环钳拆下卡环，取出回位弹簧及弹簧座圈。

2）向2档制动器鼓外圆上的油孔内吹入压缩空气，取出活塞。

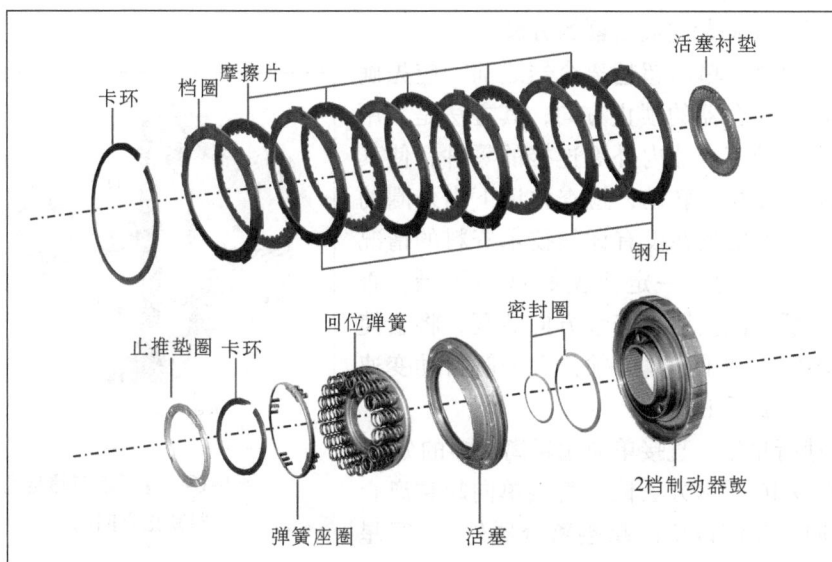

图 9-14　2 档制动器的分解

（6）低速档及倒档制动器 B_2 的分解（图 9-15）

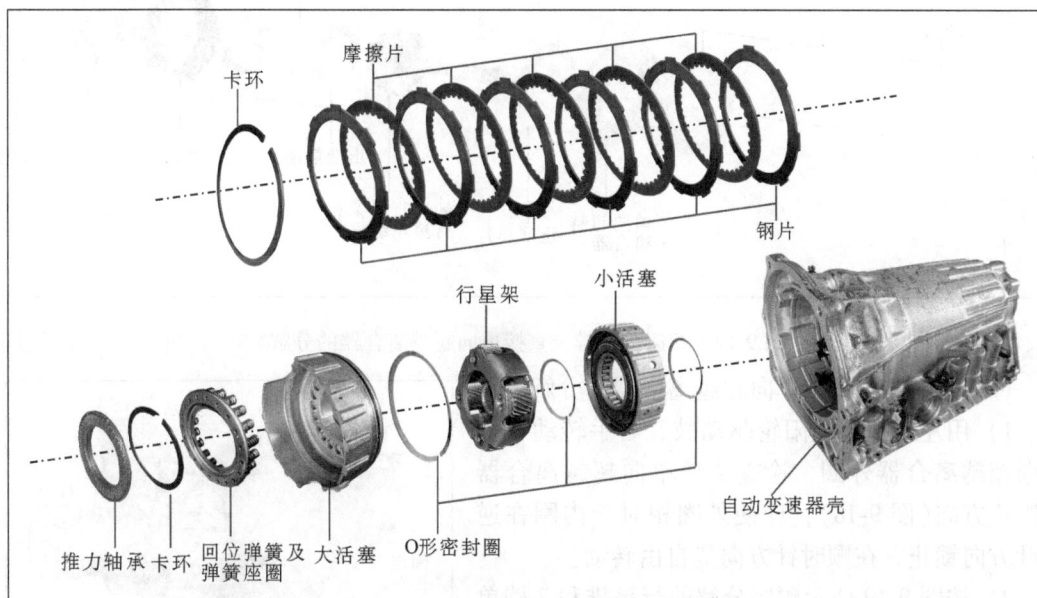

图 9-15　低速档及倒档制动器 B_2 的分解

1）使用专用工具，将自动变速器壳内的低速档及倒档制动器活塞的回位弹簧座圈压下，用螺钉旋具或卡环钳拆下卡环。

2）向壳体上的低速档及倒档制动器进油孔内吹入压缩空气，取出大活塞。

3）用专用工具取出回位滑套和小活塞。

3. 行星排、单向超越离合器的分解

在分解行星排、单向超越离合器之前，应先确认各个单向超越离合器的锁止方向，其方法是，用手握住与单向超越离合器内外圈连接的零件，使其分别朝不同方向做相对转动，检查并记下内外圈的相对锁止方向。特别是在没有详细技术资料的情况下维修自动变速器时，一定要做好这一记录；否则，一旦分解后不能按原有安装方向装复，将会使自动变速器不能正常工作，必须再次分解自动变速器进行检查，造成返工。

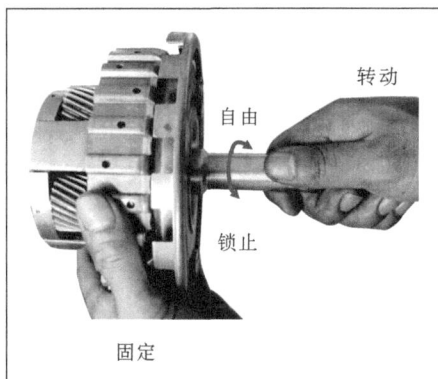

（1）超速行星排、直接单向超越离合器的分解

1）按图 9-16 所示方法检查直接单向超越离合器的锁止方向，应使该单向超越离合器外圈（行星架）相对于内圈（直接离合器鼓）在逆时针方向（由自动变速器前方看，下同）锁止，在顺时针方向可以自由转动。

图 9-16　直接单向超越离合器锁止方向的检查

2）按图 9-17 所示顺序分解超速行星排和直接单向超越离合器。

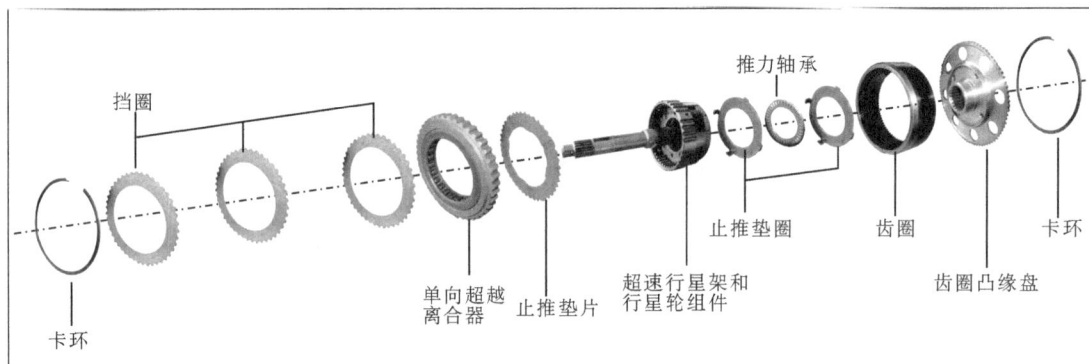

图 9-17　超速行星排、直接单向超越离合器的分解

（2）行星排、2 档单向超越离合器的分解

1）用左手握住太阳轮驱动鼓、右手转动 2 档单向超越离合器外圈，检查 2 档单向超越离合器的锁止方向（图 9-18），应使外圈相对于内圈在逆时针方向锁止，在顺时针方向能自由转动。

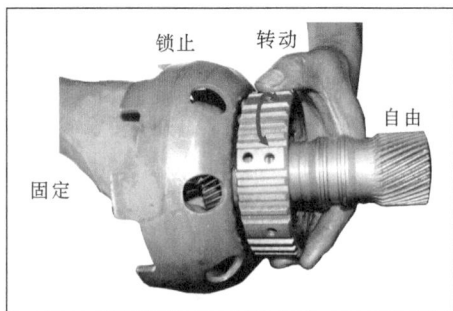

2）按图 9-19 所示顺序分解前行星排和 2 档单向超越离合器。

（3）后行星排、低速档单向超越离合器的分解

1）用左手握住后行星架，右手转动低档单向超越离合器内圈，检查其锁止方向，应使内圈相

图 9-18　2 档单向超越离合器锁止方向的检查

对于外圈在顺时针方向锁止，在逆时针方向可以自由转动。

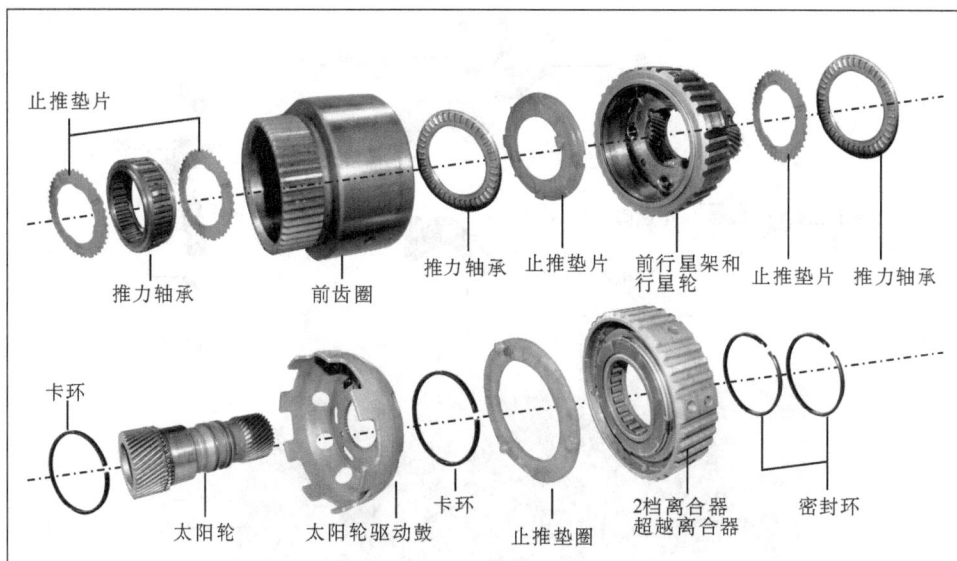

图 9-19　前行星排和 2 档单向超越离合器的分解

2）按图 9-20 所示顺序分解后行星排和低速档单向超越离合器。

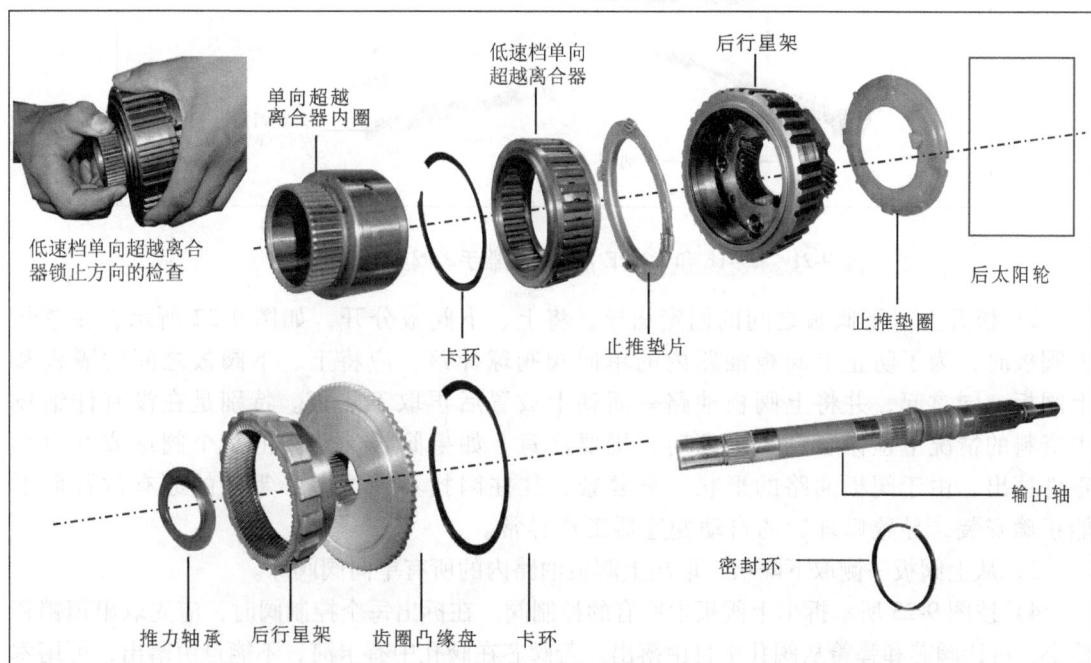

图 9-20　后行星排、低档单向超越离合器的分解

4. 阀板的分解

1）按图 9-21 所示拆下阀板上的手动阀及电磁阀等零件。

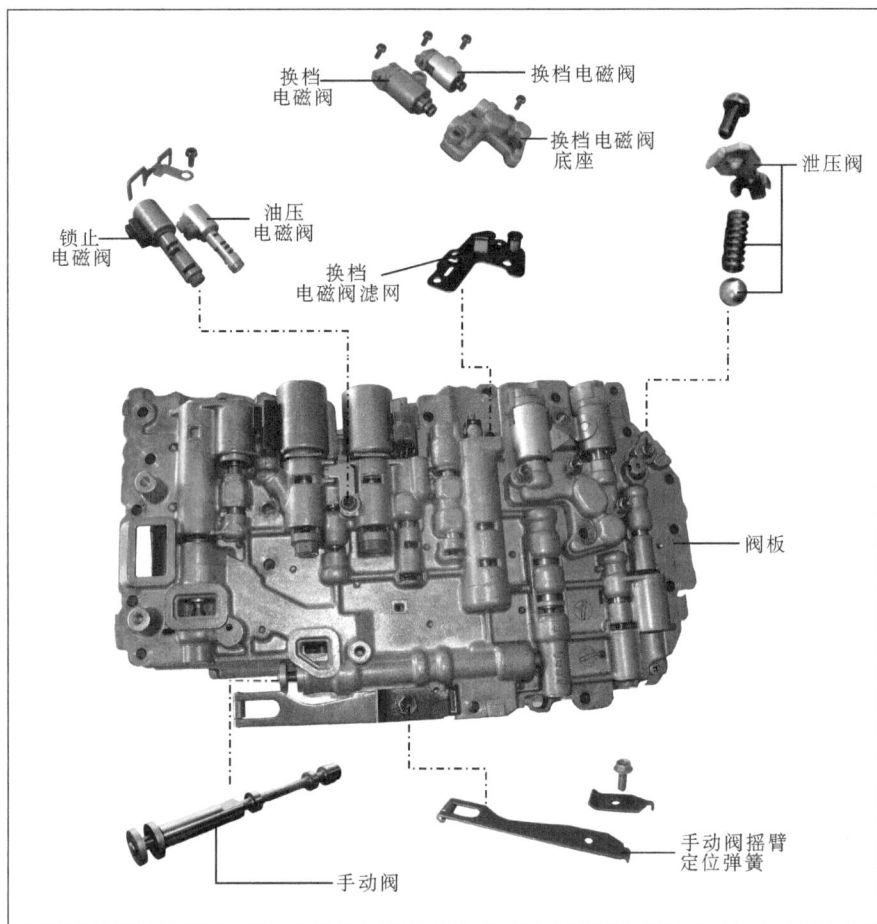

图 9-21　A341E 和 A342E 自动变速器手动阀和电磁阀的拆除

2）松开上、下阀板之间的固定螺栓，将上、下阀板分开，如图 9-22 所示。在拿起上阀板时，为了防止上阀板油路内的单向阀阀球掉落，应将上、下阀板之间的隔板和上阀板一同拿起，并将上阀板油路一面朝上放置后再取下隔板。特别是在没有详细技术资料的情况下检修自动变速器时，更要注意。如果阀板油路内的某个阀球或其他小零件掉出，由于阀板油路的形状十分复杂，往往因找不到这些小零件的原有位置而不能正确安装，导致修理后的自动变速器工作异常。

3）从上阀板一侧取下隔板，取出上阀板油路内的所有单向阀阀球。

4）按图 9-23 所示拆出上阀板中所有的控制阀。在拆出每个控制阀时，应先取出锁销和栓塞，再让阀芯和弹簧从阀孔中自由落出。若阀芯在阀孔中有卡滞，不能自由落出，可用木锤或橡胶锤敲击阀板，将阀芯振出；不要用铁丝或钳子伸入阀孔去取阀芯，以免损坏阀孔内径或阀芯。

5）按图 9-24 所示拆出下阀板中所有的控制阀。

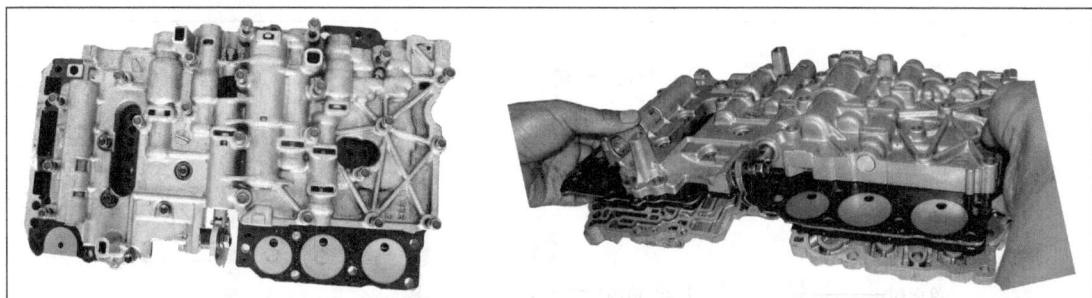

图 9-22　分开上、下阀板

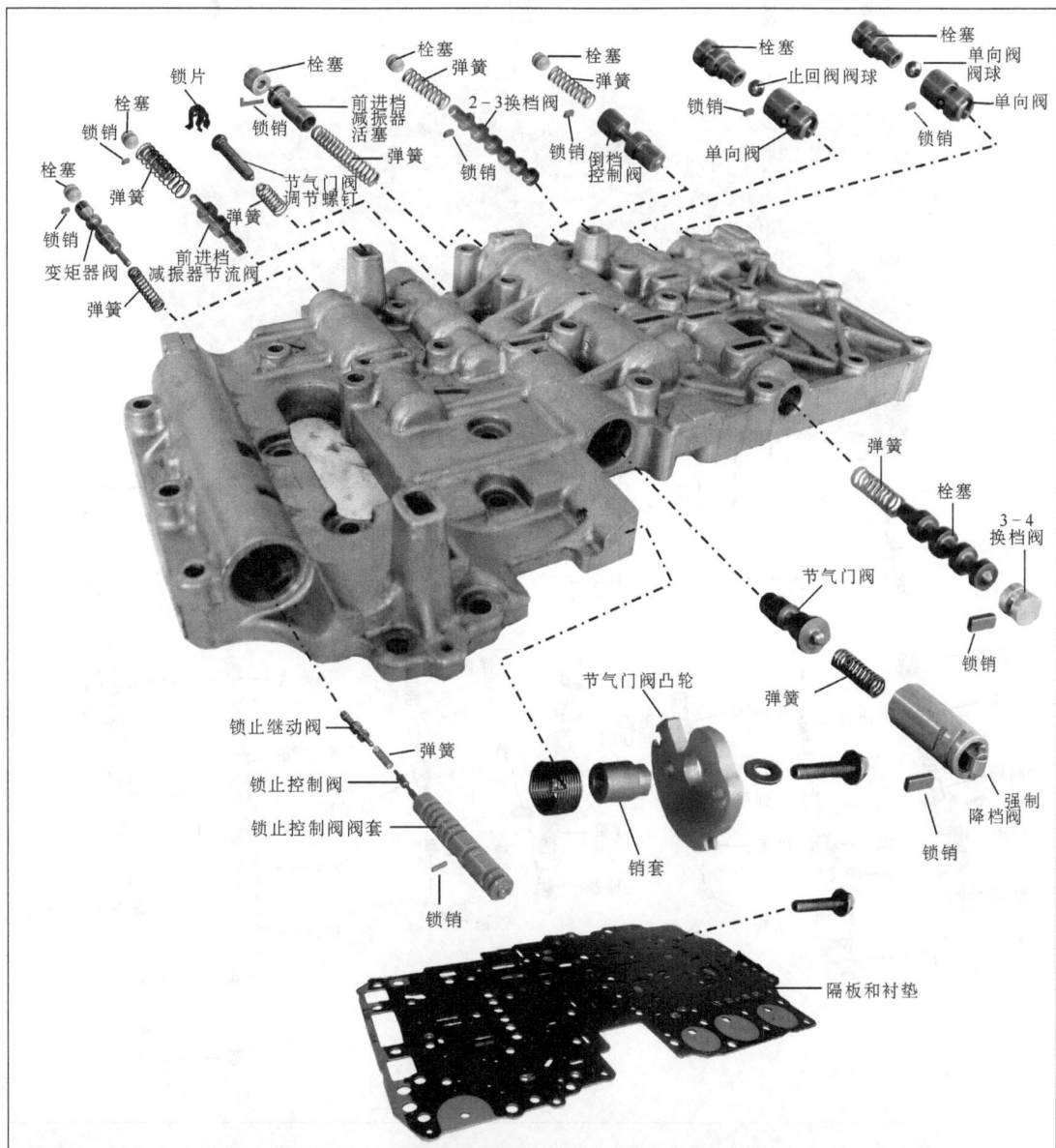

图 9-23　A341E 和 A342E 自动变速器上阀板的分解

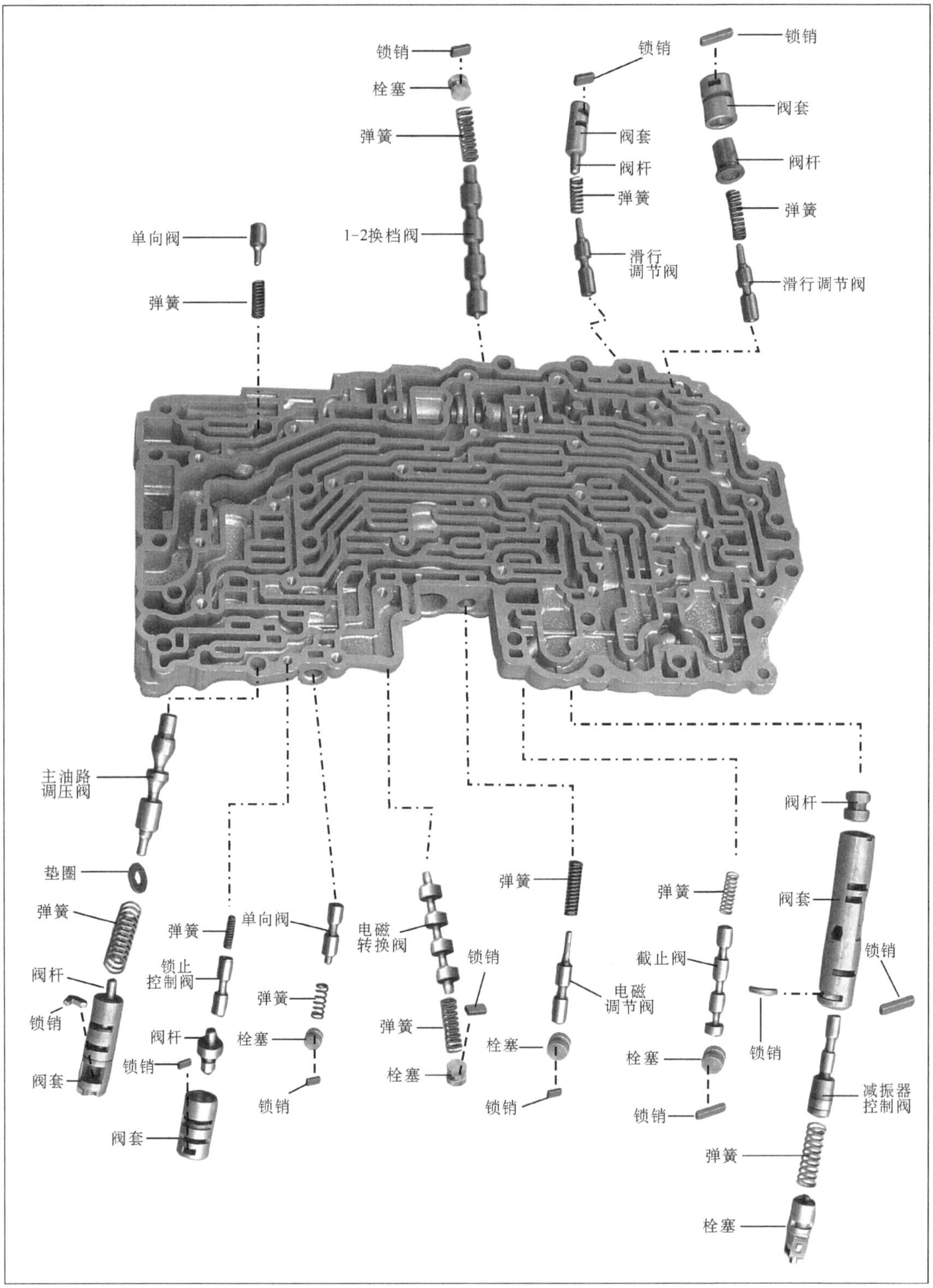

图 9-24　A341E 和 A34E 自动变速器下阀板的分解

四、部件的组装

1. 油泵的组装

用干净的煤油或汽油清洗油泵的所有零件，在清洗后的零件上涂少许液压油，按下列步骤组装：

1）在油泵前端盖上装入新的油封。

2）更换所有的O形密封圈，并在新的O形密封圈上涂液压油。

3）按分解时相反的顺序组装油泵各零件。

4）按照对称交叉的顺序，依次拧紧油泵盖螺栓，拧紧力矩为10N·m。

5）在油泵后端轴颈上的密封环槽内涂上凡士林，安装新的密封环。

6）检查油泵运转性能。将组装后的油泵插入变矩器中，转动油泵，油泵齿轮转动应平顺，无异响（图9-25）。

图9-25　油泵性能的检查

2. 离合器、制动器的装配

在装配离合器、制动器之前，应将所有零件用清洁的煤油或工业汽油清洗干净，油路、单向阀孔等处要用压缩空气吹净，不能被脏物堵住。

按照与分解相反的顺序装配各个离合器和制动器。在装配时应注意以下几点：

1）装配前应在所有配合零件表面上涂少许液压油。

2）更换摩擦片或制动带时，应将新的摩擦片或制动带放在干净的液压油中浸泡15min后安装。

3）安装回位弹簧座圈的卡环时安装要到位，应确认卡环已落在弹簧座圈上的凸爪内。

4）摩擦片和钢片要按拆卸时的顺序交错排列。摩擦片和钢片原则上没有方向性，正反面都可安装。在安装挡圈时，有台阶的一面应朝上，使平整的一面与摩擦片接触。有碟形环的离合器或制动器应将碟形环放置在下面第一片的位置上，使之与活塞接触，并使碟形环的凹面向上。

5）每个离合器或制动器装配后，都应检查活塞的工作是否正常。可按照分解时的方法，向油路内吹入压缩空气，检查活塞能否向上移动，将钢片和摩擦片压紧。若吹入压缩空气后活塞不能移动，应检查漏气的部位，分解修复后再重新安装。

6）用塞尺测量离合器和制动器的自由间隙，也可法用千分表测量离合器和制动器的自由间隙。若自由间隙不符合标准（表3-1），可采用更换不同厚度的挡圈的方法来调整。

3. 阀板的装配

1）将清洗后的上、下阀板和所有控制阀零件放在干净的液压油中，将其浸泡几分钟。

2）按相反的顺序安装上、下阀板各控制阀，注意各控制阀弹簧的安装位置，如图9-26所示，切不可将各控制阀的弹簧装错，必要时可参考表9-1，以区分各个控制阀的弹簧。

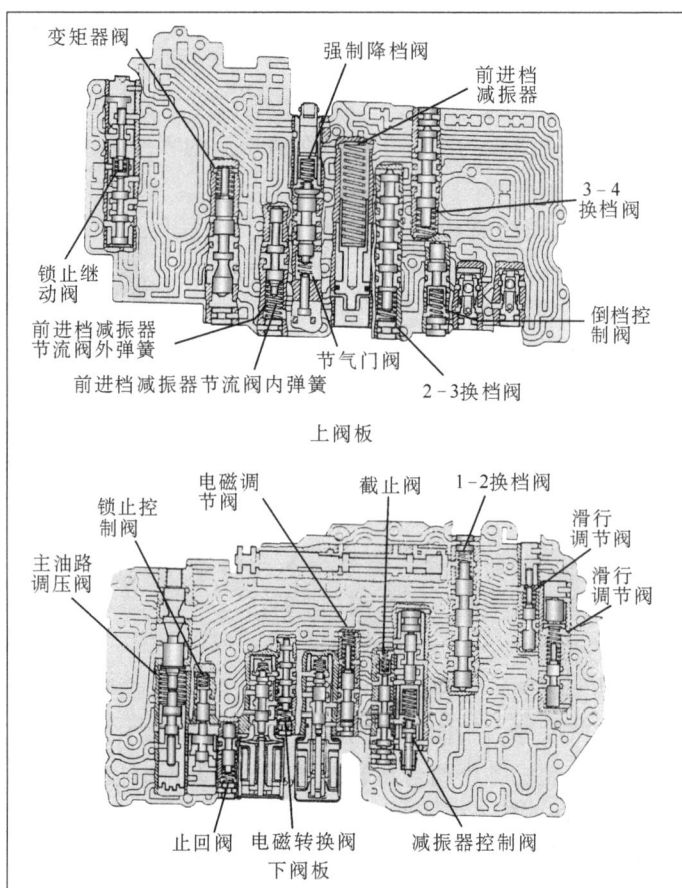

图 9-26　A341E 和 A342E 自动变速器上下阀板剖面图

表 9-1　A341E 和 A342E 自动变速器控制阀弹簧规格

序号	控制阀名称	自由长度/mm	弹簧外径/mm	总圈数
1	锁止继动阀	23.42	5.86	12
2	变矩器阀	36.78	9.22	13.5
3	前进档减振器节流阀	37.13	11.14	11
4	前进档减振器节流阀	21.50	7.76	11.5
5	强制降档阀	27.25	8.73	12.5
6	节气门阀	17.50	7.20	10
7	前进档减振器	75.26	15.02	17
8	2-3 换档阀	30.77	9.70	10.5
9	3-4 换档阀	30.77	9.70	10.5
10	倒档控制阀	25.38	8.64	9
11	主油路调压阀	40.62	16.88	9.5
12	锁止控制阀	18.52	5.30	13
13	止回阀	18.80	7.48	7.5
14	电磁转换阀	18.80	7.48	7.5
15	电磁调节阀	30.63	7.99	15
16	截止阀	20.30	6.10	13
17	减振器控制阀	34.50	8.85	12.5
18	1-2 换档阀	30.77	9.70	10.5
19	滑行调节阀	19.73	8.04	9.8
20	滑行调节阀	26.11~27.41	8.04	11~12

3）按图 9-27 所示位置，将上阀板油路内的阀球装入。

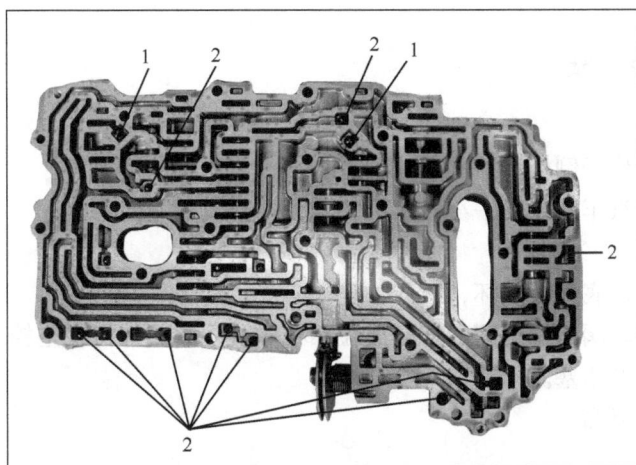

图 9-27　A341E 和 A342E 自动变速器阀球的安装位置

1—阀球 $\phi6.35mm$　2—阀球 $\phi5.54mm$

4）用螺钉将隔板及隔板衬垫固定在上阀板上。

5）将上、下阀板合在一起，按图 9-28 所示方法将三种不同规格的阀板螺栓安装在不同的位置上，分 2~3 次将所有螺栓拧紧。阀板螺栓的标准拧紧力矩为 6.1N·m。

6）按相反的顺序安装电磁阀和手动阀。

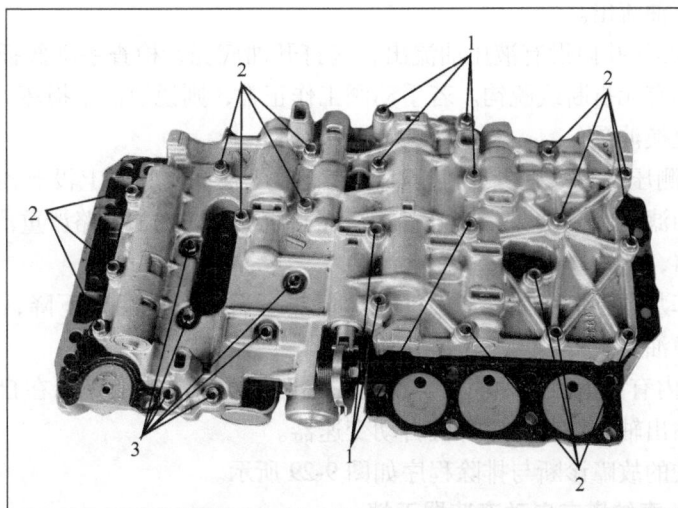

图 9-28　A341E 和 A342E 自动变速器阀板螺栓的安装位置

1—长螺栓，长度为45mm　2—中螺栓，长度为35mm　3—短螺栓，长度为20mm

第二节　故障诊断与排除

一、汽车不能行驶

1. 故障现象

1) 无论变速杆位于倒档、前进档或前进低档，汽车都不能行驶。

2) 冷车起动后汽车能行驶一小段路程，但稍一热车就不能行驶。

2. 故障原因

1) 自动变速器油底壳被撞坏，液压油全部漏光。

2) 变速杆和手动阀摇臂之间的连杆或拉索松脱，手动阀保持在空档或驻车档位置。

3) 油泵进油滤网堵塞。

4) 主油路严重泄漏。

5) 油泵损坏。

3. 故障诊断与排除

1) 拔出自动变速器的油尺，检查自动变速器液压油的油面高度。若油尺上没有液压油，说明自动变速器内的液压油已全部漏光。对此，应检查油底壳、液压油散热器以及油管等处有无破损而导致漏油。如果有严重漏油处，应修复后重新加油。

2) 检查自动变速器变速杆与手动阀摇臂之间的连杆或拉索有无松脱。如果有松脱，应予以装复，并重新调整好变速杆的位置。

3) 拆下主油路测压孔上的螺塞，起动发动机，将变速杆拨至前进档或倒档位置，检查测压孔内有无液压油流出。

4) 若主油路测压孔内没有液压油流出，应打开油底壳，检查手动阀摇臂轴与摇臂有无松脱，手动阀阀芯有无折断或脱钩。若手动阀工作正常，则说明油泵损坏。对此，应拆卸分解自动变速器，更换油泵。

5) 若主油路测压孔内只有少量液压油流出，油压很低或基本上没有油压，应打开油底壳，检查油泵进油滤网有无堵塞。如无堵塞，说明油泵损坏或主油路严重泄漏。对此，应拆卸分解自动变速器，予以修理。

6) 若冷车起动时主油路有一定的油压，但热车后油压就明显下降，说明油泵磨损过度。对此，应更换油泵。

7) 若测压孔内有大量液压油喷出，说明主油路油压正常，故障出在自动变速器中的输入轴、行星排或输出轴。对此，应拆检自动变速器。

汽车不能行驶的故障诊断与排除程序如图 9-29 所示。

4. 案例分析：索纳塔车自动变速器无档

(1) 故障现象　一辆 1995 款索纳塔轿车，采用 KM175 型自动变速器，在正常行驶中突然出现发动机空转，而后将变速杆挂入任何档位部无法行驶的现象。

(2) 故障原因、诊断与排除

```
                        汽车不能行驶
                            │
                    检查液压油油面高度
                            │
              ┌─────────────┴──────────────┐
         油面高度正常                      过低
              │                             │
      ┌───────┴────────┐          查找漏油部位，修
   冷车能行驶    冷车、热车均不能行驶      复并调整油面高度
      │               │
 液压泵磨损过度   检查变速杆与手动 ────────→ 松脱
      │           阀摇臂的连接              │
   更换液压泵        正常            重新连接并调整
                检查主油路油压
                    │
         ┌──────────┴──────────┐
      油压正常           油压过低或为0
         │                   │
   输入轴、输出轴    拆卸油底壳，检查进油滤网
   或行星齿轮损坏         │
              正常 ────────────── 堵塞
              检查手动阀        清洗或更换
                  │
         ┌────────┴────────┐
       正常           松脱或折断
         │                │
   油泵损坏；主      连接或更换
   油路严重泄漏
```

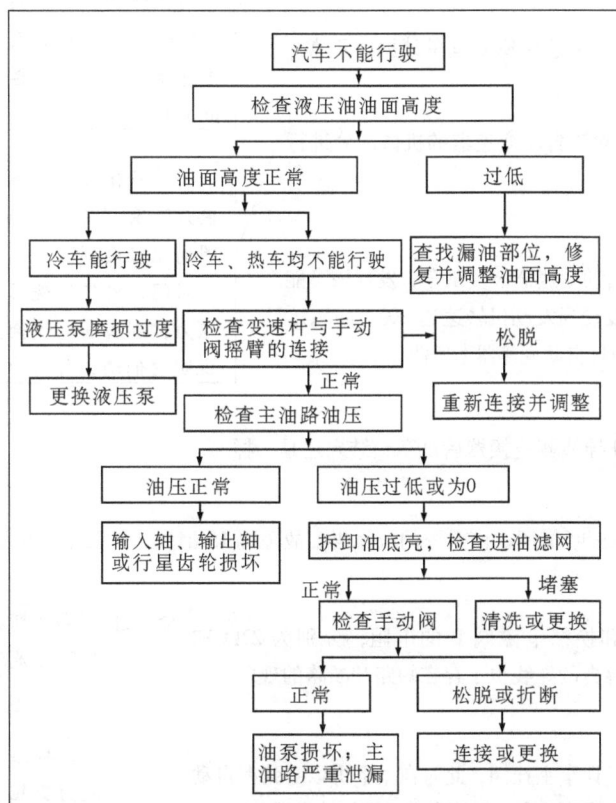

图 9-29　汽车不能行驶的故障诊断与排除程序

　　将该车拖至修理厂进行检查，发现无论在热机还是在冷机的状态下，将变速杆挂入任何位，该车都无法行驶

　　检查自动变速器油，其油量和品质都正常

　　检查传动轴、万向节和换档机构，也均正常

　　用元征 ADC2000 故障诊断仪调得 15（油温传感器低温开路）、41（换档电磁阀 A 开路）、43（换档电磁阀 B 开路）和 51（液力变矩器锁止离合器故障）等四个故障码

　　清除故障码（对于该车型，只需将蓄电池的负极线拆除 15s 以上，就可以清除自动变速器 ECU 内的故障记忆）时发现上述四个故障码无法清除，于是就怀疑线路有问题

检查自动变速器至自动变速器 ECU 间的线路，正常

因在静态下无法清除故障码，该车也不能行驶，所以无法判断换档电磁阀、油温传感器和自动变速器 ECU 这三者间是哪个出了问题

根据维修经验，首先对该自动变速器的机械部分进行检查

将其解体后发现各档离合器、制动器摩擦片没有损坏，各轴、齿轮、轴承和密封圈均完好无损

对阀体进行清洗后，将换档电磁阀、压力控制阀通电试验，均有"咔嗒"声。说明它们均工作

更换油温传感器后将自动变速器装复试车，发现该车能够前进和后退，但路试发现当发动机转速达 4000 r/min 时，车速才达到 80 km/h，而且自动变速器不换档

拔下自动变速器 ECU 导线侧连接器后试车，结果还是一样

用元征 ADC2000 故障诊断仪调取该系统的故障码，故障码 15 消失，而其他三个故障码依然存在

测量换档电磁阀 A 和换档电磁阀 B 的电阻，分别为 22Ω 和 23Ω，在标准范围内；各自的导线也不存在短路和断路的现象

那么到底是自动变速器 ECU 故障还是液力变矩器锁止离合器故障呢

将该车用举升机举起，让车主挂档，此时在车下可以听到在自动变速器与发动机之间有金属摩擦声，但该声音瞬间就消失了

根据维修经验，一般可认为液力变矩器有故障，于是决定测量该自动变速器的油压

将变速杆置于 D 位，接通超速控制开关，当发动机转速为 2500 r/min 时，在减压测试口得得的油压为 0.3 MPa（正常值为 0.35 ~ 0.70 MPa），液力变矩器的油压为 0.12 MPa（正常值为 0.44 ~ 0.63 MPa）

两者的压力都较低，说明液力变矩器可能有问题

为了准确判断出故障部位，接着做了失速试验，结果发现在任何档失速转速都过低，为 1200 r/min（正常值应为 1800 ~ 2800 r/min）

因发动机动力性能良好，因此就可以判断为液力变矩器有问题

再次拆下自动变速器，换上一只翻新的液力变矩器后，装复自动变速器，测量液力变矩器的油压，为 0.6 MPa

对该车进行路试，当发动机转速达 2500 r/min 时，车速已达 120 km/h，而且自动变速器换档正常

再次用元征 ADC2000 故障检测仪调取自动变速器系统的故障码，无故障码显示

故障完全排除

5. 案例分析：别克轿车没有 2、3、4 档

（1）故障现象　该车在行驶中没有 2、3、4 档，无法正常提速。

（2）故障排除

> 修前试车，最高时速仅为 70km/h，且节气门全开

> 用 Tech2 仪器检查，电控系统无故障，只是始终在 1 档，没有 2、3、4 档。打开油底壳，未发现异常现象

> 拆下变速器，打开侧盖，拆下槽板/阀体、链轮以及从动链轮支架后，发现 2 档离合器外壳与内衬焊接部位脱落

> 2 档离合器外壳与内衬脱落，使得在提速中 2 档无法离合，故无法达到 2、3、4 档的换档要求，所以只能在 1 档运行

> 更换 2 档离合器，并清洗其余零件，重新安装后，从低速到高速多次换档试车，无异常现象

> 故障排除

二、自动变速器打滑

1. 故障现象

1) 起步时踩下加速踏板，发动机转速很快升高但车速升高缓慢。

2) 行驶中踩下加速踏板加速时，发动机转速升高但车速没有很快提高。

3) 平路行驶基本正常，但上坡无力，且发动机转速异常高。

2. 故障原因

1) 液压油油面太低。

2) 液压油油面太高，运转中被行星排剧烈搅动后产生大量气泡。

3) 离合器或制动器摩擦片、制动带磨损过甚或烧焦。

4) 油泵磨损过甚或主油路泄漏，造成油路油压过低。

5) 单向超越离合器打滑。

6) 离合器或制动器活塞密封圈损坏，导致漏油。

7) 减振器活塞密封圈损坏，导致漏油。

3. 故障诊断与排除

打滑是自动变速器最常见的故障之一。虽然自动变速器打滑往往都伴有离合器或制动器摩擦片严重磨损甚至烧焦等现象，但如果只是简单地更换磨损的摩擦片而没有找出打滑的真正原因，则会使修后的自动变速器使用一段时间后又出现打滑现象。因此，对于出现打滑的自动变速器，不要急于拆卸分解，应先做各种检查测试，以找出造成打滑的真正原因。

1) 对于出现打滑现象的自动变速器，应先检查其液压油的油面高度和品质。若油面过低或过高，应先调整至正常后再做检查。若油面调整正常后自动变速器不再打滑，可不必拆修自动变速器。

2）检查液压油的品质。若液压油呈棕黑色或有烧焦味，说明离合器或制动器的摩擦片或制动带有烧焦，应拆修自动变速器。

3）路试，以确定自动变速器是否打滑，并检查出现打滑的档位和打滑的程度。将变速杆拨入不同的位置，使汽车行驶。若自动变速器升至某一档位时发动机转速突然升高，但车速没有相应地提高，即说明该档位有打滑。打滑时发动机的转速越容易升高，说明打滑越严重。

根据出现打滑的规律，还可以判断产生打滑的是哪一个换档执行元件（以3行星排的辛普森式4档行星齿轮变速器为例）。判断方法如下：

① 若自动变速器在所有前进档都有打滑现象，则为前进离合器打滑。

② 若自动变速器在变速杆位于D位时的1档有打滑而在变速杆位于L位或1位时的1档不打滑，则为前进单向超越离合器打滑。若不论变速杆位于D位或L位或1位时，1档都有打滑现象，则为低速档及倒档制动器打滑。

③ 若自动变速器只在变速杆位于D位时的2档有打滑，而在变速杆位于S位或2位时的2档不打滑，则为2档单向超越离合器打滑。若不论变速杆位于D位、S位或2位时，2档都有打滑现象，则为2档制动器打滑。

④ 若自动变速器只在3档有打滑现象，则为倒档及高速档离合器打滑。

⑤ 若自动变速器只在超速档时有打滑现象，则为超速制动器打滑。

⑥ 若自动变速器在倒档和高速档时都有打滑现象，则为倒档及高速档离合器打滑。

⑦ 若自动变速器在倒档和1档时都有打滑现象，则为低速档及倒档制动器打滑。

4）对于有打滑故障的自动变速器，在拆卸分解之前。应先检查自动变速器的主油路油压，以找出造成自动变速器打滑的原因。自动变速器不论前进档或倒档均打滑，其原因往往是主油路油压过低。若主油路油压正常，则只要更换磨损或烧焦的摩擦元件即可。若主油路油压不正常，则在拆修自动变速器的过程中，应根据主油路油压（详见前面章节），相应地对油泵或阀板进行检修，并更换自动变速器的所有密封圈和密封环。

自动变速器打滑的故障诊断与排除程序如图9-30所示。

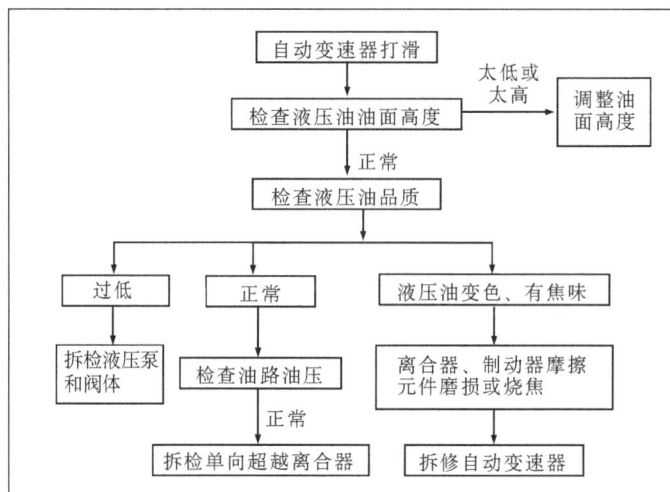

图9-30　自动变速器打滑的故障诊断与排除程序

4. 案例分析：本田车自动变速器打滑

（1）故障现象 一辆本田雅阁轿车（采用2.2L发动机和自动变速器）当车速达到50km/h时，发动机转速会突然升高，自动变速器出现打滑现象。

（2）故障原因、诊断与排除

首先试车验证故障现象。发现在各前进档位起步都正常，发动机加速良好，驱动有力

将变速杆置于D₄位行驶，当车速达到30km/h，发动机转速为1800r/min时，自动变速器进行了1次换档，再继续加速行驶也正常，但当车速达到50km/h左右时就出现上述故障现象。因为只感觉到升了1次档，怀疑自动变速器3档存在打滑现象

为了验证该判断的正确性，将变速杆置于2位，当车速达到80km/h时放松加速踏板使节气门处于小开度状态，同时将变速杆推到D₄位，跳过3档，然后继续将轿车加速行驶，发现轿车的车速能达到120km/h以上，接着将轿车减速，当车速降到50km/h左右时，再重新使发动机加速，自动变速器又出现了打滑现象，证明3档确实打滑

对该车自动变速器3档打滑的原因进行分析，认为可能的原因有：油压低；3档油路泄压；3档离合器摩擦片间隙太大；自动变速器阀体有故障；换档电磁阀或其线路有故障

首先对主油路压力进行测试，油压为820kPa，正常

检查自动变速器电磁阀和车速传感器线路，未发现问题

于是就将自动变速器拆下来检查，因为3档打滑，决定对3档离合器油路进行加压试验

当向4档离合器通入压缩空气后，4档离合器与4档齿轮连接为一个整体；再向3档离合器通入压缩空气后，发现3档齿轮和主轴能相对转动

正常情况下，当3档离合器工作时，在油压的作用下离合器活塞运动，压紧3档离合器摩擦片，使3档齿轮实现传动。当3档齿轮轴环位置装反后，3档齿轮毂就紧靠3档离合器活塞，当3档离合器工作时不能压紧3档离合器摩擦片，反而压紧了3档齿轮毂，造成离合器摩擦片打滑

经仔细观察，发现3档离合器摩擦片根本没有压紧，但同时发现该离合器并不漏气，说明3档离合器活塞及密封圈完好无损，可能在装配方面有问题

根据该车型自动变速器装配图对照实物检查，终于发现问题：原来3档齿轮轴环位置装反了

更换离合器摩擦片，并按照要求装配好自动变速器后试车，上述故障现象消失

三、换档冲击大

1. 故障现象

1）在起步时，由停车档或空档挂入倒档或前进档时，汽车振动较严重。

2）行驶中，在自动变速器升档的瞬间汽车有较明显的闯动。

2. 故障原因

1）发动机怠速过高。

2）节气门拉索或节气门位置传感器调整不当，使主油路油压过高。

3）升档过迟。

4）真空式节气门阀的真空软管破裂或松脱。

5）主油路调压阀有故障，使主油路油压过高。

6）减振器活塞卡住，不能起减振作用。

7）单向阀钢球漏装，换档执行元件（离合器或制动器）接合过快。

8）换档执行元件打滑。

9）油压电磁阀不工作。

10）微处理器有故障。

3. 故障诊断与排除

导致自动变速器换档冲击大的故障原因很多，情况也比较复杂。故障原因可能是调整不当等，对此，只要稍做调整即可排除；也可能是自动变速器内部的控制阀、减振器或换档执行元件有故障，对此，必须分解自动变速器，予以修理；还可能是电子控制系统有故障，对此，必须对电子控制系统进行检测，才能找出具体原因。因此，在诊断故障的过程中，必须循序渐进，对自动变速器的各个部分做认真的检查。一定要在全面检测的基础上，有针对性地进行分解修理，切不可盲目地拆修。

1）检查发动机怠速。装用自动变速器的汽车的发动机怠速一般为750r/min左右。若怠速过高，应按标准予以调整。

2）检查节气门拉索或节气门位置传感器的调整情况。如不符合标准，应重新予以调整。

3）检查真空式节气门阀的真空软管。如有破裂，应更换；如有松脱，应接牢。

4）做道路试验。如果有升档过迟的现象，则说明换档冲击大的故障是升档过迟所致。如果在升档之前发动机转速异常升高，导致在升档的瞬间有较大的换档冲击，则说明离合器或制动器打滑，应分解自动变速器，予以修理。

5）检测主油路油压。如果怠速时的主油路油压过高，则说明主油路调压阀或节气门阀有故障，可能是调压弹簧的预紧力过大或阀芯卡滞所致；如果怠速时主油路油压正常，但起步进档时有较大的冲击，则说明前进离合器或倒档及高速档离合器的进油单向阀阀球损坏或漏装。对此，应拆卸阀板，予以修理。

6）检测换档时的主油路油压。在正常情况下，换档时的主油路油压会有瞬时的下降。如果换档时主油路油压没有下降，则说明减振器活塞卡滞。对此，应拆检阀板和减振器。

7）电控液力控制自动变速器如果出现换档冲击过大的故障，应检查油压电磁阀的线路以及油压电磁阀工作是否正常、微处理器是否在换档的瞬间向油压电磁阀发出控制信号。如果线路有故障，应予以修复；如果电磁阀损坏，应更换电磁阀；如果微处理器在换档的瞬间

没有向油压电磁阀发出控制信号，说明微处理器有故障，对此，应更换微处理器。

自动变速器换档冲击大的故障诊断与排除程序如图 9-31 所示。

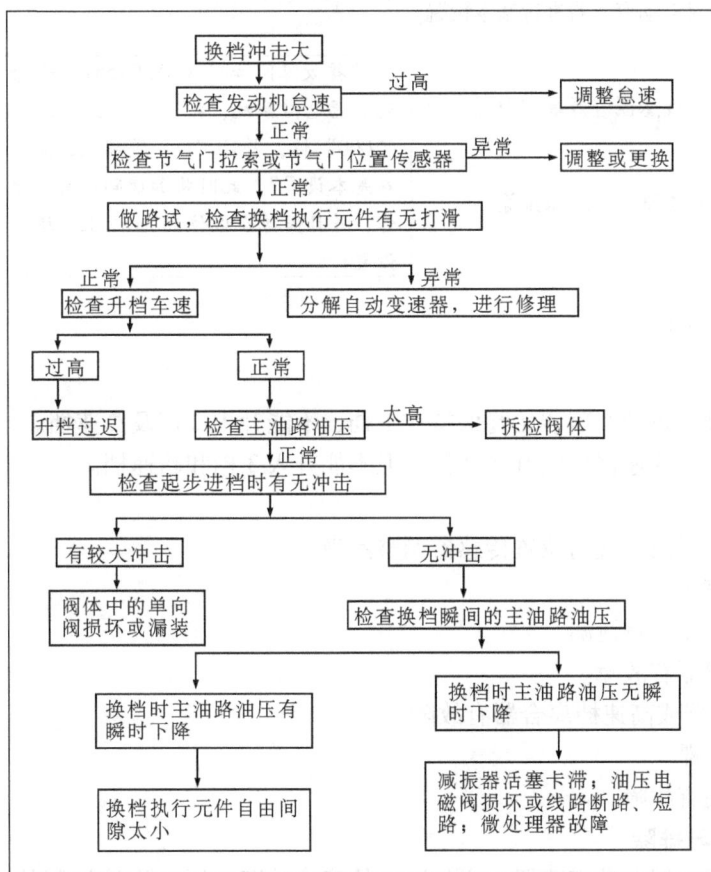

图 9-31　换档冲击大的故障诊断与排除程序

4. 案例分析：帕萨特 B5 轿车自动变速器工作不平稳

（1）故障现象　该车行驶时工作不平稳，换档时有冲击。

（2）故障排除

试车发现，该车自动变速器工作确实不平稳，各档之间进行转换时有冲击

连接故障阅读仪 V. A. G1551 进行诊断，自动变速器电控系统无故障码存在

这些故障检查起来很复杂。询问驾驶人该车以前曾修过哪些部位，驾驶人拿出一张结算单，从上面看出该车曾拆卸过发动机的节气门体

自动变速器工作不平稳，换档时有冲击的原因主要如下：

① 自动变速器执行元件（如离合器或制动器等）损坏

② 主油路压力过高

③ 换档电磁阀有故障

④ 控制阀体有故障

⑤ 变速器控制单元有故障

拆卸节气门体应检查发动机工作是否正常，分析可能对发动机进行了基本设置，而没对自动变速器进行基本设置

对自动变速器进行基本设置

连接故障阅读仪 V. A. G1551，选择"02"进入自动变速器电控系统，按"04"键，选择"基本设置"，按"000"键，并按"Q"键确认，显示器上出现"系统在基本设置"，此时将加速踏板踩到底，使低档开关动作，并且保持在该位置 3s 以上，退出系统，完成基本设置

再次试车，故障排除

四、不能升档

1. 故障现象

1）汽车行驶中自动变速器始终保持在 1 档，不能升入 2 档及高速档。

2）行驶中自动变速器可以升入 2 档，但不能升入 3 档和超速档。

2. 故障原因

1）节气门拉索或节气门位置传感器调整不当。

2）调速器有故障。

3）调速器油路严重泄漏。

4）车速传感器有故障。

5）2 档制动器或高速档离合器有故障。

6）换档阀卡滞。

7）档位开关有故障。

3. 故障诊断与排除

1）对于电子控制自动变速器，应先进行故障自诊断。影响换档控制的传感器有节气门位置传感器、车速传感器等。按所显示的故障码查找故障原因。

2）按标准重新调整节气门拉索或节气门位置传感器。

3）检查车速传感器。如有损坏，应予以更换。

4）检查档位开关的信号。如有异常，应予以调整或更换。

5）测量调速器油压。若车速升高后调速器油压仍为 0 或很低，说明调速器有故障或调速器油路严重泄漏。对此，应拆检调速器。调速器阀芯如有卡滞，应分解清洗，并将阀芯和阀孔用金相砂纸抛光。若清洗抛光后仍有卡滞，应更换调速器。

6）用压缩空气检查调速器油路有无泄漏。如有泄漏，应更换密封圈或密封环。

7）若调速器油压正常，应拆卸阀板，检查各个换档阀。换档阀如有卡滞，可将阀芯取出，用金相砂纸抛光，再清洗后装入。如不能修复，应更换阀板。

8）若控制系统无故障，应分解自动变速器，检查各个换档执行元件有无打滑，用压缩空气检查各个离合器、制动器油路或活塞有无泄漏。

自动变速器不能升档的故障诊断与排除程序如图 9-32 所示。

4. 案例分析：2003 款奥迪 A4 轿车不升档

（1）故障现象　一辆 2003 款奥迪 A4 轿车（BFB 1.8T 涡轮增压发动机）。行驶里

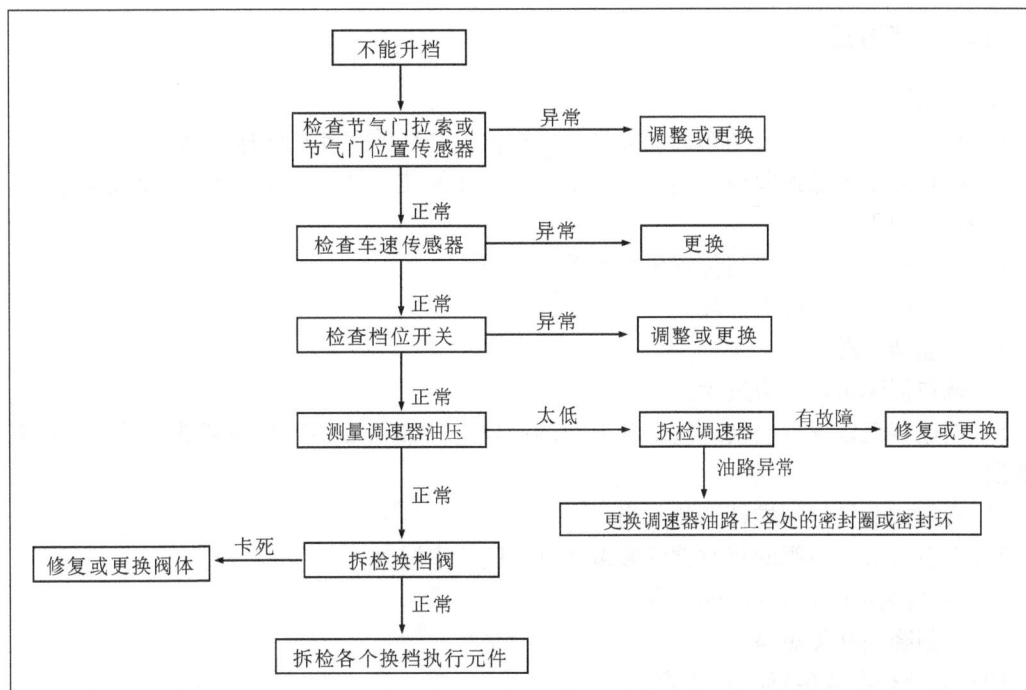

图 9-32 自动变速器不能升档的故障诊断与排除程序

程为 715km，D 位行驶热车后，变速杆位于 D 位，仪表显示 1、2、3、4、5 档位，且位于 1 位时，加速不升档，以至发动机转速达到 4000r/min 时，车速仪能达到 40km/h。

（2）故障排除

连接 V.A.S5051 及 V.A.S6017，检测自动变速器电子控制系统，读取故障码为 18161，显示内容为"Tiptronic 开关 F189 信号不可靠"

针对"18161"故障，重点检测 F189 的信号状态。读取"03"组显示信息，在正常情况下，"03"组显示内容：D，no operate；1 区显示换档档位（D 位）；2 区显示变速杆是否位于换档槽；3 区显示变速杆在换档槽内是否有加档操作；4 区显示变速杆在换档槽内是否有减档操作

多次上路试车，直至故障现象出现，"03"组显示内容变为 D、M Switch up button、Down button，此时根据 3 区、4 区显示信息可知，ECU 接收到变速杆在换档槽内同时做加减档操作，故判定信号不可靠，记录故障控制车速，不升档。实质上变速杆并未切入换档槽，可见 2 区显示信息亦是错误的，故可确定故障原因为 Tiptronic 开关 F189 损坏。更换 F189 后，故障排除。多次试车，故障现象再未出现

信号不可靠故障有几种可能原因：①信号时有时无，多数是由于传感器的电源线或搭铁线接触不良，传感器无电或无法构成回路，无法将信号准确地输入 ECU 所致；②信号值超过上限，此种情况多发生在信号区间较大的传感器上，如空气流量计、冷却液温度传感器等，并多伴有"信号超限"故障码；③传感器同时输出互为镜像的信号，在正常的操作模式下，此种情况是不可能出现的，故 ECU 将存储故障

此例故障为何是 D 位行驶一段时间热车后出现，而不是 D 位刚一挂入就出现？仔细检查 F189 电路板上所有焊点，未发现虚接、脱落现象，初步分析应为 F189 内部热敏元件工作不稳定

五、升档过迟

1. 故障现象

1）在汽车行驶中，升档车速明显高于标准值，升档前发动机转速偏高。

2）必须采用松加速踏板提前升档的操作方法才能使自动变速器升入高档或超速档。

2. 故障原因

1）节气门拉索或节气门位置传感器调整不当。

2）节气门位置传感器损坏。

3）调速器卡滞。

4）调速器弹簧预紧力过大。

5）调速器壳体螺栓松动或输出轴上的调速器进出油孔处的密封环磨损，导致调速器油路泄漏。

6）真空式节气门阀推杆调整不当。

7）真空式节气门阀的真空软管破裂或真空膜片室漏气。

8）主油路油压或节气门油压太高。

9）强制降档开关短路。

10）微处理器或传感器有故障。

3. 故障诊断与排除

1）对于电控液力控制自动变速器，应先进行故障自诊断。如有故障码，则按所显示的故障码查找故障原因。

2）检查节气门拉索或节气门位置传感器的调整情况。如不符合标准，应重新予以调整。

3）测量节气门位置传感器的电阻。如不符合标准，应予以更换。

4）对于采用真空式节气门阀的自动变速器，应拔下真空式节气门阀上的真空软管，检查在发动机运转中真空软管内有无吸力，如果没有吸力，说明真空软管破裂、松脱或堵塞。对此，应予以修复。

5）检查强制降档开关。如有短路，应予以修复或更换。

6）测量怠速时的主油路油压，并与标准值进行比较。若油压太高，应通过节气门拉索或节气门位置传感器予以调整。采用真空式节气门阀的自动变速器，应采用减小节气门阀推杆的长度的方法予以调整。若调整无效，应拆检主油路调压阀或节气门阀。

7）用举升器将汽车升起，使驱动轮悬空，然后起动发动机，挂上前进档，使自动变速器运转，同时测量调速器油压。调速器油压应能随车速的升高而增大。将不同转速下测得的调速器油压与《自动变速器维修手册》上的标准值进行比较。若油压值低于标准值，说明调速器有故障或调速器油路有泄漏。对此，应拆卸自动变速器，检查调速器固定螺栓有无松动、调速器油路上的各处密封圈或密封环有无磨损漏油、调速器阀芯有无卡滞或磨损过甚、调速弹簧是否太硬。

8）若调速器油压正常，则升档过迟的故障原因为换档阀工作不良。对此，应拆检或更换阀板。

自动变速器升档过迟的故障诊断与排除程序如图9-33所示。

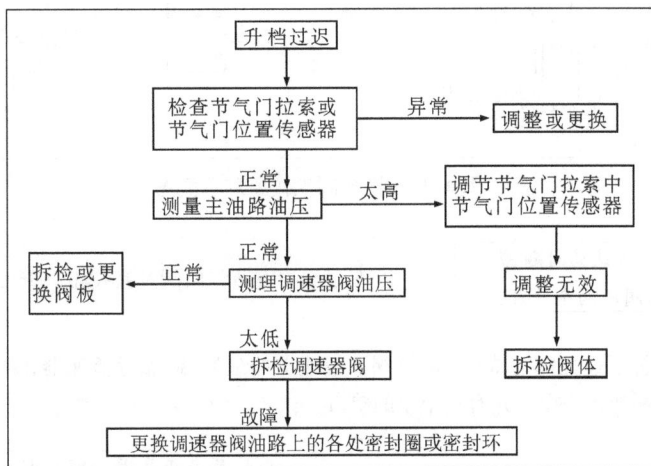

图 9-33　升档过迟的故障诊断与排除程序

4. 案例分析：自动变速器升档过迟故障的排除

一辆进口别克世纪乘用车，自动变速器的型号为 4T60，属于液压控制换档型。由于缺油，自动变速器内摩擦片和钢片严重烧毁。经修理，汽车虽能行驶，但驾驶人明显感到换档过迟。后又反复修理过好几次，更换了许多零件，如阀板、油泵和变矩器等，但都没能彻底解决。

首先对该自动变速器进行了全面的检查。通过油压检测，发现主油路油压正常

由于前面更换过零件后没有解决问题，判断问题的关键不在那些部位

根据该车故障特征，对照液压油路图，对液压控制系统进行了全面的分析与研究。

对于液压控制换档的自动变速器，档位的变化主要由两个因素决定，即节气门阀油压与调速器油压。如图 9-34 所示，节气门阀油压 p_2 与调速器油压 p_1 同时作用在换档阀的两端。当 p_1 与弹簧力 F 的合力大于 p_1 的作用力时，换档阀处于最右侧，于是产生低速档油路（图 9-34a）；当 p_1 的作用大于 p_2 与 F 的合力时，换档阀向左移，于是产生高档油路（图 9-34b）。在一般的 4 档自动变速器中，这样的换档阀有三个，分别是 1—2 换档阀、2—3 换档阀和 3—4 换档阀，换档控制原理相同

其中，节气门油压由节气门阀产生，其输入油压为主油路压力，输出油压为节气门油压，油压的大小不仅与节气门的开度有关，而且与节气门阀拉索的调节有关。节气门油压过高，换档延迟；油压过低，换档提前

调速器油压由速控阀产生，其输入油压为主油路压力，输出油压为调速器油压，油压的大小与汽车行驶的速度有关。在某一车速时，如果调速器油压低于标准值，则换档延迟；如果高于标准值，则换档提前

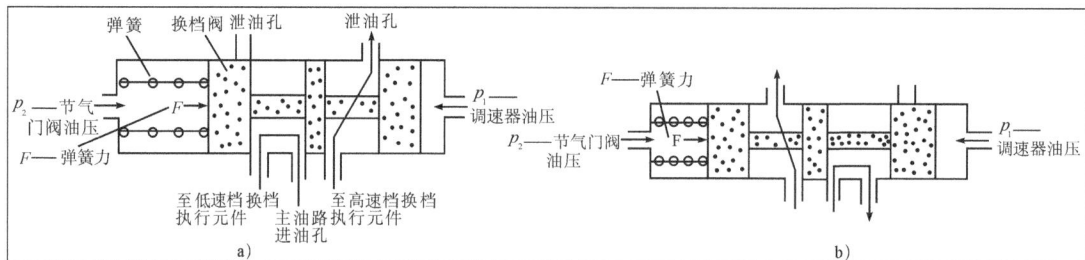

图9-34 换档阀工作原理示意图

通过以上分析，可认为问题应该是出在作用在换档阀的两个油压上

旧车仔细检查节气门阀及其拉索，未发现可疑之处

再检查速控阀，当拆下速控阀总成时（速控阀在变速器的最后端，靠近差速器，对于旧车可以将其拆下），发现有一密封圈严重磨损，并有一个小的缺口

更换新的密封圈后再试车，故障排除

原来正是因为密封圈损坏，造成严重的泄压，使得调速器油压过低，从而引起换档延迟

六、无前进档

1. 故障现象

1）汽车倒档行驶正常，在前进档时不能行驶。

2）变速杆在D位时不能起步，在S位、L位（或2位、1位）时可以起步。

2. 故障原因

1）前进离合器严重打滑。

2）前进单向超越离合器打滑或装反。

3）前进离合器油路严重泄漏。

4）变速杆调整不当。

3. 故障诊断与排除

1）检查变速杆的调整情况。如有异常，应按规定程序重新调整。

2）测量前进档主油路油压。若油压过低，说明主油路严重泄漏，应拆检自动变速器，更换前进档油路上各处的密封圈和密封环。

3）若前进档的主油路油压正常，应拆检前进离合器。如摩擦片表面粉末冶金层有烧焦或磨损过甚，应更换摩擦片。

4）若主油路油压和前进离合器均正常，则应拆检前进单向超越离合器，按照《自动变速器维修手册》所述方法检查前进单向超越离合器的安装方向是否正确以及有无打滑。如有装反，应重新安装；如有打滑，应更换新件。

自动变速器无前进档的故障诊断与排除程序如图9-35所示。

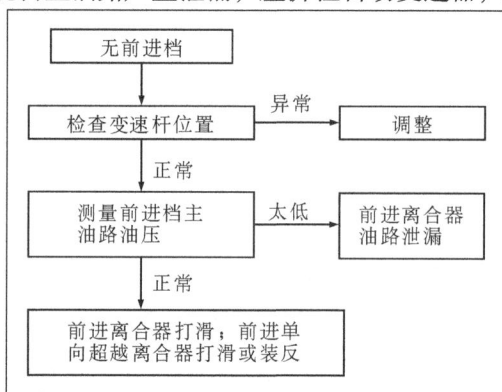

图9-35 无前进档的故障诊断与排除程序

七、无超速档

1. 故障现象

1）在汽车行驶中，车速已升高至超速档工作范围，但自动变速器仍不能从 3 档换入超速档。

2）在车速已达到超速档工作范围后，采用提前升档（即松开加速踏板几秒后再踩下）的方法也不能使自动变速器升入超速档。

2. 故障原因

1）超速档开关有故障。

2）超速电磁阀有故障。

3）超速制动器打滑。

4）超速行星排上的直接离合器或直接单向超越离合器卡死。

5）档位开关有故障。

6）液压油温度传感器有故障。

7）节气门位置传感器有故障。

8）3-4 换档阀卡滞。

3. 故障诊断与排除

1）对于电控液力控制自动变速器，应先进行故障自诊断，检查有无故障码。液压油温度传感器、节气门位置传感器以及超速电磁阀等部件的故障都会影响超速档的换档控制。按显示的故障码查找故障原因。

2）检查液压油温度传感器在不同温度下的电阻值，并与标准值进行比较。如有异常，应更换液压油温度传感器。

3）检查档位开关和节气门位置传感器的信号。档位开关的信号应和变速杆的位置相符。节气门位置传感器的电阻或输出电压应能随节气门开度的增大而上升，并与标准相符。如有异常，应予以调整。若调整无效，应更换档位开关或节气门位置传感器。

4）检查超速档开关。在 ON 位置时，超速档开关的触点应断开，超速指示灯不亮；在 OFF 位置时，超速档开关的触点应闭合，超速指示灯亮起（图 9-36）。如有异常，应检查电路或更换超速档开关。

图 9-36 超速档开关的检查

a）超速档开关 b）超速指示灯 c）开关触点

5）检查超速电磁阀的工作情况。打开点火开关，但不要起动发动机，在按下超速档开关时，检查超速电磁阀有无工作的声音。如果超速电磁阀不工作，应检查控制线路或更换超速电磁阀。

6）用举升器将汽车升起，使驱动轮悬空。运转发动机，使自动变速器以前进档工作，检查在空载状态下自动变速器的升档情况。如果在空载状态下自动变速器能升入超速档，且升档车速正常，说明控制系统工作正常，不能升档的故障原因可能为超速制动器打滑。在有

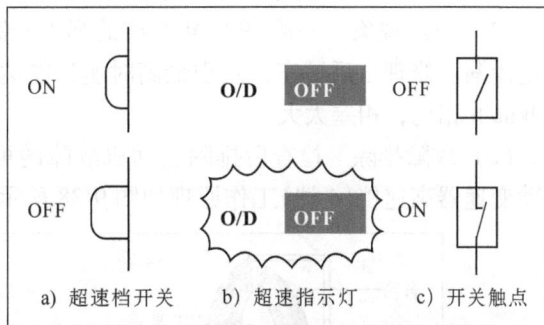

负荷的状态下不能实现超速档。如果能升入超速档，但升档后车速提不高，发动机转速下降，说明超速行星排中的直接离合器或直接单向超越离合器卡死，使超速行星排在超速档状态下出现运动干涉，加大了发动机运转阻力。如果在无负荷状态下仍不能升入超速档，说明控制系统有故障。对此，应拆卸阀板，检查3-4换档阀。如有卡滞，可将阀芯拆下，予以清洗并抛光。如不能修复，应更换阀板总成。

自动变速器无超速档的故障诊断与排除程序如图9-37所示。

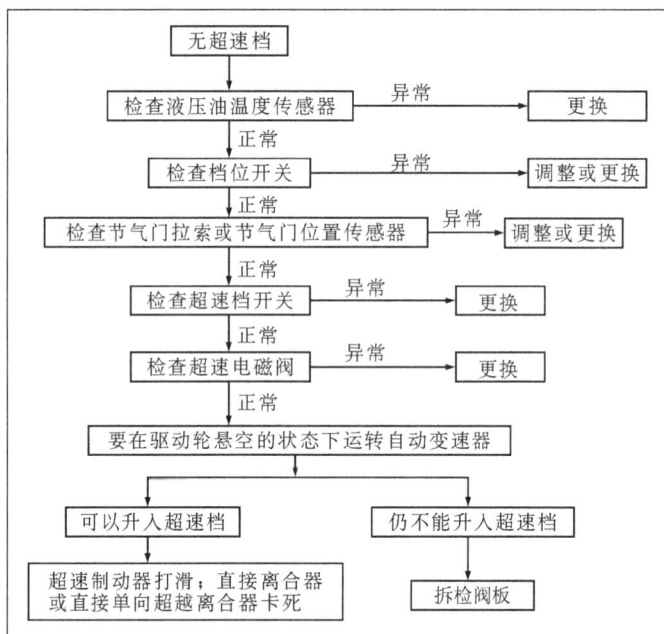

图9-37 无超速档的故障诊断与排除程序

4. 案例分析：捷达都市先锋轿车无高速档

（1）故障现象 一辆1999年生产的都市先锋轿车，油底壳碰坏过，导致自动变速器油大量渗漏。修理之后试车，发现最高时速只能达到100km/h左右，与以前的最高时速160～180km/h相比，相差太大。

（2）故障排除 检查后排除发动机故障的可能性，故障原因为变速器有故障。01M型自动变速器高速档(4档)工作原理如图9-38所示。

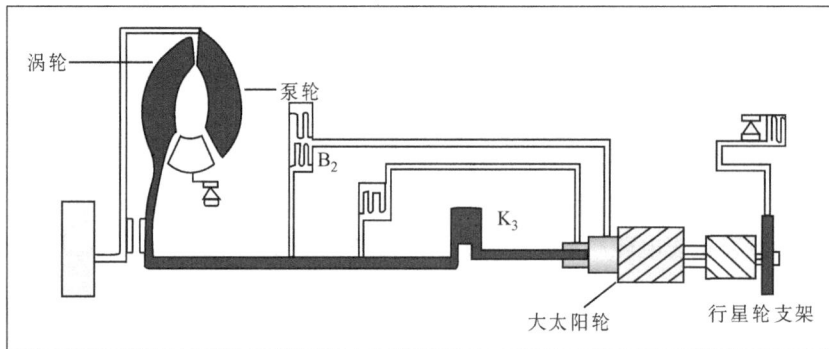

图9-38 自动变速器高速档工作原理示意图

根据高速档工作原理，分析该车可能的故障原因：①电磁阀 N89、N90 及 N91 存在故障或其控制油路堵塞，导致制动器 B_2 不工作，大太阳轮不制动，或者是离合器 K_3 不接通，无法驱动行星架以及锁止离合器不接合，导致离合器打滑，发动机输出功率下降；②制动器 B_2 存在故障，大太阳轮不制动；③离合器 K_3 存在故障，行星架不被驱动；④锁止离合器打滑；⑤自动变速器油面偏低；⑥变速器油泵磨损，间隙大，油压低。

检修过程如下：

1）检查该车自动变速器油。拆下油底壳上用于检查自动变速器油的螺栓，放出溢流管处的自动变速器油。检查后确定该车自动变速器油不缺少。

2）对该车进行失速试验。试验结果是 D 位失速时发动机转速为 2000r/min 左右，正常，因此排除锁止离合器故障的可能性。

3）检查自动变速器油泵。检查油泵活塞接口是否锈住，活塞是否破裂以及内外齿轮之间啮合间隙，检查后确定油泵无故障。

4）检查大太阳轮制动器 B_2 的内片（六片）、外片（五片）有无变形、烧蚀处，检查弹簧有无脱落。检查后确定内、外片良好，弹簧无脱落。

5）检查4档离合器 K_3，发现4档离合器内、外片各缺少一片，内片为五片，外片为四片；活塞环接口错位；涡轮槽中的圆形密封圈不到位。

重新更换 K_3 内、外片，正确安装活塞环及涡轮槽中的圆形密封圈。

正确组装自动变速器，重新加注变速器油，对该车进行路试，高速档工作正常，故障排除。

八、无倒档

1. 故障现象

汽车在前进档能正常行驶，但在倒档时不能行驶。

2. 故障原因

1）变速杆调整不当。

2）倒档油路泄漏。

3）倒档及高速档离合器或低速档及倒档制动器打滑。

3. 故障诊断与排除

1）检查变速杆的位置。如有异常，应按规定程序重新调整。

2）检查倒档油路油压。若油压过低，则说明倒档油路泄漏。对此，应拆检自动变速器，予以修复。

3）若倒档油路油压正常，应拆检自动变速器，更换损坏的离合器片或制动器片（制动带）。

自动变速器无倒档的故障诊断与排除程序如图9-39所示。

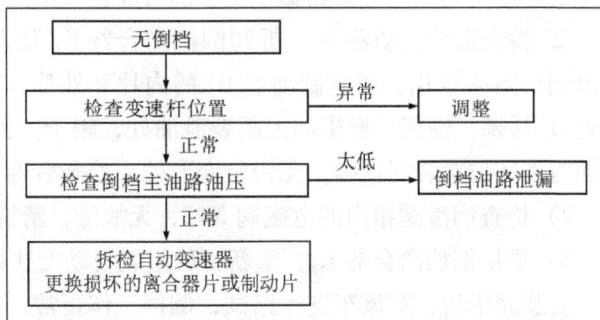

图 9-39 无倒档的故障诊断与排除程序

4. 案例分析：捷达都市先锋轿车无倒档

（1）故障现象 一辆2002年生产的捷达都市先锋轿车，前两天开车时不小心将变速器

油底壳碰坏，当时变速器油从破损处溢出，就近到修理厂修补好变速器油底壳破损处，重新加入自动变速器油，试车，发现该车没有倒档，但其他档位都有。

（2）故障排除　将变速器变速杆置于前进档，即1位、2位、3位、D位，各前进档工作良好；将变速器变速杆置于倒档，即R位，踩下加速踏板，无倒档。

01M型自动变速器倒档工作原理如图9-40所示。根据01M型自动变速器倒档工作原理，分析该车无倒档的故障原因主要如下：

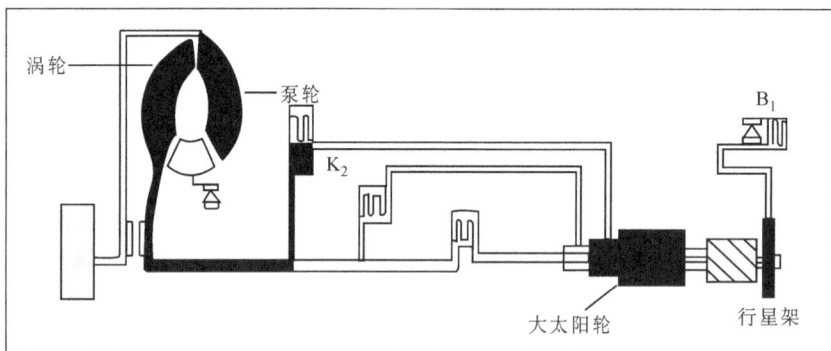

图9-40　01M型自动变速器倒档工作原理示意图

① 倒档离合器故障，导致大太阳轮不工作。

② 电磁阀N92故障或其控制的油路堵塞。

③ 制动器B_1故障，导致行星架无法固定，一直处于旋转工作状态，大太阳轮的旋转动力无法传至环齿圈。

④ 有关油路堵塞。

检修规程如下：

1）分解该车变速器，检查倒档离合器K_2及倒档制动器B_1。

① 分解倒档离合器K_2。拆卸自动变速器油泵，取出倒档离合器K_2，分解倒档离合器K_2。检查离合器K_2的内片和外片有无受热变形，检查后发现内、外片均已因高温而变形，有退火现象，并有焦味。检查离合器K_2活塞及弹簧，发现活塞及弹簧支承板在离合器壳体内无法自由转动，均有受热膨胀变形的可能性，应更换离合器K_2。

② 检查倒档制动器B_1。拆卸倒档离合器K_2及大太阳轮，拆卸滑阀箱和密封塞，然后取出倒档制动器B_1。检查制动器B_1的内片和外片，确定其内、外片基本正常，无须更换。检查B_1活塞，倒档活塞裙部无断裂泄油处，辊子、弹簧安装位置牢靠，没有松脱现象，保持架与外环位置装配正确，无错位变形处。检查后确定倒档制动器B_1无故障，不需要更换。

2）检查润滑阀箱内的电磁阀N92，无故障，清洗有关油路，确定无堵塞现象。

3）更换倒档离合器K_2，重新正确组装自动变速器，加注自动变速器油。

安装完毕后，对该车进行路试，倒档工作正常，其他档位工作良好，故障排除。

九、频繁跳档

1. 故障现象

汽车以前进档行驶时，即使加速踏板保持不动，自动变速器仍会经常出现突然降档现

象；降档后发动机转速异常升高，并产生换档冲击。

2. 故障原因

1）节气门位置传感器有故障。

2）车速传感器有故障。

3）控制系统电路接地不良。

4）换档电磁阀接触不良。

5）微处理器有故障。

3. 故障诊断与排除

1）对于电子控制自动变速器，应先进行故障自诊断。如有故障码出现，按所显示的故障码查找故障原因。

2）测量节气门位置传感器。如有异常，应更换。

3）测量车速传感器。如有异常，应更换。

4）检查控制系统电路各条接地线的接地状态。如有接地不良现象，应予以修复。

5）拆下自动变速器油底壳，检查各个换档电磁阀线束插头的连接情况。如有松动，应予以修复。

6）检查控制系统微处理器各接线脚的工作电压。如有异常，应予以修复或更换。

7）换一个新的阀板或微处理器试一下。如果故障消失，说明原阀板或微处理器损坏，应更换。

8）更换控制系统所有线束。

自动变速器频繁跳档的故障诊断与排除程序如图 9-41 所示。

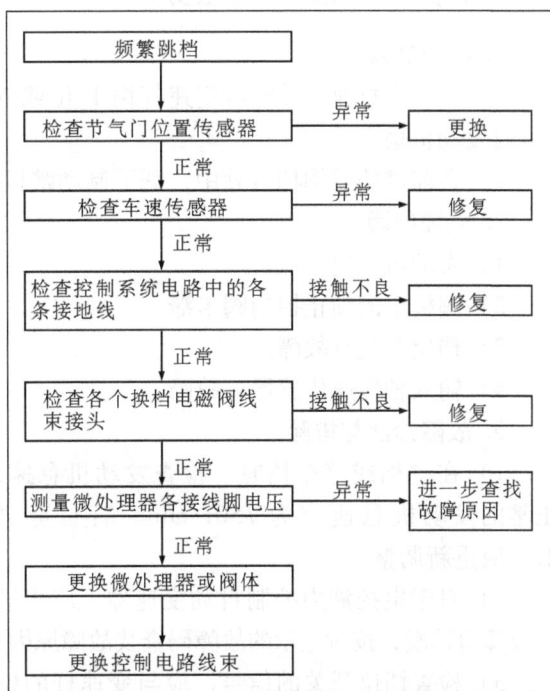

图 9-41　频繁跳档的故障诊断与排除程序

4. 案例分析：帕萨特 B5Gsi 轿车自动变速器频繁跳档

（1）故障现象　该车行驶中自动变速器频繁跳档，且升档时工作粗暴。

（2）故障排除　一般情况下，频繁跳档的原因如下：

① 主油路压力不正常。

② 自动变速器阀体有故障。

③ 车速传感器有故障。

④ 转速传感器有故障。

⑤ 线路有故障。

⑥ 变速器控制单元有故障。

首先询问驾驶人该车的一些情况，得知该车因发生碰撞事故，拆卸过自动变速器。先将车辆用汽车举升机举起，发现自动变速器的下部全是油污，分析可能是装配不良造成自动变

速器油泄漏。再看变速器后部的车速传感器和转速传感器，其上面也是油污，用布擦净，发现左、右两插接器插错了。正常情况下，左边为黑色插接器，右边为棕色插接器；而现在棕色插接器却插到黑色插座里，黑色插接器插到棕色插座里。

将两插接器按正确方法插接，用故障阅读仪清除故障码，再试车，故障排除。

维修小结： 自动变速器后部的两个传感器的配线长短不一，且有线卡，正常情况下不能插错。但该车肇事后，线卡没有，线也弄乱了，以致造成了此故障。一些不可能产生的故障，在某种特定环境下却可能发生，这应引起我们的注意。

十、挂档后发动机怠速易熄火

1. 故障现象

1）发动机怠速运转时将变速杆由P位或N位换入R位、D位、S位、L位（或2位、1位）时发动机熄火。

2）在前进档或倒档行驶中，踩下制动踏板停车时发动机熄火。

2. 故障原因

1）发动机怠速过低。

2）阀板中的锁止控制阀卡滞。

3）档位开关有故障。

4）输入轴转速传感器有故障。

3. 故障诊断与排除

1）在空档或停车档时，检查发动机怠速，正常的发动机怠速应为750r/min。若怠速过低，应重新调整。

2）对于电控液力控制自动变速器，应先进行故障自诊断，按所显示的故障码查找故障原因。

3）检查档位开关的信号，应与变速杆的位置相一致，否则应予以调整或更换。

4）检查输入轴转速传感器。如有损坏，应更换。

5）拆卸阀板，检查锁止控制阀。如有卡滞，应清洗抛光后装复。如仍不能排除故障，应更换阀板。若油底壳内有大量摩擦粉末，应彻底分解自动变速器，予以检修。

自动变速器挂档后发动机怠速易熄火的故障诊断与排除程序如图9-42所示。

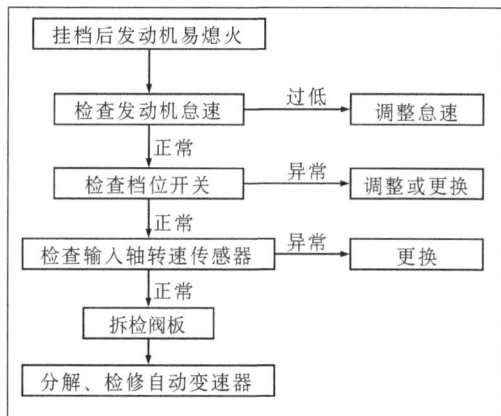

图9-42 挂档后发动机怠速易熄火的故障诊断与排除程序

十一、无发动机制动

1. 故障现象

1）在行驶中，当变速杆位于前进低速档（S位、L位或2位、1位）时，松开加速踏板，发动机转速降至怠速，但汽车没有明显减速。

2）下坡时，变速杆位于前进低速档，但不能产生发动机制动作用。

2. 故障原因

1）档位开关调整不当。

2）变速杆调整不当。

3）2档强制制动器打滑或低速档及倒档制动器打滑。

4）控制发动机制动的电磁阀有故障。

5）阀板有故障。

6）自动变速器打滑

7）微处理器有故障。

3. 故障诊断与排除

1）对于电控液力控制自动变速器，应先进行故障自诊断，按所显示的故障码查找故障原因。

2）做道路试验，检查加速时自动变速器有无打滑现象。如有打滑，应拆修自动变速器。

3）如果变速杆位于S位时没有发动机制动作用，但变速杆位于L位时有发动机制动作用，则说明2档强制制动器打滑，应拆修自动变速器。

4）如果变速杆位于L位时没有发动机制动作用，但变速杆位于S位时有发动机制动作用，则说明低速档及倒档制动器打滑，应拆修自动变速器。

5）检查控制发动机制动的电磁阀线路有无短路或断路：电磁阀线圈电阻是否正常；通电后有无工作声音，如有异常，应修复或更换。

6）拆卸阀板总成，清洗所有控制阀。阀芯如有卡滞可抛光后装复。如抛光后仍有卡滞，应更换阀板。

7）检测微处理器各接线脚电压。要特别注意与节气门位置传感器、档位开关连接的各接线脚的电压。如有异常，应做进一步的检查。

8）更换一个新的微处理器试一下。如果故障消失，说明原微处理器损坏，应更换。

自动变速器无发动机制动的故障诊断与排除程序如图9-43所示。

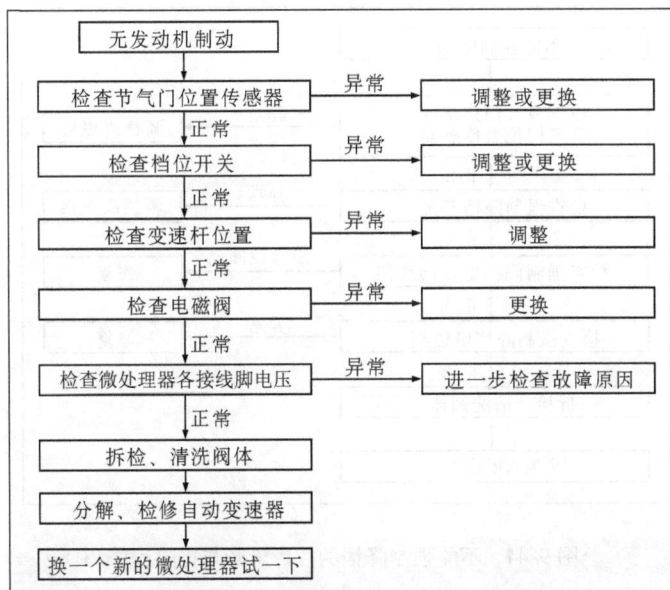

图 9-43　无发动机制动的故障诊断与排除程序

十二、不能强制降档

1. 故障现象

当汽车以3档或超速档行驶时，突然将加速踏板踩到底，自动变速器不能立即降低一个档位，致使汽车加速无力。

2. 故障原因

1）节气门拉索或节气门位置传感器调整不当。

2）强制降档开关损坏或安装不当。

3）强制降档电磁阀损坏或线路短路、断路。

4）阀板中的强制降档控制阀卡滞。

3. 故障诊断与排除

1）检查节气门拉索或节气门位置传感器的安装情况，如有异常，应按标准重新调整。

2）检查强制降档开关。在加速踏板踩到底时，强制降档开关的触点应闭合；松开加速踏板时，强制降档开关的触点应断开。如果加速踏板踩到底时强制降档开关触点没有闭合，可用手直接按动强制降档开关。如果按下开关后触点能闭合，说明开关安装不当，应重新调整；如果按下开关后触点仍不闭合，说明开关损坏，应予以更换。

3）对照电路图，在自动变速器线束插接器处测量强制降档电磁阀。如有异常，则故障原因可能是线路短路、断路或电磁阀损坏。对此，应检查线路或更换电磁阀。

4）打开自动变速器油底壳，拆下强制降档电磁阀，检查电磁阀的工作情况。如有异常，应予以更换。

5）拆卸阀板总成，分解并清洗强制降档控制阀，阀芯如有卡滞，可进行抛光。若无法修复，则应更换阀板总成。

自动变速器不能强制降档的故障诊断与排除程序如图9-44所示。

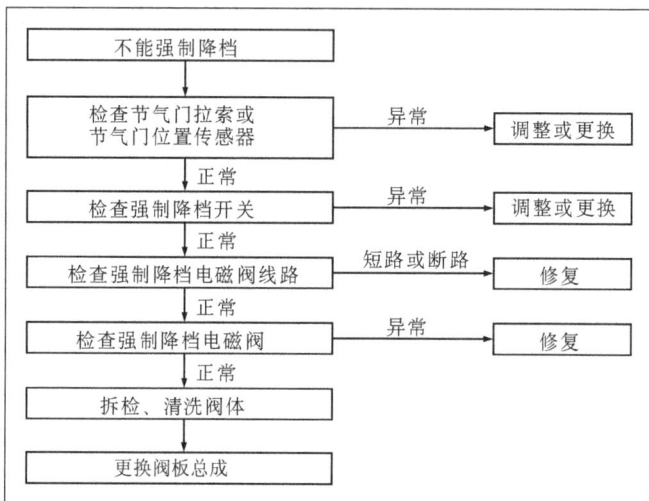

图9-44　不能强制降档的故障诊断与排除程序

十三、无锁止

1. 故障现象

1）汽车行驶中车速、档位已满足锁止离合器起作用的条件，但锁止离合器仍没有产生锁止作用。

2）汽车油耗较大。

2. 故障原因

1）液压油温度传感器有故障。

2）节气门位置传感器有故障。

3）锁止电磁阀有故障或线路短路，断路。

4）锁止控制阀有故障。

5）变矩器中的锁止离合器损坏。

3. 故障诊断与排除

1）对于电控液力控制自动变速器，应先做故障自诊断，检查有无故障码。如有故障码，则可按显示的故障码查找相应的故障原因，与锁止控制有关的部件包括液压油温度传感器、节气门位置传感器、锁止电磁阀等。

2）检查节气门位置传感器，如果在一定节气门开度下的节气门位置传感器输出电压过高或电位计电阻过大，应予以调整。若调整无效，应更换节气门位置传感器。

3）打开油底壳，拆下液压油温度传感器。检测液压油温度传感器如不符合标准，应更换液压油温度传感器。

4）测量锁止电磁阀。如有短路或断路，应检查电路。如电路正常，则应更换电磁阀。

5）拆下锁止电磁阀，检查锁止电磁阀，如有异常，应予以更换。

6）拆下阀板，分解并清洗锁止控制阀。如有卡滞，应抛光后装复。如不能修复，应更换阀板。

7）若控制系统无故障，则应更换变矩器。

自动变速器无锁止的故障诊断与排除程序如图 9-45 所示。

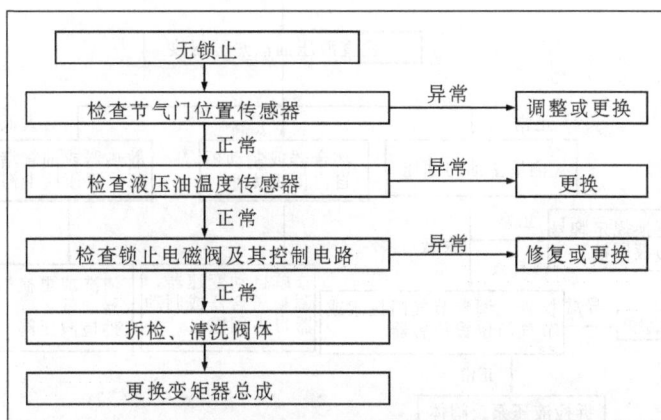

图 9-45　无锁止的故障诊断与排除程序

十四、液压油易变质

1. 故障现象

1) 更换后的新液压油使用不久就变质。

2) 自动变速器温度太高，从加油口处向外冒烟。

2. 故障原因

1) 汽车使用不当，经常超负荷行驶，如经常用于拖车或经常急加速、超速行驶等。

2) 液压油散热器管路堵塞。

3) 通往液压油散热器的限压阀卡滞。

4) 离合器或制动器自由间隙太小。

5) 主油路油压太低，离合器或制动器在工作中打滑。

3. 故障诊断与排除

1) 使汽车以中低速行驶 5~10min，待自动变速器达到正常工作温度后，在发动机运转过程中检查自动变速器液压油散热器的温度。在正常情况下，液压油散热器的温度可达 60℃左右。若液压油散热器的温度过低，说明油管堵塞或通往液压油散热器的限压阀卡滞。这样，液压油得不到及时的冷却，油温过高，导致变质。

2) 若液压油散热器的温度太高，说明离合器或制动器自由间隙太小。对此，应拆卸自动变速器，予以调整。

3) 若液压油温度正常，应测量主油路油压。若油压太低，应检查节气门拉索或节气门位置传感器的调整情况。若节气门拉索或节气门位置传感器安装正常，应拆卸自动变速器，检查油泵是否磨损过甚、阀板内的主油路调压阀和节气门阀有无卡滞、主油路有无漏油处。

4) 若上述检查均正常，则故障可能是汽车经常超负荷行驶所致，或未按规定使用合适牌号的液压油所致。对此，可将液压油全部放出，加入规定牌号和数量的液压油。

自动变速器液压油易变质的故障诊断与排除程序如图9-46所示。

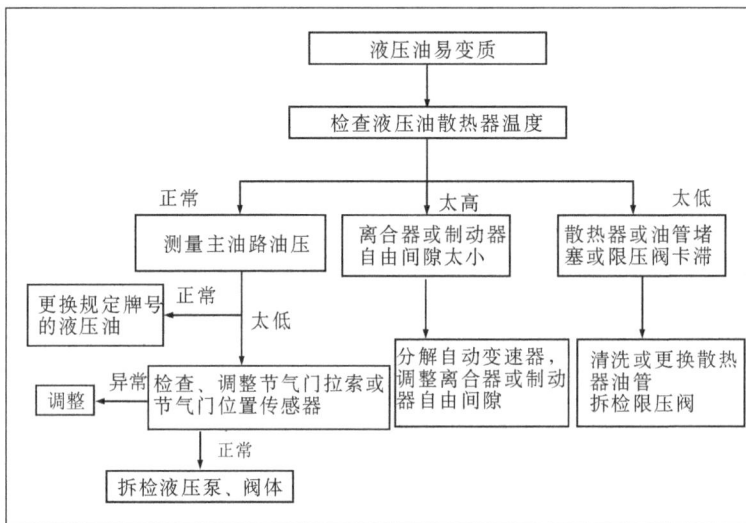

图9-46　液压油易变质的故障诊断与排除程序

第十章

无级变速器

第一节 概　述

无级变速器依靠的是摩擦传递动力，相对于手动变速器等依靠齿轮传动的变速器，无级变速器的传动效率较低。但是为什么经常说无级变速器的传动效率高呢？其实际是对于发动机和变速器整体而言的。

无级变速器的发展简史如下：

1490 年——达·芬奇绘制了无级变速器的草图；

1886 年——申请第一台环形 CVT 专利；

1935 年——亚迪耶·道奇收到了环形 CVT 的美国专利证书；

1939 年——引入了基于行星齿轮系统的全自动变速器；

1958 年——达夫(荷兰人)生产出用于汽车的 CVT；

1989 年——斯巴鲁·贾斯蒂 GL 是第一辆在美国生产销售的 CVT 汽车；

2002 年——带有 CVT 的 Saturn Vue 首次亮相，它是第一辆使用 CVT 技术的 Saturn；

2004 年——福特汽车公司开始使用 CVT 变速器。

一、无级变速器的类型和特点

Continuously Variable Transmission 是无级变速器的全称，缩写为 CVT，顾名思义就是连续改变传动比的变速器。CVT 结构相比传统自动变速器更简单，体积更小，它既没有手动变速器的众多齿轮副，也没有自动变速器复杂的行星齿轮组，主要靠主、从动轮和钢带或滚动盘来实现速比的无级变化。

无级变速器可分为液力变矩器、摆销链式无级变速器、钢带式无级变速器及环盘滚轮式无级变速器 IVT 这四大类。与有级变速器相比，它的优点明显：

1）提高燃油经济性和排放性能。无级变速器在相当宽的范围内实现无级变速，可以获得传动系统与发动机工况的最佳匹配状态，提高整车的燃油经济性，降低排放。

2）提高动力性能。无级变速器能够获得较大的传动比，其动力性能明显优于机械变速器和自动变速器。

3）改善驾驶舒适性能。因速比连续变化，可使换挡平滑，实现了手动变速器的快速反

应和自动变速器舒适的双优点。采用金属链条传递动力，解决了老式无级变速器"橡胶效应"和"离合器打滑"等问题。

二、钢带式无级变速器的基本结构

钢带式无级变速器（CVT）与液力变矩器组成的无级变速传动系统示意图和结构剖面图如图 10-1 所示，CVT 的主要结构如图 10-2 所示。该系统主要包括主动轮组、从动轮组、钢带和液压泵等基本部件。钢带由两束钢环和几百个钢片构成。主动轮组和从动轮组都由可动盘和固定盘组成，与液压缸靠近的一侧带轮可以在轴上滑动，另一侧则固定。可动盘与固定盘都是锥面结构，它们的锥面形成 V 形槽来与 V 带啮合。发动机输出轴输出的动力首先传递到 CVT 的主动轮上，然后通过 V 带传递到从动轮，最后经减速器、差速器传递给车轮来驱动汽车。工作时通过主动轮与从动轮的可动盘做轴向移动来改变主动轮、从动轮锥面与 V 带啮合的工作半径，从而改变传动比。可动盘的轴向移动量是由驾驶人根据需要通过控制系统自动调节主动轮、从动轮液压泵液压缸压力来实现的。由于主动轮和从动轮的工作半径可以实现连续调节，从而实现了无级自动变速。钢带是一种非常精密的组件，钢片和每一层环的加工制造都有严格的精度和性能要求。钢环组由一种高强度的马氏体时效钢制成，相邻两圈配合要求很高，否则将产生大的载荷不均，影响带的寿命。因此，钢带组件的制造有很高的技术含量，其结构示意图如图 10-2 所示。

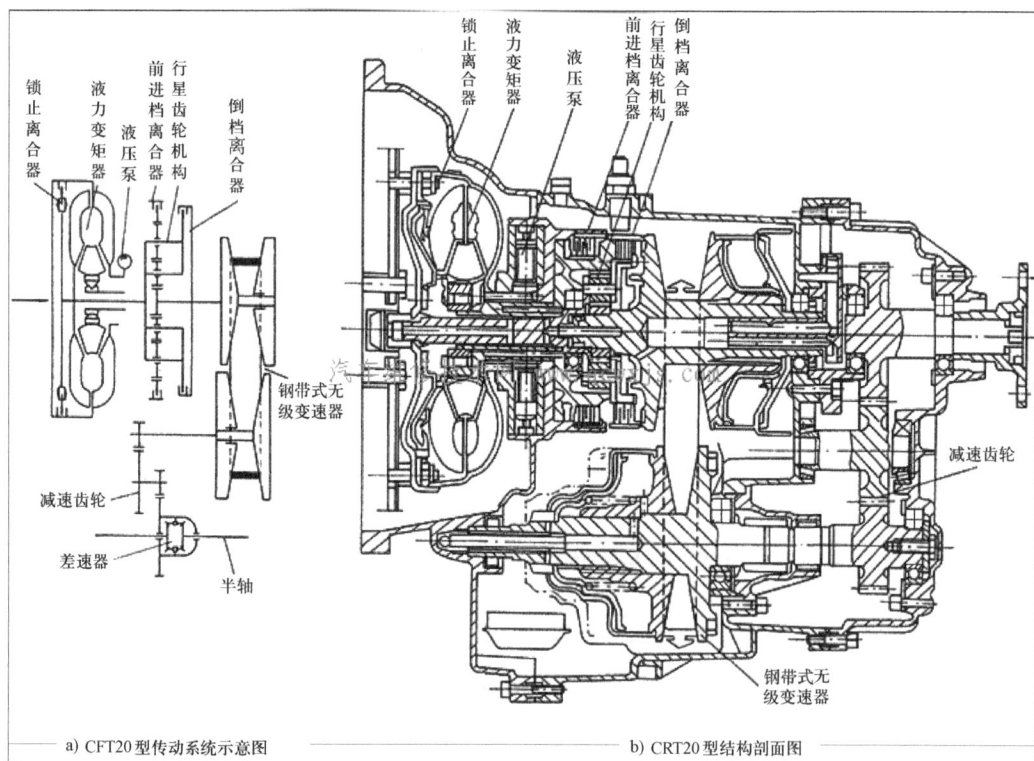

a) CFT20 型传动系统示意图　　　　b) CRT20 型结构剖面图

图 10-1　CVT 与液力变矩器组成的无级变速传动系统

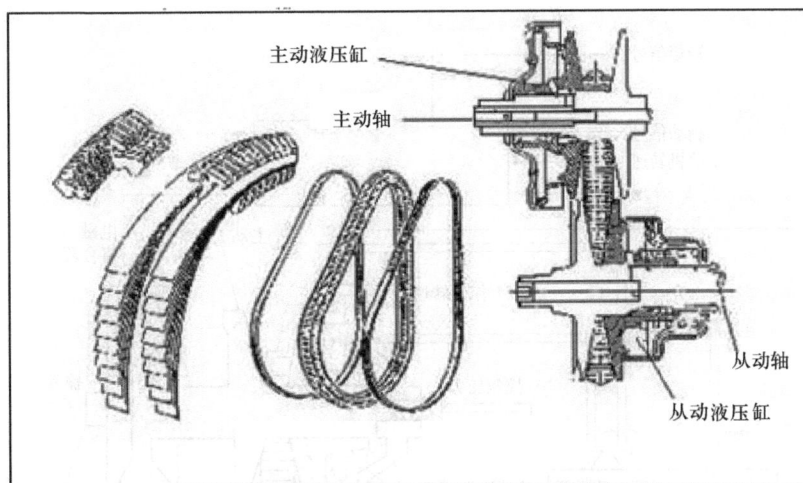

图 10-2　钢带式无级变速器（CVT）的结构

三、钢带式 CVT 传动的控制技术

钢带式 CVT 的控制主要分为三种：速比控制、夹紧力控制、起步离合器控制。三者之间的控制过程是相互耦合的。在钢带式 CVT 的实时控制过程中，对速比控制时，需要考虑夹紧力控制的影响，而设计夹紧力控制时，则可以不考虑速比控制。由于起步离合器的控制相对独立，故不考虑其对速比和夹紧力控制的影响。

四、钢带式 CVT 电液控制技术

钢带式 CVT 早期的控制系统多采用机液控制方式，但机液控制系统结构复杂，对传动系统多种性能的匹配要求缺乏灵活性。随着技术的进步和对汽车性能要求的不断提高，当前无级变速传动系统的控制均采用电液控制方式。电液控制方式可以使动力传动系统实现理想的工作状态，达到动力性、经济性和排放之间的最佳平衡。不同匹配策略的实现都是通过对无级变速器的主压力和速比控制来实现的。同时，采用电液控制方式还可以提高无级变速传动系统的效率，降低不必要的损失。图 10-3 所示为钢带式 CVT 的电液控制系统原理。系统的液压泵直接由发动机驱动，为整个系统提供液压油。系统的主压力由压力控制阀（比例溢流阀）调节，它直接作用在从动轮液压缸内。在速比一定的条件下，主压力的大小决定了系统传递转矩的能力。变速器的速比由速比控制阀（位置伺服阀）调节。调节主动轮液压缸内的压力，是通过金属带的约束与从动轮液压缸内的压力达到新的平衡状态，从而改变主动轮的轴向位置来实现的。在控制系统中，主、从动轮液压缸压力 p_P，p_S 由压力传感器测量，主、从动轮的转速 n_P，n_S 由转速传感器测量，测量得到的信号通过 A/D 转换和驱动放大，变成可以驱动比例阀的控制电流，控制主、从动轮液压缸的压力变化。A/D、D/A 和控制器构成了数据采集和反馈控制的闭环控制回路，从而提高了系统的控制精度，发动机的转速 n_C 和节气门开度 a 的信号通过传感器输入给控制器，通过相应的控制策略来保证 CVT 无滑移地运转。

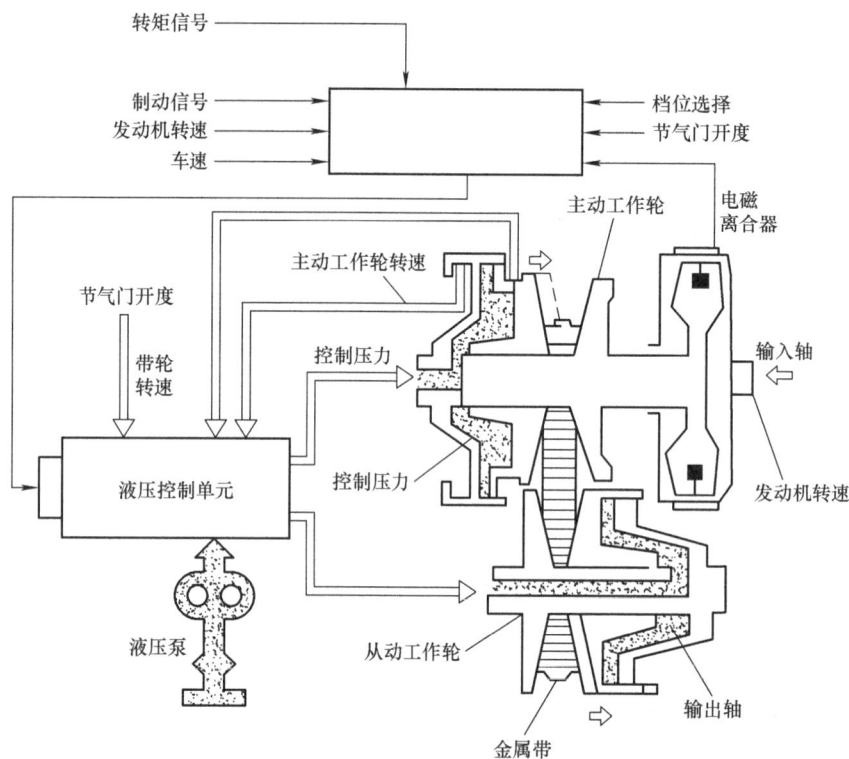

图 10-3　钢带式 CVT 的电液控制系统原理

五、结论

在最近的十几年中，CVT 技术已经上千迈进了一大步，使得 CVT 比有着超过 100 年历史的机械变速器(MT)和有着超过 50 年历史的自动变速器(AT)更有竞争力。CVT 技术正处于寿命周期的开始，CVT 的特性将进一步提高，而我们中国也紧跟世界步伐，发展我们自主创新的无级变速器。钢带式无级变速传动器作为新兴的车用变速器，具有明显的技术优势和开发潜力。钢带式 CVT 传动技术正处在寿命周期的开始，所以更应充分发展无级变速综合控制系统中的电液控制技术，只有这样才能满足现代汽车发展的要求。

第二节　无级变速器的组成与传动原理

一、钢带式无级变速器

钢带式无级变速器主要包括主动轮组、从动轮组、钢带和液压泵等基本部件。钢带由两束钢环和几百个钢片构成。主动轮组和从动轮组都由可动盘和固定盘组成，与液压缸靠近的一侧带轮可以在轴上滑动，另一侧则固定。可动盘与固定盘都是锥面结构，它们的锥面形成 V 形槽来与 V 形金属传动带啮合。

原理：发动机输出轴输出的动力首先传递到 CVT 的主动轮，然后通过 V 带传递到从动轮，最后经减速器、差速器传递给车轮来驱动汽车。工作时通过主动轮与从动轮的可动盘做轴向移动来改变主动轮、从动轮锥面与 V 带啮合的工作半径，从而改变传动比。可动盘的轴向移动量是由驾驶人根据需要通过控制系统调节主动轮、从动轮液压泵液压缸压力来实现的。由于主动轮和从动轮的工作半径可以实现连续调节，从而实现了无级变速。

汽车开始起步时，主动轮的工作半径较小，变速器可以获得较大的传动比，从而保证驱动桥能够有足够的扭矩来保证汽车有较高的加速度。随着车速的增加，主动轮的工作半径逐渐增大，从动轮的工作半径相应减小，CVT 的传动比下降，使得汽车能够以更高的速度行驶。

钢带式无级变速器采用传动带和可变槽宽的棘轮进行动力传递，当棘轮变化槽宽时，相应改变驱动轮与从动轮上传动带的接触半径进行变速。

二、环盘滚轮式无级变速器

环盘滚轮式无级变速器可用来传递更大的功率和转矩，适用于较大排量的汽车上。这种 CVT 使用环盘滚轮的接合传递驱动转矩并改变传动比。它通过移动动力滚轮改变传动比，输入环盘给动力滚轮及时施加作用力，因此这种 CVT 对传动比变化的反应比钢带式 CVT 更快，从而实现驾驶人加速器输入的传动比线性变化。此外，与钢带式 CVT 类似，传动比的连续改变使驾驶人享受到无缝平顺换档，没有任何换档冲击。

发动机动力传递到一个输入环盘，输入环盘的旋转运动把动力传递到滚轮，再经滚轮传递到输出环盘。通过连续改变动力滚轮的倾斜角度，CVT 执行平顺而连续的传动比变化。输入环盘和动力滚轮之间接触点画圆的大小以及输出环盘和动力滚轮之间触点画圆的大小根据动力滚轮倾斜角度的变化而变化。圆的大小比值对应输入环盘和输出环盘的转速比，转速比等于传动比。

当输出环盘的圆较大时，输出环盘的旋转比输入环盘慢，这相当于传统变速器的低速档。反之，输出环盘的圆较小时，输出环盘的旋转比输入环盘快，这相当于传统变速器的高速档。动力滚轮支撑在耳轴的上方和下方，总成与液压伺服活塞连接，可以上下移动。动力滚轮的这种构造可以使各个滚轮绕着耳轴旋转。

当动力滚轮的轴线通过转盘中心时，不会产生滚轮的倾斜力。因此，既然滚轮倾斜保持不变，就没有改变传动比。

由于环盘高速旋转，滚轮只要向上或向下移动 0.1~1.0mm，就可以倾斜。这就使 CVT 即时响应传动比改变的指令，导致特别快速的传动比变化。动力滚轮的倾斜角度有液压机构进行操纵。尽管通过倾斜动力滚轮改变传动比，但并没有直接给滚轮加力。相反，使用环盘产生的力使滚轮倾斜，当滚轮从中心轴垂直移动时，环盘就使滚轮倾斜。由于环盘高速旋转，环盘产生的力使滚轮移动和受力最小时就立刻倾斜，因此能够快速感觉到传动比变化明显。当驾驶人的加速器输入时，就可以线性加速和减速。

读者沟通卡

一、申请课件

本书附赠教学课件供任课教师采用，可在机械工业出版社教育服务网（www.cmpedu.com）注册后免费下载；也可扫描二维码关注"爱车邦"微信订阅号获取课件。

爱车邦	**免费下载** 教学课件、学习视频、海量学习资料 ➢ 扫描二维码，关注"**爱车邦**" ➢ 点击"粉丝互动"→"视频课件"

二、意见反馈和编写合作

联　系　人：谢元

电　　　话：010-88379771

电子信箱：22625793@qq.com

地　　　址：北京市西城区百万庄大街 22 号汽车分社

邮　　　编：100037